세계 · 지방화시대의 한국학 4

고금학문 합동작전

세계 · 지방화시대의 한국학 4

고금학문 합동작전

조 동 일

계명대학교 출판부

머 리 말

"세계 · 지방화시대의 한국학"에 관해, 2004년 2학기부터 2009년 1학기까지 5년 10학기 동안 하는 계명대학교 한국학연구원 공개강의 네 번째 것이 이 책을 이룬다. 전체 계획을 제시하면 다음과 같다.

1 길을 찾으면서 (2004년 2학기 강의, 2005년 3월 출간)
2 경계 넘어서기 (2005년 1학기 강의, 2005년 9월 출간)
3 국내외 학문의 만남 (2005년 2학기 강의, 2006년 3월 출간)
4 고금학문 합동작전 (2006년 1학기 강의, 2006년 9월 출간)
5 표면에서 내면으로 (2006년 2학기 강의, 2007년 3월 출간)
6 비교연구의 방법 (2007년 1학기 강의, 2007년 9월 출간)
7 일반이론 정립 (2007년 2학기 강의, 2008년 3월 출간)
8 학자의 생애 (2008년 1학기 강의, 2008년 9월 출간)
9 학문의 정책과 제도 (2008년 2학기 강의, 2009년 3월 출간)
10 학문하는 보람 (2009년 1학기 강의, 2009년 9월 출간)

이 책에서 하는 작업은 학문의 전통 계승이다. 동아시아 및 한국

고전에서 가져온 착상으로 오늘날 학문에서 요구하는 일반이론을 만든다. 무엇을 할 것인지 강의가 진행되면서 자세하게 밝힌다.

옛날 학문과 합동작전을 하려고 하니 직접 찾아가지 않을 수 없다. 한문 원전을 인용하고 번역해 풀이하는 작업을 자주 해서 힘들고 지루하게 하는 것을 피하지 못한다. 그러나 그 속에 지혜가 있고 영감이 있다. 찾아내 갈고 닦아 오늘날의 창조 활동을 위한 지침으로 삼아야 한다. 말이 쉬우면서 뜻이 깊고, 어느 일에든지 적용되면서 새로운 이론을 창조하는 학문 활동에서 크게 기여할 수 있는 결과를 얻을 것을 기대한다. 과연 그런지 동참해 평가해주기 바란다. 도달점부터 점검하고 출발점으로 되돌아가는 방식으로 글을 읽을 수도 있다.

강의 원고를 홈페이지(chodongil.x-y.net)에 올리고, 강의를 한 다음 수정해 다시 올리는 것을 앞의 세 강의에서와 같이 했으며, 앞으로도 계속 할 예정이다. 토론을 붙이는 것도 일관된 방식이다. 강의에 계속 참석하고 토론을 한 동학들에게 거듭 감사한다.

2006년 6월 7일 넷째 학기를 마치면서

조 동 일

제4강 人文의 유래와 인문학문 · 83

제5강 산수시의 경치 · 흥취 · 이치 · 104

제6강 웃음 이론의 유산 상속 · 123

제7강 儒 · 佛 · 道家의 사고형태 · 144

제1강 출발점을 되돌아보며

지점 확인

"세계 · 지방화시대의 한국학"에 관한 네 번째 강의를 시작한다. 처음에는 "길을 찾으면서", 두 번째는 "경계 넘어서기", 세 번째는 "국내외 학문의 만남"을 다루었다. 거기까지는 전반적인 고찰을 한 서론이라고 할 수 있다. 서론을 끝내고 이제 본론에 들어간다.

지금 하는 작업 "고금학문 합동작전", 그 뒤를 이은 "표면에서 내면으로", "비교연구의 방법", "일반이론 정립"에서 연구를 어떻게 할 것인가 하는 내부의 문제를 다룬다. "학자의 생애", "학문의 정책과 제도", "학문하는 보람"에서는 학문 내부에서 외부로 향한다. 학문 안팎의 문제를 적절한 순서를 갖추어 다 다루고 오랜 여정을 끝내고자 한다.

"고금학문 합동작전"은 중요한 전환점이다. 막연하게 희구하고 주장하는 시초의 작업에서 더 나아가 학문을 실제로 하는 데 필요한 첫 단계 작업을 여기서 한다. "국내외 학문의 만남"에서 먼 나라를 돌아다니던 발걸음을 돌려 과거로 향하면서 학문을 어떻게 할 것인가 하는 문제를 두고 옛날의 스승들과 만난다. 동아시아 및 한국 고전에서 가져온 착상으로 오늘날 학문에서 요구하는 이론을 만드는 과정과 결과를 보여주고, 작전의 비밀을 공개한다.

이론은 남의 것을 가져다 쓸 수도 있고, 스스로 만들어낼 수도 있다. 그런데 수입품은 창조물이 아니어서 남들보다 앞서는 데 도움이 되지 않는다. 이론을 스스로 만들기만 하는 것은 위태롭고, 타당성 검증에 많은 어려움이 있다. 法古創新이라고 한 옛 사람의 말을 좇아, 평가할 만한 전례를 활용해 오늘날을 위한 창조를 하는 것이 마땅하다. 고금의 위대한 혁신자는 모두 그 비결을 터득하고 실행한다.

평가할 만한 전례는 찾아 나서면 얼마든지 있다. 멀리 있는 여러 문명권에 각기 그 나름대로의 보물이 있다. 그러나 그 가치가 오늘날의 창조를 위한 나의 작업의 성공 가능성을 보장해주지 않는다. 잘 아는 쪽에서 이미 충분히 활용하고 남은 것이 거의 없는데 전례가 대단하다는 소문만 듣고 뒤늦게 다가가려고 하는 힘겨운 노력은 어리석다.

제대로 활용되지 않은 채 방치되어 있는 소중한 유산이 잘 찾아보면 적지 않다. 오랫동안 가까이 지내면서 잘 알고 있기 때문에 오히려 진정한 가치를 몰라 대수롭지 않게 여기기도 한다. 동아시아 또는 한국의 고전에서 그 두 가지 조건을 갖춘 보물을 찾아내 새로운 발상의 원천으로 삼고자 한다. 세계적인 경쟁력을 가진 새로운 연구를 실제로 이룩하는 작전으로 이보다 더 나은 것을 생각하기 어렵다.

이 나라는 지금 깨어나고 있다. 일어나 외치고 있다. 부지런히 움직이면서 많은 것을 이루어 세계가 놀라게 한다. 그러나 밖은 요란해도 안이 허술하다. 학문 창조 작업의 내실을 다져 하지 못하는 탓에 그 모두가 일시적인 거품일 수 있다. 교육을 바로잡아 학문할 수 있는 역량을 길러야 한다. 그런 주장을 펴려고 신문에 쓴 짧은 글을 모아 출발점을 되돌아보는 데 쓴다.

첫째 글에서는 월드컵 때문에 들떠 있기만 하지 말고 그 때 보인 열기를 교육에 쏟자고 했다. 지금 다시 월드컵이 시작되어 같은 상황이 벌어진다. 둘째 글은 교육이 산업이라고 한 데 대한 반론이다. 눈앞의 이익을 가치 평가의 척도로 삼는 천박한 견해 때문에 학문이 제대로 되지 못하는 폐단을 지적하고 비판했다. 셋째 글에서는 대학 입시를 바로잡아 창조력을 길러야 한다고 했다. 거듭 논의된 문제에 대한 새로운 접근이 필요했다.

넷째 글에서는 한문 공부에 힘을 기울여 학문의 유산을 이어받아야 한다고 했다. 오늘날 쓰는 글에서 한자를 혼용하자는 것은 아니고, 고금의 대화가 가능하게 하는 통로를 마련해야 한다는 말이다. 다섯째 글에서는 비관주의를 떨쳐버리고 민족의 역량을 발견하고 이어받아야 한다고 했다. 그것이 학문 연구의 소중한 대상이고 지침이다.

다섯 가지 사항이 모두 학문을 제대로 하는 데 기초가 된다. 길게 다루어야 마땅하지만, 신문에서 요구하는 분량이 제한되어 있어 그럴 수밖에 없었다. 말을 보태 더 쓰고 싶으나 자제한다. 교육에 대해서 너무 많이 말하지 말고 학문으로 넘어와 본론을 분명하게 하는 것이 한층 긴요한 과제이기 때문이다.

함성에서 자각으로

월드컵 축구경기에서 우리 선수들이 기대 이상의 전적을 올리는 것을 보고 천지가 진동하는 환호성을 지르면서 자축했다. 축구는 더 잘 하는 나라가 있지만, 응원전에서는 인류 역사상 전례가 없는 열기로 우승을 했다. 그 때문에 세계가 놀라 한국을 바라보고 있다. 우리 자신도 무엇이 어떻게 되었는지 되돌아보지 않을 수 없게 되었다.

온 국민이 하나가 되었다는 말이나 되풀이하면서 계속 길거리를 누비고 다니자고 할 것은 아니다. 모든 일을 축구처럼 하면 되는 것은 아니다. 생각의 차원을 높여 사태의 본질을 명확하게 이해해야 축구가 끝나 생기는 허탈감을 극복할 수 있다. 축구에만 열을 올리고 다른 일을 내팽개치는 어리석은 국민이 되지 않을 수 있다. 축구에서 얻은 교훈을 철학으로 정립하고 생활화해서 크고 중요한 모든 과업을 훌륭하게 해결하는 동력으로 삼아 마땅하다.

세상일에는 비약이 있다. 여건이 미비하고 가능성이 의심스러워도 간절한 소망을 가지고 비상한 노력을 하면 놀라운 성과를 이룩할 수 있다. 여건을 탓하고 있거나 가능성을 계산해보고 미리 포기하고 실망하는 태도는 버려야 한다. 뒤떨어졌다가 앞으로 나아갈 때에는 언제나 비약이 있게 마련이다. 그래서 혁명이 이루어진다.

우리에게는 남다른 정열이 있다. 억눌려 있던 정열이 기회를 만나면 폭발해 생각하기 어려운 규모로 파급된다. 정열의 화신인 젊은이들이 앞장서서 전에 없던 경지를 개척하면 기성세대도 감동을 받아 함께 젊어지고자 한다. 낡은 교훈을 되풀이하려고 하지 말고 언제나 새로운 가능성을 찾아야 한다. 억압과 규제를 능사로 삼아온 잘못을 철저하게 반성해야 한다. 신명이 나야 정열이 발동되고 비약적인 창조가 가능하다.

한국 축구가 유럽 킬러 노릇을 했다는 말을 무심히 넘기지 말자. 유럽문명권이 주도해온 한 시대가 가면서 다른 곳에서 새로운 지평이 열리고 있다. 우리가 그 선두에 선다는 자부심을 가지고 세계사의 전환을 주도하는 방안을 마련해야 한다. 기존 선진국의 전례는 배우고 따라야 할 교훈이 아니고 싸워서 이겨야 할 경쟁 상대이다. 그 장점을 취하면서 약점은 넘어서는 우리 자신의 전략을 분명하게 세워 차질 없이 실천해야 한다.

기대하는 변화가 저절로 일어나지는 않는다. 탁월한 지도력, 끈덕진 준비, 면밀한 작전이 하나로 되어야 거대한 동력을 마련할 수 있다. 오랜 기간 동안 선수들을 잘 훈련시켜 마침내 경기를 승리로 이끈 축구감독과 같은 지도자가 내부에서 선발되어 크고 힘든 모든 일을 선도하도록 해야 한다. 다른 모든 분야에 그 나름대로 최상의 감독이 있다.

이런 원론이 적용되어야 할 수많은 각론 가운데 교육을 생각한다. 교육은 축구와 달라 단기간에 승부가 나지 않고, 결과가 명확할 수 없으며 조용한 가운데 진행되어 내실을 소중하게 여겨야 한다. 그러나 위에서 든 원리는 교육에서도 타당하다. 축구에는 요행이 있지만, 교육은 그렇지 않아 철저하게 원리에 지배된다. 축구는 지면 애석하기는 해도 큰 탈은 없으나 교육 경쟁에서 패배하면 민족이 비참해진다는 사실을 망각하지 말자. 축구에 바치는 열정을 교육에도 나누어주자.

역대 대통령이 교육대통령 노릇을 한다면서 장관을 자주 바꾸기나 한 실책은 이제 끝내야 한다. 이미 효력이 없어진 단편적인 지식을 꾸어다가 교육의 백년대계를 쉽게 그려내려고 하는 안이한 발상도 막아야 한다. 창조하는 주체의 고민을 안고 온 몸을 던져 헌신해 본 경험 없이 창조 작업을 지시하기나 하는 억지도 배격해야 한다. 모든 가능성을 사전에 차단하는 관료주의는 더욱 힘들지만 철저하게 뿌리 뽑아야 한다.

구호 열거 수준에서 헛돌기만 한 교육개혁을 진정한 교육혁명의 힘으로 몰아내야 한다. 혁명의 강령을 가다듬고 실천에 옮기도록 불을 붙이는 일은 최상의 감독 주도하에 시작할 수밖에 없다. 우수 선수들이 앞장서서 비약의 가능성을 실제로 입증해야 혁명이 추진된다. 몇 백만 젊은이의 열정으로 모든 것을 밑에서부터 바꾸어놓아야 혁명이 완수된다.

자발적으로 참여해 창조의 성과를 신명나게 이룩하는 교육이 어떻게 하면 이루어지는가? 이 문제를 푸는 데 모든 힘을 쏟자. 그렇게 해서 세계 전체의 교육혁명을 선도하자.

가치 창조의 길

라오스어과, 캄푸치아어과, 싱할리어과, 하우사어과. 중국 북경외국어대학 학과 이름을 몇 개 들어본다. 수메르 행정경제 문서, 후기 베다 문헌, 중국 明淸 도교, 근대조선의 정치와 사회. 일본 경도대학 인문과학연구소 교수들의 연구 주제에 이런 것들이 있다. 이 두 자료를 교육이 무엇이며, 우리 대학교육은 어떻게 해야 하는지 살피는 데 이용하자. 목청을 높이지 않고 실질적인 소득이 있는 논의를 하려고 이런 방법을 쓴다.

교육은 경영이라고들 한다. 그렇다면 유능한 경영자가 좋은 상품을 개발해 이윤을 많이 남기는 것이 좋은 교육이다. 구닥다리는 버리고 새로운 상품을 적극 개발해야 한다. 그런데 위에서 든 것들은 어느 모로 보든지 열등한 상품이다. 빛을 보는 날이 전에도 없었고 앞으로 더욱 기대하기 어렵다. 축출하는 것이 마땅하다고 생각될 수 있다.

북경외국어대학에는 지망자가 모자라고 쓸 곳이 적은 학과를 많이 두고 있다. 강의는 하지 않고 연구만 하는 경도대학 인문학연구소 교수들이 수지타산은 생각하지 않고 연구 주제를 택한다. 두 대학 모두 국립이고, 양국 정부가 많은 예산을 배정해 육성한다. 경영 실패를 나무라고 교훈으로 삼을 것은 아니다. 대국적인 견지에서 보면 무언가 이득이 있다고 보고 투자를 계속해서 하고 있다.

교육은 산업이다. 이렇게 말하는 것은 한 걸음 더 나아간 견해이다. 학교 단위의 손익계산을 넘어서서, 교육이 나라 전체의 산업에 기여하는 바를 평가해 투자의 효율성을 측정하는 것이 옳다. 멀리까지 진출해서 활동하려면 다양한 언어 전공자가 필요하니 경영상의 손해가 산업에서는 이익일 수 있다. 그 둘은 계산법이 다르다는 것은 언어에서 분명하게 알 수 있다.

위에서 든 네 언어는 모두 우리나라에서 가르치지 않는다. 외국어대학이 모두 사립이어서 그런 데까지 투자하지 못한다. 나라 전체에 유익한 지식을 개발하고, 대외활동이 확대되고 다변화되는 데 필요한 도구를 제공하는 것은 국가의 임무이다. 중국에 뒤지지 않으려고 국립외국어대학을 새삼스럽게 만들기보다 기존 대학의 학과 증설을 지원하는 것이 효과적인 방법이다. 그런 판국에 지금 있는 학과들마저 경쟁력이 없는 것들은 통폐합하라고 한다.

중국이나 한국에 대한 일본의 연구는 산업 진출과 바로 연결된다.

어떤 연구가 이루어지고 있는지 알고, 우리도 대응되는 연구를 해야 한다. 인도 고전의 베다나 이라크 쪽의 고대문명 수메르의 유물을 찾는 의도도 동일하다고 하기는 어렵다. 진척이 아주 힘들고 이득은 말하기 어려운 연구를 꾸준히 하고 있는 데는 다른 이유가 있다.

중국의 교육과 일본의 연구를 경영이나 산업의 관점에서 평가하고 마는 것은 어리석다. 투자 회수를 기대할 수 없고 산업에 기여하는 바가 의심스러운 별난 지식을 갖추는 것은 그 자체로 소중한 의의가 있다. 인류문명의 다양성과 보편성을 탐구해 인식의 지평을 넓히고 사고를 혁신하는 데 기여한다. 중국이나 일본과의 경쟁에서 뒤지지 않으려면 교육의 수준 향상을 그런 차원에서 추진해야 한다.

그런데 교육을 혁신한다는 명분을 내세워 교육의 위기를 가중시키고 있다. 말로는 교육이 산업이라고 하면서 실제로는 교육은 경영이라는 잣대로 대학 구조조정을 서두르고 있다. 대학을 직업훈련소로 만들어 무엇이 이익인지 헤아리기만 하고 무엇이 올바른가 생각하지는 않게 하려고 한다. 무지에서 나오는 용기가 두렵다.

분명한 대안을 제시해 파국을 막자. 경영상의 득실을 떠나, 미래의 산업과 사회를 예견하고 준비하는 능력을 가지게 하는 교육을 해야 한다. 보편적 의의를 가진 판단력과 창조력이 그 핵심이다. 교육의 정의를 다시 내리자. 교육은 가치 창조이다.

찍기와 쓰기

시비가 과열되면 본질에서 빗나갈 수 있다. 이해당사자들이 목청을 높여 혼란을 가중하기도 한다. 전문적 식견이 결핍된 권력이 해결사로 나선다면 사태가 더욱 악화될 염려가 있다. 대학입시를 둘러싼 지금의 논란은 유감스럽게도 이 세 가지 특징을 다 갖추고 있다.

시험은 교육의 성과와 능력을 측정하는 방법이다. 교육에 따라 시험이 달라지는 것이 당연하다. 크게 나누면 '찍기'와 '쓰기' 두 가지 교육과 시험이 있다. 정답을 찾아 표시하는 것이 찍기이다. 찍기는 선택능력을 측정한다. 스스로 생각한 바를 서술하는 것이 쓰기이다. 쓰기는 창조능력을 평가한다. 경우에 따라서 어느 한 쪽이 더욱 긴요하다.

새로운 지식을 개발하는 고급두뇌에게는 창조능력이 절대적으로 필요하다. 그런 능력을 더 가진 학생을 선발해 훈련하는 것이 대학 교육의 바람직한 방향이다. 선진국의 전례를 따르고자 하는 중진국까지는 선택능력 훈련이나 잘 하면 된다고 할 수 있다. 세계적인 경쟁력을 가진 선진국이 되려면 창조능력을 기르는 데 힘을 모아야 한다.

지금 우리는 중진국에서 선진국으로 나아가고자 하므로 선진국형 교육을 채택해야 한다. 그런데 창조능력이 나날이 쇠퇴해 후진국 시절보다 못한 것을 숨길 수 없다. 대학 교수 노릇을 40년 가까운 기간 동안 하고 통절하게 체험한 사실이다. 오늘날의 학생들은 문제의식이 없고, 생각을 하지 않으며, 토론을 할 줄 모르고, 새로운 발상을 논술할 능력이 없다. 그 이유는 무엇인가? 후진국 시절에는 오히려 소중하게 여기던 쓰기를 버리고 찍기 시험을 국가의 제도로 일제히 실시한 지 오래되어 폐해가 골수에까지 미친 결과이다.

고등학교에서 창조능력 향상에 필요한 쓰기 시험을 항상 실시하는 것이 최상의 대책이다. 요즈음은 서술형 시험도 곁들인다고 변명하지 말자. 시험 전체를 논술로 해야 한다. 여러 교과를 아우르고,

교과 밖의 사항까지 취급하는 통합형 논술 교육을 실시하는 것이 더욱 바람직하다.

왜 그렇게 하지 않는가 하고 물으면, 대학입시에 도움이 되지 않는 헛수고를 할 수 없다고 할 것이다. 대학입시가 제대로 되어야 고등학교 교육을 바르게 이끌 수 있다. 대학입시에서 통합형 논술을 요구하면 고등학교 교육이 정상화된다.

이 주장에 반대할 정당한 논거는 없다. 그런데도 반대가 격심하다. 학생들이 논술을 배우러 학원으로 가서 공교육이 무너지고 사교육비가 더 늘어난다고 한다. 학교에서는 논술을 가르칠 수 없는가? 이유가 있다면 교사의 능력 부족이거나, 교육 여건 미비일 수밖에 없다.

학원 강사는 논술을 잘 가르치지만 학교 교사는 그럴 수 없다는 것이 만일 불행히도 사실이라면, 교사진을 바꾸어야 한다. 유능하다는 학원 강사들을 대거 교사로 맞이하고 무능력자는 퇴출해야 한다. 교육 여건의 미비가 이유라면 정부가 책임지고 개선해야 한다. 개선 계획은 당장 마련해 발표해야 한다.

고등학교에서 쓰기 교육과 시험을 착실하게 정착시키는 것이 공교육의 정상화이다. 정상화 여부는 내용에 따라 판정해야 한다. 그런 교육을 해서 측정한 내신 성적에 따라 대학 입시가 이루어진다면 대학은 수고를 많이 던다. 통합형 논술 시험에 교수들이 동원되어 연구에 바쳐야 할 귀중한 시간을 소비하지 않아도 된다. 이것은 대학의 정상화이다.

교육을 어떻게 해야 하는가 하는 본질적인 물음은 도외시하고 사교육비 지출을 막아 학부모의 주머니를 든든하게 하는 것이 공교육의 정상화라고 계속 우긴다면, 좋은 방안을 건의하겠다. 대학입시를 복권 추첨을 하는 방식으로 바꾸는 대개혁을 하라. 일제히 환호성을 지를 유권자가 지역 구도를 넘어서서 전국에 고루 많이 있을 것이다.

고금의 대화 통로

한자 교육을 둘러싼 논란이 다시 벌어져 착잡하다. 역대 교육부장관은 무얼 하고 있다가 이제 와서 새삼스럽게 대통령에게 건의서를 내미는가. 어제 오늘에 만든 나라여서 교육의 기본 방침마저 정하지 못했는가. 패싸움이 자주 일어나는 병폐는 언제 없어질 것인가. 이렇게 개탄해도 소용이 없다. 문제를 분명하게 하고 해결책을 찾아야 한다.

문자가 문제라면 한자는 버려야 한다. 일상생활의 문자로 삼기에는 너무 불편한 한자 대신에 배우고 쓰기 쉬운 문자를 사용해야 한다. 월남에서는 한자 대신 라틴문자를 택했다. 중국에서도 발음 표기는 라틴문자로 한다. 아랍문자를 사용하던 터키나 인도네시아도 라틴문자를 받아들였다. 우리는 라틴문자보다 더 우수한 표음문자인 한글을 쓰면 된다. 한글 전용 외에 다른 길은 없다.

일본에서 한자를 자국 문자와 혼용하는 것이 모범이라고 오해하지 말자. 일본어는 음절수가 많지 않아 의미 분별에 지장이 있는 특수성을 한자 표기로 해결해야 하고, 그렇게 하는 방식에 훈독과 음독이 복잡하게 얽혀 많은 어려움이 있다. 같은 혼란을 겪지 않는 우리는 행복하다. 우리 선조는 국문으로 쓰는 글에 한자를 한 자도 넣지 않아 일본과는 다른 길을 택했다. 그 내력을 모르고 일제강점기 이후에 일본을 따른 잘못을 반성하고 시정해야 한다.

오늘날 일상생활에서 흔히 사용하는 한자어에는 일본에서 만든 것이 많지만 모두 버릴 수는 없다. 한자로 표기한 일본 고유어는 추방해야 마땅하지만, 일본에서 한자를 이용해 만들어 음독한 말이 건너와 사용되는 것은 귀화로 인정해야 한다. 출신을 재론하지 말고 우리말답게 표기해야 한다. 그 본보기인 '회사', '금요일', '자연과학' 같은 것은 한글로 적어도 무슨 뜻인지 다 잘 알고, 한자 어원을 의식하면 도리어 혼란이 생긴다. 그런 말을 한자로 적으려고 한자 공부를 하자는 것은 국어교육을 혼란시키기나 하는 헛수고이다.

공부해야 할 것은 한자가 아니고 한문이다. 한문을 배워 한문문명권의 유산을 이어받아야 한다. 우리 선조가 한문을 공동문어로 사용하는 세계의 일원이 되어 동아시아 이웃 나라 사람들과 함께 이룩한 문명을 비난하고 외면하는 것은 가능하지 않을 뿐만 아니라 이로울 것이 없다. 우리 선조가 한문문명권에 소속되기를 거부하고 고립을 누렸다면 아이누인처럼 민족 상실의 위기를 겪거나, 필리핀에서 보듯이 통일된 국어가 없어 고민할 수밖에 없다. 공동문어문명을 받아들여 중세화하는 과정을 거치지 않고 민족국가를 이룩한 곳은 하나도 없다는 사실을 방대한 연구에서 밝혔으니 반론을 제기하려면 읽기를 바란다. 한문문명권에 들어간 것이 실수였다면, 산스크리트 · 아랍어 · 라틴어 가운데 하나를 택해야 했는데, 거리가 멀어 가능하지 않다.

근대에는 세계 어느 곳에서든지 공동문어 대신에 민족어를 공용어로 삼고, 쓰기 편리한 문자를 채택해 국민교육을 실시하고 있다. 그러면서 공동문어문명을 자기 것으로 이어받아 재창조하는 데 힘쓰는 경쟁을 하고 있다. 민족어 글쓰기를 일단 확립하고서도 라틴어 문명을 이어받기 위해 수백 년 동안 노력해온 서양 각국의 전례를 교훈으로 삼지 않으면서 그 쪽과 맞서겠다고 하는 것은 망상이다. 라틴문자를 사용하는 월남, 터키, 인도네시아 등지에서도 서양문명 수입업에 만족하지 않고 독자적인 문명의 전통을 오늘에 되살려 인류를 위해 봉사하려고 한다.

한글 전용을 의심이나 차질 없이 진행하고 한글로 쓴 글에 담는 내용을 풍부하고 수준 높게 하면서, 세계 전체에 제공하는 보편적 가치 창조에 힘써야 한다. 한글 예찬으로 대응책을 삼지 말고, 한문으로 이룩한 창조물까지 광범위하게 이어받아야 그럴 수 있다. 어설픈 한자 교육을 주장해 한글 전용을 침해하지 말고 한문을 제대로 가르쳐 근본에 이르도록 해야 한다. 한문을 알면 한자도 알지만, 한자를 알면 한문도 아는 것은 아니다.

초등학교에서부터 한문공부를 시작해 '春秋', '天地人', '和而不同', 이런 말을 익혀야 한다. 고등학생은 한문 고전을 줄줄 읽는 것이 바람직하다. 대학에 들어가면 전공이 나누어지므로 그럴 기회가 없다. 한문 고전을 이해하면 어느 분야에서도 심오한 사고를 하고 창조력을 발휘하는 데 도움이 된다. 인도 사람들이 산스크리트 철학을 이어받아 정보통신 분야에서 앞서나가듯이, 우리는 한문에서 제공하는 사고력을 적극 활용해야 한다.

민족의 저력을 찾아서

우리 민족은 노래 부르고 춤추기를 즐긴다고 중국 역대 역사서에서 거듭 기록했다. 여러 형태의 공연예술이 밖에 나가 환영받으면서 이른바 韓流를 이룬다. 일본 전통극을 연구하는 학자가 우리 탈춤을 처음 보고 놀라울 정도로 활기가 넘치고 빨라 큰 충격을 받았다고 했다. 자기네 탈춤은 움직임을 감지하기 어려울 정도로 느리게 진행되는 것과 너무나도 달라, 왜 그런지 두고두고 연구한다고 했다.

풍물을 치고, 탈춤을 추며 하는 신명풀이가 민중의 기층문화에서 면면히 이어진다. 신명풀이란 마음속에 맺히고 얽혀 있는 것들을 시원스럽게 털어놓는 즐거움이다. 대등한 자격을 가지고 자발적으로 참여하는 여러 사람이 싸움이 화해이고 화해가 싸움임을 함께 확인하면서 그렇게 한다. 그것은 다른 나라 연극과 구별되는 탈춤의 원리이면서 한국문화 전반의 특성이다. 삶의 활력을 얻고 보람된 창조를 이룩할 수 있게 하는 비결이다.

신명풀이의 전통이 오랜 기간 동안 거듭된 시련을 겪었으면서도 없어지지 않고 살아 있다. 글 읽고 책 쓰는 일을 누구보다도 열심히 해서 서적의 유산을 널리 자랑할 만한 나라가 성격이 다른 또 하나의 문화를 잘 보존해서 다행이다. 국가가 백성을 억누르지 않고, 상층 지식인이 너그러운 마음을 지녀 그럴 수 있었다. 그 동안의 경과를 이렇게 이해하면 많이 모자란다.

기층문화의 활력이 위로 치밀어 올라가 최고 수준의 사상을 창조하고 표현하는 데 활용된 것을 주목해야 한다. 元曉는 광대 스승에게서 배운 바가지 춤을 추고 수많은 마을을 돌아다니면서 깨달음의 길이 어디 있는지 찾고 알렸다. 李滉은 우리말로 노래를 부르고 춤을 추어야 마음속의 찌꺼기를 씻어낼 수 있다고 하면서 시조를 지었다. 崔濟愚는 칼을 휘두르고 노래 부르고 춤추어 득도한 바를 나타냈다.

고유문화와 외래문화가 그런 방식으로 융합했다. 조용한 태도로 받아들인다면 외래 사상의 여러 갈래를 하나씩 분별하고 각기 존중해야 한다. 그러나 역동적인 재창조의 과정에 들어가면 상이한 것들이 한데 얽혀 원래의 특성을 잃고 새로운 기능을 수행한다. 崔致遠이 이 나라에 玄妙한 도가 있어 儒彿仙을 함께 지녔다고 한 말에 모순을 넘어선 진실이 있다. 현묘하다는 경지는 용광로와 같아 유불선을 녹여 고유문화를 풍부하게 하는 데 쓰이도록 했다.

원효는 불교의 여러 종파를 아우르는 和諍의 논리를 전개하고, 다툼을 인정하면서 넘어서는 사고형태를 제시했다. 있고 없고, 참되고 속되고, 변두리이고 가운데인 것들이 둘이면서 하나이고 하나이면서 둘이라는 지론을 폈다. 그 뒤를 이어 서경덕 이후의 기철학자들은 상생이 상극이고 상극이 상생이라고 하는 生克論을 개발했다. 싸움이 화해이고 화해가 싸움인 신명풀이의 원리를 고도의 철학을 갖추어 전개해, 하층과 상층의 합작으로 고유문화와 외래문화를 합쳤다.

탐구의 방향 전환

일제강점기 동안 경제적인 어려움과 정치적인 속박을 무릅쓰고 공부를 하고 학문을 위해 분투한 선각자들을 생각한다. 직접 알기도 하고, 전해 듣기도 하고, 남긴 글을 읽고 가까이 있는 것처럼 생각되기도 한다. 고학을 하느라고 험한 고생을 하다가 몸이 상하기도 했다. 일제 경찰에게 잡혀가 모진 고문을 당하기도 했다. 이역만리에서 정처 없이 방랑하다가 행방불명이 되기도 했다.

그래서 무엇을 공부하고 어떤 학문을 했는가? 중도에 좌절하고 실패한 낙오자는 그만두고, 뜻을 이룬 소수를 들어 말해보자. 일본에서, 멀리 유럽이나 미국까지 가서 박사학위까지 받고 귀국하면 존경을 한 몸에 모으고, 커다란 가르침을 베풀리라고 기대되었다. 그러나 학문 연구 업적을 내놓은 사람은 거의 없다. 사회활동에서 모범을 보인 분들은 있어도 학자 노릇을 계속 한 것은 아니다.

박사학위를 받고 돌아와도 전문학교 교수가 되는 것이 최상의 진출이고 대학에 자리 잡지 못한 것이 학문을 할 수 없는 이유라고 할 수 있다. 그러나 공부할 때의 어려움을 생각하면 어떤 악조건에서도 학문을 해야 했다. 학문을 하지 못한 이유는 외부 사정 때문이 아니다. 학문이라고 할 것을 간직하고 키우지 못했다. 가서 공부한 그 곳에서 개발해 전수하는 지식을 수입해오는 데 그치고 창조적인 연구는 하지 못했다.

문학을 탐구한 내력을 되돌아보자. 중등교육에서 다루는 일본문학으로 만족하지 못하고 대학에 진학해 영문학을 전공해 새로운 길을 찾는 것이 고작이었다. 그래서 무엇을 얻었던가? 우리문학은 알지 못해 낮추어보는 선입견을 더 키웠다. 제3세계문학의 넓은 세계가 있는 줄 몰랐다. 영문학을 비롯한 유럽문명권의 문학이 곧 세계문학이고 인류의 가장 값진 유산이라고 하는 주장이 허위임을 간파할 능력이 없어 헛된 존경심이나 키웠다.

멀리까지 가서 공부를 많이 하는 것을 자기 상실의 길로 삼고, 유식이 무식임을 보여주는 데 그쳤다. 남들이 전해주는 지식에 휘둘리지 않고 자기 인식을 출발점으로 삼아 무식이 유식임을 입증하는 데까지는 나아가지 못했다. 일제 강점기만 그랬던 것은 아니고 지금도 마찬가지이다. 지배적인 사조가 달라지고 유행이 바뀌어도 학문을 수입하고 문화를 이식하는 것이 선진이라고 여기는 관습이 그대로 이어지고 있어, 이런 말을 길게 한다.

모두 한 통속인 것은 아니다. 세상 돌아가는 형편을 거역하고자 하는 고독한 예외자들이 있었음을 알아야 한다. 학벌이나 지식을 행세 거리로 삼지 않고 절실하게 필요한 공부를 스스로 다시 한 분들을 보자. 수입에서 자각으로 방향을 바꾸어 민족의 학문을 하려고 분투한 선각자의 노력을 평가해야 한다.

이극로를 한 본보기로 들어보자. 1910년에 가출을 해서 중국과 러시아를 떠돌아다니다가 유럽으로 가서 마침내 독일 베를린대학의 박사가 되어 1926년에 귀국한 내력을 길게 회고한 글이 있다. (『한국문학통사』 5, 제4판 지식산업사, 2005, 556-557면에서 이에 관해 고찰했다.) 갖가지 천한 일을 하고 죽을 고비도 몇 번 넘기면서 극한에 이르는 고난을 겪은 사연이 깊은 감명을 주지만, 얻은 지식을 그대로 쓴 것은 아니다.

중국의 생사공업에 관한 논문을 써서 경제학박사가 되었는데, 귀국 후에는 조선어학회를 이끌면서 우리말을 지키기 위해 헌신했다. 독일에서 유학하고 있을 때 우리말을 가르칠 기회가 있었고, 언어학 강의도 들었다고 하지만 전공한 것은 아니다. 연구 업적은 선구자적 의의를 가지는 정도이다.(고영근, <이극로의 사회사상과 어문운동>, 『한국인물사연구』 5, 한국인물사연구소, 2006에서 구체적인 논의를 했다.)

최현배는 일본에 유학해 경도대학에서 교육학박사가 되었다. 경도 인근의 天理大學에서 자기네 종교 포교를 위해 하는 우리말을 강의로 출강한 경험이 있었다. 민족을 살리기 위해 교육학이 절실하게 필요하다고 여기다가, 방향을 바꾸었다. (고영근, 『최현배의 학문과 사상』, 집문당, 1995에서 그 경과를 자세하게 밝혀 논했다.)

이극노와 최현배, 이 두 사람 다 유학을 마치고 귀국한 다음 우리말 연구가 절실하게 필요하다고 판단해 다시 출발했다. 주시경이 남긴 가르침을 이어받고, 모자라는 부분은 스스로 보충하면서 언어학자가 되어야 했다. 절실한 상황에서 변신을 하면서 현실을 타개했기에 근본을 제대로 다질 수 없었다. 우리말 사랑에 목숨을 걸고 사전을 만들면서 한자어에 관한 작업은 일본어 사전에 의거했다. 전통학문에 대한 이해를 쌓지 못하고, 학문의 원리를 자각할 수 없었다.

일본인이 가르치는 국내외의 대학에서 공부하고 전공한 바를 연장시켜 우리 역사나 문화를 연구한 분들도 있다. 백남운, 이병도, 조윤제 등이 그 좋은 본보기를 보여주었다. 전수받은 방법을 활용하면서 일본인의 편견을 비판의 대상으로 삼았다. 최남선이나 안확처럼 일본에 가서 공부를 조금 하고 와서는 재래의 지식을 활용해 다방면에 걸친 국학연구에 종사한 분들도 있었다.

그 모든 노력과 성과를 높이 평가해야 하지만 학문하는 수준이 낮았던 것은 부인할 수 없는 사실이다. 일반이론 창조는 생각하지도 못하고 수입한 이론을 적용하는 작업을 힘겹게 했다. 이론 창조에서는 유럽문명권의 학문을 따르지 못하고, 이론 적용에서는 일본보다 모자랐다. 이극로 · 최현배 · 백남운 · 이병도 · 조윤제 같은 개척자들의 신념이나 열정이 아무리 대단해도 세계적인 범위에서 평가될 수 있는 새로운 학문을 창조할 수 있었던 것은 아니다.

전통학문의 중심을 이루고 있던 철학이 급격한 몰락을 겪은 것은 커다란 불행이었다. 독일에서 공부하고 돌아온 안호상, 식민지대학 출신인 박종홍, 신남철, 박치우 등이 유럽철학을 이해하고 소개하기 위해 힘쓰는 것이 고작이었다. 철학이라는 것은 전에 없어 수입해야 한다는 일본의 전례에 따라 우선 입문이 긴요한 과제라고 여기고 자기 길로 나아가는 것은 생각할 수 없었다. 우리 철학의 유산을 찾아 정리하는 작업은 하지 않았다. 현상윤이 유학사를 쓴 것은 광복 후의 일이다.

어려운 시기에 그만하면 됐지, 지나친 기대 수준을 내세워 새삼스럽게 시비하는 이유가 무엇인가 하고 반문할 수 있다. 식민지 시대의 관습이 오늘날까지 이어지고 있는 것이 문제여서 근원을 파헤쳐 논의하지 않을 수 없다. 현재를 반성하고 바람직한 미래를 이룩하기 위해 과거를 거론한다. 나라가 망할 때 잃은 철학을 아직까지 찾지 못한 것을 분명하게 하려고 시초부터 문제 삼는다.

오늘날에 와서는 대학이 너무 많다고 할 정도로 생겨나고, 교수로 종사하는 인원이 엄청나다. 거의 모든 대학에 박사과정이 있어 박사를 배출한다. 그런데도 일반 이론 창조는 생각하지도 못하고 수입한 이론을 적용하는 작업을 계속하고 있다. 일본과의 격차는 많이 줄어들었으나, 유럽문명권의 학문과는 거리가 멀다. 양학이라는 이름의 수입학과 국학이라고 일컬어지는 자립학이 따로 논다. 그 둘을 합친 창조학을 해야 한다는 것은 예외자의 주장에 지나지 않는다.

나라를 잃으면서 학문하는 능력이 급격히 후퇴한 것이 후진의 이유라고 할 수는 없다. 회복하고 남을 만한 시간이 경과했다. 상품의 생산과 수출에서는 현저한 발전이 이루어졌어도 학문은 그렇지 못해 식민지 시대의 관습을 잇고 있다.

우리는 원래부터 학문이 뒤떨어진 나라인 탓인가? 이렇게 생각하는 비관주의가 널리 퍼져 있다. 이에 대해 단호하게 대처하지 않고서는 학문에 대한 모든 논의가 무의미하다. 이미 전개한 논의를 가져오자.

> 崔漢綺와 崔濟愚의 시대인 19세기가 끝나고 20세기가 시작되자 우리학문은 내리막길을 가게 되었다. 개화를 하고 현대문명을 받아들여 커다란 발전을 이룩했다고 하는 데 동의하지 않고, 내리막길을 가게 되었다고 하는 이유는 학문을 스스로 창조할 수 있는 능력을 상실했기 때문이다. 학문의 주인이 누렸던 자랑스러운 자리를 잃고, 학문의 나그네가 되고, 학문의 노예로 전락하기까지 했기 때문이다. (『우리학문의 길』, 지식산업사, 제2판 1996, 192면)

오늘날 우리는 학문을 직업으로 하고 있다. 교수 노릇을 하는 여건이 남부럽지 않다. 유럽문명권 명문대학 박사들이 어느 대학에도 있다. 대학 진학률이 높고 입시 경쟁이 심하다. 건물과 조경은 널리 자랑할 만하다. 그래서 번영을 누린다고 할 것은 아니다. 대학의 양적 성장을 따르지 못하는 질적 수준이 우려를 자아낸다.

향상을 위한 노력을 하지 않는 것은 아니지만 기대하는 성과를 거두지 못한다. 근본적인 결함이 있기 때문이다. 냉혹하게 지적하면, 학문을 한다고 하면서 주인의 자리를 잃고 노예로 지내는 것이 편안하고, 나그네 노릇에 익숙해졌다고 할 수 있다. 일상적인 무감각에서 깨어나 비장한 결단을 내려야 한다. 민족의 학문을 해야 할 절박한 사태가 사라졌다고 안이하게 생각하지 말고, 세계의 학문을 해야 하는 사명을 깨닫고 실행해야 한다.

유럽문명권의 침략으로 빚어진 세계사의 시련은 상존한다. 근대를 넘어서서 다음 시대를 이룩해야 과거의 일이 된다. 그렇게 하기 위해 분투해야 할 책임이 우리에게 부여되어 있다. 잃어버린 유산을 되찾아 세계학문의 새로운 발전을 선도하는 창조 작업을 위해 활용해야 한다. 잠재적인 능력을 최대한 발현해 민족의 학문을 동아시아의 학문으로, 동아시아의 학문을 인류 전체의 학문으로 발전시켜야 한다.

재출발의 자세

학문의 노예이기를 거부하고, 학문의 나그네로 만족하지 말고 학문의 주인 노릇을 당당하게 하려면 몇 가지 조건을 갖추어야 한다. 수입학이나 자립학을 넘어서고 시비학에 머무르지도 않으면서 창조학을 이룩해야 한다. 인류 전체의 보편적인 문제를 새롭게 다루어 미래의 역사를 설계하고 시공하는 작업을 선도해야 한다. 스스로 지니고 있으면서 남들을 따르느라고 망각했던 역량을 찾아내 활용해야 그럴 수 있다.

동아시아 전통학문 특히 철학은 다음 시대의 학문을 하는 발상의 출발점을 제공하는 소중한 의의가 있다. 우리 선인들은 동아시아철학을 이웃 나라 사람들보다 한층 열심히 해서 적극 재발하고 재창조해야 할 원천을 풍부하게 남겼다. 그 때문에 생산업을 소홀하게 해서 근대화에서 뒤떨어지게 되었다는 비난이 이제 반대로 바뀌어야 한다. 근대를 넘어서서 다음 시대를 창조하는 학문을 선도할 수 있는 역량이 있음을 알아야 한다.

가능성을 실현하고 역량을 발휘하려면 학풍의 쇄신을 철저하게 겪어야 한다. 철학은 새로운 흐름을 따르면서 계속 배워 와야 한다는 수입학, 우리 전통철학은 있는 그대로 두고 과거의 사실로 연구해야 한다는 자립학에서 벗어나야 한다. 철학하기를 창조학으로 삼아온 전통에 정면으로 뛰어들어 내가 후계자임을 선언하고 오늘날의 문제를 해결하는 새로운 작업을 과감하게 해야 한다. 전환의 단서를 마련하고 우선 가능한 시도를 하는 것이 이제부터 할 일이다.

학자는 단순한 직업인이 아니다. 다시 구도자가 되어야 한다. 지엽말단에 필요한 지식을 제공하는 임무를 지녔더라도 이치의 근본을 캐고 깨달아야 한다. 철학을 전문가로 자처하는 사람들에게 맡기지 말고 누구나 해야 한다. 철학에 관한 전문지식 결여를 창조의 비결로 삼아 무식이 유식임을 입증해야 한다.

토 론

❑ 문: 교육이 가치 창조라고 했는데, 어떤 가치인가? 앞에 한정어가 있어야 하지 않는가?

❑ 답: 앞에 한정어가 붙지 않은 총체적 가치를 창조해야 전인교육이 이루어진다.

❑ 문: 교육원론에서 교육은 도덕성·자율성·창조성을 지닌다고 하는데, 그 가운데 창조성만 내세우는 것이 타당한가?

❑ 답: 창조하는 것이 도덕이고 자율이므로, 그 둘을 따로 내세울 필요가 없다. 도덕성을 앞세우면 창조성이 죽는다. 자율성은 태도일 따름이고 실체가 없다.

❑ 문: 교육이 창조라는 것은 누가 창조를 한다는 말인가?

❑ 답: 가르치는 사람이 창조하는 본보기를 보이면서 배우는 사람이 창조할 수 있게 이끈다. 자기는 창조하지 않으면서 창조하라고 가르치는 것은 헛되다. 건강법을 가르치는 사람이 말하는 바와는 반대로 생활해 건강하지 않는 것과 같다. 교육은 말로 하는데, 말이 말다우려면 실천을 수반해야 한다.

❑ 문: 교육과 학문은 어떤 관계가 있는가?

❑ 답: 서로 물리는 관계이다. 교육이 제대로 되어야 학문을 할 수 있다. 학문이 교육을 이끌고, 교육할 내용을 제공한다.

❑ 문: 학자가 하는 창조를 교사나 일반인도 해야 하는가?

❑ 답: 누구나 늘 창조하는 것이 마땅한 삶임을 가르치는 교육을 해야 한다.

❑ 문: 창조하는 교육의 실례를 들어보라.

❑ 답: 수학과 시를 들어 말하겠다. 수학 문제를 푸는 것과 시를 짓는 것은 둘 다 창조이다. 주어진 수학문제를 푸는 것보다 새로운 수학을 지어내 전에 없던 문제를 만들어내는 것이 더 큰 창조이다. 이차적인 창조와 일차적인 창조의 차이가 있다고 해도 좋다. 일차적인 창조를 목표로 수학을 공부한다. 그러나 여러 단계를 거쳐 극소수만 목표에 이른다. 시를 짓는 것은 초등학교에서 처음 할 때부터 일차적인 창조이다. 시가 왜 창조인지 설명하는 것은 주어진 수학문제를 푸는 것과 같은 이차적인 창조라고 할 수 있지만, 예술과 구별되는 학문의 세계에서는 일차적인 창조이다. 문학교육은 문학예술의 일차적인 창조, 문학연구의 일차적인 창조를 둘 다 경험하게 하

므로, 창조하는 교육에서 참으로 소중한 기여를 한다.

그런데 문학교육을 긴요하지 않다고 여겨 약화하거나 배제하고 있다. 경영이나 산업을 위해 기여하는 바가 적은 공부는 뒤로 밀어두어야 한다고 한다. 그 때문에 경영이나 산업을 위한 창조력을 기르는 소중한 기회를 놓치고 만다.

예컨대 산업공학이라는 분야는 경영과 직결되는 산업에 직접 기여하는 것을 목표로 한다. 남들이 하는 듯이 하면 아무 것도 이루지 못하고, 창조를 생명으로 여긴다. 산업과 예술, 공학과 문학을 함께 공부해야 창조능력 훈련을 할 수 있다.

❑ **문**: 대학시절에 시인 김춘수 교수에게서 교양국어를 배웠다. 어느 날 창조가 무엇인가 묻더니 "+α"라고 했다. 큰 충격을 받은 것을 오래 기억한다. 창조에 관해 제대로 말했는가?

❑ **답**: 시인의 깨달음을 시와는 다른 언술 방법으로 말한 것이 충격이었다고 할 수 있다. 이미 있는 것에다 무엇을 보태면 창조가 이루어진다. 고금학문 합동작전을 하자는 것이 그 때문이다. 창조를 하면서 창조는 어떻게 하는지 밝혀 논하는 것이 학문에서 하는 창조이다. "+α"의 이론을 만드는 것이 주어진 과제이다.

❑ **문**: 한글 전용 논란은 어떻게 해결해야 하는가?

❑ **답**: 해결하지 않는 것이 최상의 해결이다. 글의 내용과 독자에 따라서 한글 전용도 하고 한자 혼용도 하는 것이 마땅하다. 하나로 통일해야 할 이유가 없다. 교과서에 한 가지 글만 내놓아야 한다고 싸우는 것은 잘못이다. 둘 다 할 수 있게 훈련해야 한다.

나는 둘 다 한다. 한글 전용을 해나가다 전문적인 내용 때문에 한자가 반드시 필요하면 노출해 쓴다. 한자는 괄호 안에 적는 것이 더 좋다고 생각하지 않는다. 독음을 안다고 뜻을 아는 것은 아니다. 동아시아 각국의 한자어 특히 고유명사는 독음을 모르거나 어느 쪽을 택해야 할지 판단하기 어려운 것이 적지 않다. 한자로 적어 눈으로 보게 하는 것이 최상의 전달이다.

❑ **문**: 학생들이 한자도 모르는데 한문 교육을 해야 하는가?

❑ **답**: 국어 과목에서 한자 교육을 하고, 별도로 한문 교육을 하는 이중작전을 수행해야 한다. 한자를 안 다음 한문을 배워야 하는 것은 아니다. 한자를 전혀 사용하지 않던 먼 곳에서 한문이나 중국어를 가르칠 때 한자부터 시작하는 것은 아니다. 바로 문장 이해에 들어간다.

❑ **문**: 한문 배우기 어려운 난관을 어떻게 극복해야 하는가? 무슨 비결이 있는가?

❑ **답**: 비결은 없다. 오랫동안 친하게 지내면 묘리를 터득한다. 일정 기간 집중 학습으로 한문에 능통한 다음 한문을 자료로 하는 연구를 해야 하는 것은 아니다. 한문은 말하고자 하는 바를 알아야 독해가 되는 글이다. 내용 이해와 독해 능력의 향상이 함께 이루어진다. 번역이 있으면 이용해 속독으로 대의를 파악한 다음 요긴한 대목을 집중해서 파고드는 것이 마땅하다. 나도 이렇게 한다.

글읽기에 집착하고 글읽기의 방향을 잘못 설정하면 얻을 것이 적다. 있는 것을 알기만 하고 없는 것을 찾아내지 못하면 학문이 아니다. 이에 관해서 다음 강의에서 다룬다.

❑ 문: 한문을 공부하라고 하고 무식이 유식이라고 하는 것은 잘못이 아닌가?

❑ 답: 한문을 아는 것만큼 학문을 잘 할 수 있는 것은 아니다. 한문으로 유식을 자랑하기나 하면 공부한 보람이 없다. "君子不器"임을 모르고 그릇을 가지고 다투다가 군자의 학문에는 이르지 못하는 사람들을 자주 본다.

❑ 문: 무식이 유식이라는 것이 도대체 말이 되는가?

❑ 답: 인도에서는 크게 깨달은 사람은 일자무식이라고 한다. 많이 알면 새로운 생각을 하지 못한다. 일자무식은 기대하기 어려워도 적당히 무식해야 큰 학문을 한다. 불필요한 지식은 줄이고 필요한 능력은 키우는 슬기를 이어야 한다. 우리 선인들이 남긴 일화에서도 거듭 확인되는 교훈이다. 이 이야기는 차차 하기로 하고, 자주 쓰는 비유를 다시 쓰기로 한다.

학문을 바둑에다 견주어 말하면 왜 그런지 이해하기 쉽다. 바둑에 대해서 잘 아는 것과 바둑을 잘 두는 것은 다르다. 바둑에 대해서 잘 아는 사람은 박치문이고, 바둑을 잘 두는 사람은 이창호이다. 박치문은 지식이, 이창호는 능력이 밑천이다. 한국의 철학계에는 불행히도 박치문만 있고 이창호는 없다. 남들이 하는 철학에 대해서 잘 안다고 자부하는 사람들이 크게 행세하면서 스스로 자기 철학을 하는 것을 막고 있다. 학문을 망치니 나무라고 시정해야 한다.

제2강 쓰면서 읽기의 방법

넘어가는 말

고금학문 합동작전을 해야 한다고 역설하는 서론을 더 펼 필요가 없다. 자기는 하지 못하는 일을 다른 사람들에게 시키는 것이 교육이라고 하는 착각을 배격해야 한다. 고금학문 합동작전이 필요하고 유익하다는 것을 실제 작업에서 보여주어야 한다.

실제 작업의 본보기를 드는 것이 한 학기 동안의 강의 내용이다. 첫 순서로 지금부터 하려고 일은 두 가지 특징이 있다. 고금학문 합동작전이 무엇이며 어떻게 하는지 쉽사리 알 수 있게 하는 본보기를 들어 기초를 다진다. 다루는 내용에서 고급학문 합동작전의 필연성을 입증한다. 다루는 문제는 글읽기와 글쓰기의 방법이다.

글읽기와 글쓰기는 모든 공부의 기초이다. 초등학교에 입학하면서 누구나 시작한다. 그러나 잘 하고 있다고 자부하기는 어렵다. 어떻게 읽고 쓸 것인지 되돌아보지는 않는다. 무엇이 문제인지 밝혀져 있지 않고, 해결책이 무엇인지 제대로 알지 못한다.

누구나 다 잘 아는 것이 제대로 알기 가장 어렵다. 학문한다는 사람들은 만나기 어려운 대상의 궁벽한 이치를 논하는 것을 능사로 삼고, 나날이 부딪치는 문제는 문제로 여기지 않고 연구 대상에서 제외한다. 알 것을 다 알았기 때문에 제외하는 것은 아니다. 제대로 알지 못하기 때문에 회피한다. 글을 읽고 쓰는 방법이 그 가운데 으뜸이다.

아무도 보지 못한 도깨비는 그리기 쉽고, 나날이 마주 대하는 사람의 얼굴은 그리기 어렵다. 그런데도 그림을 그리는 사람들은 도깨비보다 사람을 더 많이 그린다. 사람 얼굴을 잘 그려 기량을 자랑하고 평가받고자 한다. 학문을 한다는 사람들은 어디 있는지도 모를 모호하고 복잡한 문제를 즐겨 논해 순진한 사람들을 겁주고, 나날이 글을 읽고 쓰는 방법 같은 것은 외면해 무능을 감춘다.

글을 어떻게 읽고 쓸 것인가는 교육과 학문의 근본 문제이다. 이에 대해서 탐구하고 발견한 바를 논하고자 한다. 그러나 내 말을 바로 하는 것은 좋은 방법이 아니다. 학문을 할 때에는 방법을 먼저 생각해야 한다. 그 문제를 두고 전개된 고인의 견해에다 새로 생각한 바를 보태 논하는 고금합작을 하는 것이 여러 모로 유리하다. 고인 덕분에 노력을 줄이고, 나의 지론이 타당함을 입증할 수 있고, 고금 일관의 원리를 찾아낼 수 있다.

崔漢綺를 만나 그 작업을 했다. 최한기는 공동작업의 상대로 택하기에 좋은 조건을 몇 가지 갖추고 있다. 취급한 문제의 범위가 넓어 이용할 만한 밑천을 많이 제공한다. 자기 생각이 무엇인지 선명하게 제시하면서 쟁점을 남겨 새로운 논의를 시작하기 쉽다. 후손이라고 자처하는 사람들이 우상으로 만드는 피해를 입지 않아 자유롭게 나무라고 넘어설 수 있다. 최한기와의 합동작전을 뒤에 다시 한 번

할 것이다.

글읽기와 글쓰기를 최한기와 함께 논하는 작업을 이미 한 전력이 있다. <최한기의 글쓰기 이론>(『한국의 문학사와 철학사』(지식산업사, 1996)을 써내고, 그 결과를 <글쓰기와 글읽기>(『이 땅에서 학문하기』(지식산업사, 2000)에서 재론했다. 무엇을 어떻게 말했는지 간추려 소개하면서 새로운 논의를 보태기로 한다.

글읽기는 모두 같지 않고 각기 다르다고 한 것이 논의의 핵심이다. 빠지면서 읽기, 따지면서 읽기, 쓰면서 읽기가 있다고 했다. 뒤에 든 것일수록 더 나은 방법이라고 했다. 글읽기는 글쓰기를 도달점으로 해야 한다고 하면서, 둘을 연결시켰다.

두 글은 지금 다시 보니 이런 견해를 제대로 전개하지 못했다. 앞의 것은 공연히 길게 늘이고 내실이 부족하다. 뒤의 글은 문제를 대강 고찰하는 데 그쳐 깊이가 없다. 미진한 것을 보충하고 실수를 바로잡기 위해서 재론이 필요하다. 글은 책처럼 개정판을 만들 수 없어 고민이었는데, 강의 원고를 쓰는 좋은 기회가 있어 다행이다.

먼저 무엇이 문제인가 말해보자. 글읽기 방법에 관해 말하는 것은 진부한 주제인 것 같지만 그렇지 않다. 새삼스러운 논란거리가 없다고 생각하는 것은 잘못이다. 글읽기를 어떻게 하고 글읽기와 글쓰기가 어떤 관계를 가져야 하는가 하는 문제를 새롭게 해명하기 위해서, 고금 합동작전을 거쳐 쓰면서 읽기의 이론을 만들었다.

세상에서 숭상하는 독서 방식은 빠지면서 읽기이다. 讀書三昧를 맛보라고 하는 것이 빠지면서 읽기를 권장하는 말이다. 빠지면서 읽기란 자기를 잊고 글에 몰입하는 행위이다. 글읽기를 오락으로 여기면 그럴 수 있다. 평소의 자기를 잊고 그 자체의 홍미에 빠져

들어가도록 하는 것이 오락이다. 글에는 오락으로 여기도록 하는 것들이 있어 빠지면서 읽게 한다. 오락에 탐닉해 빠지면서 읽기를 하면 끝내고나서 허망하다. 다시 현실로 돌아올 때는 환멸감 같은 것이 생긴다.

훌륭한 책을 가려서 빠지면서 읽기를 하면 조금은 훌륭해진다고 여기는 것은 잘못된 생각이다. 훌륭한 글이라도 빠지면서 읽으면 얻는 것이 없다. 훌륭한 글은 빠지면서 읽기를 거부한다. 오락용이 아니기 때문이다. 빠지면서 읽기를 일삼느라고 훌륭하지 못한 글을 가려내지 못하고 숭상하면 어리석다. 실제로는 빠지지도 않았으면서 빠지면서 읽기가 바람직한 독서법인 줄 잘못 알아 글의 가치를 평가하지 못한다면 독서할 자격이 없다.

오락용이 아니고 진지한 내용이 있는 글이라면 읽는 사람이 자기의 경험이나 지식, 식견이나 사고방식에 입각해 대화와 토론을 하면서 읽기를 요청한다. 이해의 정도가 다르고 평가 또한 한결같지 않는 것이 당연하다. 이렇게 읽는 방식이 따지면서 읽기이다.

따지면서 읽기를 하면서 시비를 가려야 독서하는 보람이 있다. 좋지 못한 글은 물론이고, 좋은 글이라도 다 좋은 것은 아니고 반드시 허점과 잘못이 있다. 허점을 알아내고 잘못을 나무라는 것이 자기 성장의 길이다. 따진다는 것은 쉬운 일이 아니다. 시비의 대상인 글이 어느 수준이고 어떤 가치를 지녔는지 알고 한 수 더 뜨는 논의를 전개할 수 있어야 한다.

여기까지 생각하고 대단한 발언을 한다고 자부하다가 최한기의 책을 읽으면서 내 생각이 모자란다는 것을 깨달았다. 최한기가 말한 방식으로 최한기의 글을 읽어 최한기보다 한 걸음 더 나아간 결과를 얻는 것이 쓰면서 읽기이다. 그렇게 해서 고금합작 이론의 한 본보기를 마련했다.

저작의 등급

> 讀古人書 須將天人氣化準 測是非優劣 無形之神 以有形之神究之 得其有形者取之 終不得其有形者捨之 (『氣學』 1, 84)
>
> 고인의 책을 읽을 때 반드시 천인의 기화로 기준을 삼아 시비와 우열을 헤아려야 한다. 무형의 신은 유형의 신으로써 탐구해야 한다. 유형한 것을 얻으면 취하고, 끝내 유형한 것을 얻지 못하면 버린다.

최한기의 독서론이다. 독서를 말하기 위해 '氣化'를 가져왔다. 독서는 기화 탐구의 한 방법으로 필요하다고 했다.

氣化란 기가 움직이고 변해 새롭게 생성되는 것이다. '化'는 '運行'이라고도 하고 '運化'라고도 한다. '天人'이라고 한 천지만물이나 인정세태에 모두 기화가 있다. 그 원리와 양상을 밝히는 것이 학문의 목표이고 내용이다.

氣가 유형의 것이라고 했다. 무형의 理는 그 근거가 되는 유형의 氣에 근거를 두고 탐구해야 한다고 했다. 인식론의 기초를 말했다. 사실에 입각해 시비진위를 가려 취사선택을 해야 한다고 했다. 선택을 말했을 따름이고 재창조를 거론하는 데까지 나아가지는 않았다. 다른 자료를 더 찾아 논의를 발전시켜야 한다.

독서의 우열

讀書優劣 由於神氣之運化 著作愚劣 亦在古人神氣之運化 以有得天人運化 爲優 或於天人運化得其偏 得其緖餘 爲劣 以優讀劣 但採其未盡之端 以爲戒 以劣讀優 掃除已往之心得 新究述作之本意 又就質于耳目所踐歷之大氣雲化 合則 以爲我得 不合 則姑捨而俟後 終不可合者 抛置 乃運化讀書之完法也 (『기학』 1, 94)

독서의 우열은 신기의 운화에 말미암는다. 저작의 우열 또한 고인 신기의 운화에 있다. 천인의 운화를 얻은 바 있으면 우수하게 된다. 천인의 운화에서 편벽된 것이나 찌꺼기를 얻는다면 열등하게 된다. 우수한 독자가 열등한 책을 읽을 때에는 그 미진한 단서를 가려내 경계로 삼기만 한다. 열등한 독자가 우수한 책을 읽을 때에는 지금까지 마음에서 얻은 바를 쓸어내 버리고 저술의 본뜻을 새롭게 탐구한다.

또한 귀와 눈으로 체험한 대기 운화와 합치되는지 질문해서 합치되면 내가 얻은 것으로 한다. 합치되지 못하면 제쳐두고 나중을 기다린다. 끝내 합치되지 않으면 내버린다. 이것이 운화독서의 완전한 방법이다.

'神氣'는 정신활동을 하는 기이다. 그·개념을 가지고 사람이 하는 여러 활동을 설명하다가 독서에까지 이르렀다. 기의 운화도 사람에 따라 다르다. 건강한 사람과 병든 사람이 같을 수 없다. 신기의 운화가 다르다는 것은 정신 능력을 두고 하는 말이다. 자기 신체를 포함한 천지만물의 운화를 파악해 인식과 실천에서 활용하는 정도가 달라 우수한 독자와 열등한 독자, 우수한 저술과 열등한 저술이 생긴다고 했다. 독자의 우열과 저술의 우열을 조합해 독서를 논했다.

우수한 독자가 열등한 책을 읽을 때에는 그 미진한 단서를 가려내 경계로 삼기만 한다고 한 데 말을 더 보태야 한다. 우수한 독자라면 경계로 삼은 잘못을 우수한 글을 써서 시정해야 한다. 쓰면서 읽기가 필수적인 과제이다. 과제를 해결한 결과를 보여주어야 한다.

열등한 독자가 우수한 책을 읽을 때에는 지금까지 마음에서 얻은 바를 쓸어내 버리고 저술의 본뜻을 새롭게 탐구한다고 해서 마치 빠지면서 읽기를 하는 것이 마땅한 듯이 말한 듯하다. 다시 보자. 스스로 체험한 기화와 견주어 합치 여부를 따져야 한다고 했다.

사람은 누구나 기화를 체험하면서 살아왔다. 독서보다 체험이 진실을 판정하는 더욱 확실한 방법이다. 기화를 체험한 바와 합치되면 책 내용을 자기 것으로 하라고 했다. 소유주가 따로 없는 보편적 진실이기 때문이다. 기화를 체험한 바와 합치되지 않으면 일단 보류해두었다가 결국은 버려야 한다고 했다.

쓰면서 읽기는 하지 못해 대안을 제시할 수는 없는 독자는 열등한 독자이다. 우열을 가르는 기준이 바로 이것이다. 그러나 열등한 독자라도 빠지면서 읽기는 거부하고 따지면서 읽기를 해야 한다고 했다. 빠지면서 읽고 마는 독자는 수준 이하여서 열등한 독자라고 할 수도 없다.

이렇게 정리되는 독서법을 '運化讀書之法'이라고 이름 지었다. 그래서 독서론이 완성된 것은 아니다. 그 근거가 되는 논의가 더 있어야 한다. 다음의 몇 자료를 들고 검토한다.

타당성 검증

古之言語文字及於氣至罕之中 或見其蹟而未達其體 或發其端而未底究竟 爲理學人之辨斥 此特言語文字之爭端是非也 非立標準而明辨虛失 得經驗而措諸事業也 天下公共之論 不顧些少嫌碍末流激越之弊 自有學問歸正 (『기학』 2, 115)

고인의 언어나 문자가 氣에 미친 것이 아주 드문 가운데, 더러는 그 자취는 보았으나 본체에는 이르지는 못하기도 하고, 더러는 그 단서를 발견하기는 했으나 궁극에는 다다르지 못하기도 했다. (이런 것들을) 이치를 공부하는 사람이 분별해서 배척하지만, 특별히 언어나 문자를 가지고 다투고 시비하기나 하고, 표준을 세워 허실을 명확하게 가리지 못하고, 경험을 얻어 제반 사항을 처리하지도 못한다. 천하 공공의 논의가 (있어) 사소한 혐의나 장애, 지엽말단의 폐단은 돌아보지 않는다면, 학문이 저절로 바른 길로 들어선다.

옛 사람이 한 말이나 쓴 글은 모두 훌륭하다. 이렇게 생각하는 사람이 많아 옛것을 열심히 공부하자고 한다. 빠지면서 읽기를 하자는 말이다.

옛 사람이 한 말이나 쓴 글은 그 당시에는 훌륭했지만 시대가 변해서 모자라거나 맞지 않는 점이 있다. 이렇게 생각하는 것은 진전된 견해이다. 훌륭한 것은 훌륭하다고 받들고 모자라거나 맞지 않는 점은 절절하게 보충하고 수정하면 된다.

그런데 최한기는 옛 사람이 한 말이나 쓴 글에 훌륭한 것이 드물고, 훌륭한 것이라고 해도 결함이 있다고 했다. "고인의 언어나 문자가 氣에 미친 것이 아주 드문 가운데"라고 한 말에 관해서는 제2권 제1강에서 자세하게 검토했다. 인용해 거론하는 다른 모든 말도 같은 정도로 상론할 필요가 있으나 생략하고 대의를 논의의 대상으로 삼고자 한다. 관심사가 달라졌으므로 접근 방법을 바꾼다.

고인의 글이 미흡하다고 한 것은 참으로 대담하고 파격적인 발언이다. 성현을 모독했다고 할 수 있다. 무슨 근거로 전에 없던 소리를 하는가? 그 근거는 다름이 아니라, 말이나 글은 氣에 미쳐야 한다는 것이다. 기에 미친다 함은 기를 대상으로 해서 타당하게 인식한 내용을 지녀야 한다는 말이다. 그것 외에 다른 평가 기준은 없다고 했다.

옛 사람이 더러는 기의 자취는 보았으나 본체에는 이르지는 못하기도 하고, 더러는 그 단서를 발견하기는 했으나 궁극에는 다다르지 못하기도 했다고 했다. 알아야 할 것이 理냐 氣냐 하는 것이 커다란 쟁점이다. 理는 변하지 않지만 기는 변한다. 기가 변하는 것을 氣化라고 했다. 성현이 理에 관해 말한 것이 불변의 지침이다. 기화에 대한 인식은 변화를 알아야 하므로 어느 시기에 완성될 수 없고 시대에 따라 새로워진다. 氣 자체의 특성 때문에 옛 사람보다 지금 사람이 더 잘 안다.

옛 사람이 말한 바가 모자라거나 맞지 않는다고 말을 들어 시비하는 것은 잘못이다. 기를 새롭게 인식한 내용에 근거를 두고 잘못을 가리고 바로잡아야 한다. 표준을 세워 허실을 명확하게 가리고, 경험을 얻어 제반 사항을 처리하자는 것이 모두 기를 새롭게 인식한 데 근거를 두자는 말이다. "천하 공공의 논의"는 행세하고 있는 통설을 지칭하는 것이 아니다. 확실한 근거가 있어 누구도 부인할 수 없는 보편타당성을 갖춘 견해를 말했다. 그런 것을 마련하는 과정에서 있을 수 있는 사소한 혐의나 장애, 지엽말단의 폐단은 돌아보지 말고 근본을 중요시해야 한다고 했다. 그러면 학문이 저절로 바른 길로 들어선다.

이것은 글읽기에 관한 논의이다. 옛 사람의 글을 빠지면서 읽지 말고 따지면서 읽어야 한다. 우선 여기까지 말하고 다음 사항을 추가했다.

고금의 경중

若以古今取捨論之 我之所資肉所依賴 在今不在古 所須用所遵行 在今不在古 寧可捨古 而不可捨今 苟使文學之士 罔昧今之氣化 只將古之文蹟 欲治今之民 必多違(『人政』11 <古今通不通>)

만약 옛날과 지금 가운데 어느 것을 취하고 어느 것을 버릴까 하고 논한다면, 내가 살아가는 데 필요하고 내가 의지할 바가 지금에 있고 옛적에 있지 않다. 사용하고 준수해야 할 것이 지금에 있고 옛날에 있지 않다. 차라리 옛날을 버릴지언정 지금은 버릴 수 없다. 글 배우는 사람으로 하여금 지금의 氣化는 도무지 모르면서 옛날 글의 자취를 가지고 지금의 백성을 다스리게 한다면 반드시 많이 어긋날 것이다.

옛것과 지금 것을 단순히 비교해 둘 가운데 하나를 버려야 한다면 옛것을 버려야 한다. 너무나도 명백한 이치이다. 지금 것을 버려서는 살아갈 방도가 없다.

공부하는 사람이 옛것만 숭상하고 지금의 氣化는 모른다면 허상을 좇을 따름이고 진실을 외면한다. 탐구의 대상은 옛 사람이 남긴 말이 아니고 현실이다. 현실에서 이루어지는 기화는 나날이 새로운데 옛 사람의 말로 인식을 대신할 수 없다. 당연한 말을 최한기가 아니고서는 할 수 없었다.

옛것과 지금 것 가운데 어느 쪽이 옳은지는 실천에서 결판이 난다. 옛것을 그대로 시행하려고 하면 착오가 빚어진다. 옛 글의 자취를 가지고 지금의 백성을 다스리면 반드시 많이 어긋난다. 지금 것은 새롭게 탐구해 실정에 맞게 실행해야 한다. 이것 또한 당연한 이치이다.

그러면 옛것은 돌보지 말아야 하는가? 그렇다면 나는 왜 최한기가 남긴 말을 거론하고 있는가? 최한기는 내 학문의 조상이다. 남긴 가르침을 가지고 내 학문을 하는 데 적용하면서 한 걸음 더 나아가 조상을 빛내는 후손이 되고자 한다.

조상 자랑을 하는 사람은 조상이 훌륭하니 자손인 자기도 훌륭하다고 한다. 조상 자랑이 아닌 다른 일을 할 필요가 없다. 훌륭한 조상이 없는 사람은 자랑할 것이 없으니 스스로 분발하고 노력해야 한다. 그런데 스스로 분발해서 노력해도 이룰 것이 없다고 미리 단념한다.

학문에서의 조상과 후손의 관계는 족보가 말해주지 않는다. 학자의 후손은 학문을 이어받아 하는 사람이다. 작가의 후손은 창작을 새롭게 하는 사람이다. 옛 사람이 하는 일을 이어받아 하는 후진이면 후손이다. 고인의 책을 읽고 감명을 받아 자기가 하는 일을 더 잘 하고자 하는 오늘날의 사람은 선조와 후손의 만남을 제대로 체험하고 있다. 이런 관점에서 새로운 독서론을 전개해보자.

족보에 적어놓은 계보가 선조와 후손의 관계를 입증해준다는 생각을 버리자. 족보는 혈통을 나타내기 때문에 절대적인 의의가 있다고 하는 것은 그릇된 생각이다. 혈통이 끊어지고 양자를 하는 경우에도 계보가 이어진다고 한다. 선조는 학문을 했는데, 족보에 올라 있는 후손은 불학무식해서 선조의 저술을 읽지 못할 수도 있다. 글을 알아도 선조의 저술을 실제로 읽고 이해하지 않고 무조건 숭앙하기만 하는 것이 예사이다. 이런 경우에는 정신적 계승관계는 성립되지 않는다. 정신적 계승관계는 저술을 남긴 옛 사람과 그 저술을 읽고 이해하고 활용하고자 하는 후진 사이에 성립된다. 지역은 물론 국적도 넘어서서 선조와 후손의 관계가 성립될 수 있다.

무언가 보람 있는 일을 하고자 하는 사람은 누구든지 훌륭한 조상을 둘 수 있다. 선택해서 모시면 된다. 훌륭한 조상이 있으면 무슨 이득이 있는가? 훌륭한 조상이 있는 후손은 자랑스럽다고 하고 말 것인가? 조상을 훌륭하다고 하려면 후손이 더 훌륭해야 한다. 더 훌륭한 후손을 둔 조상이라야 훌륭하다. 자손이 이어받아 활용하고 비판해 넘어설 수 있는 유산을 남겨야 비로소 훌륭하다. 그래서 훌륭한 조상임을 후손이 입증해야 한다.

선조가 남긴 유산을 그대로 두고 숭상한다면 가치가 없다. 후손이 독자적인 창조를 할 수 없도록 방해하는 죄과가 있을 따름이다. 그런 죄과가 있는가는 후손이 결정한다. 못난 후손을 둔 선조는 망한다. 과연 그런지도 후손이 결정한다.

옛 사람의 생각을 지금의 시기에 그대로 쓰면 일을 그르친다. 옛 사람이 훌륭한 것은 그 앞 옛 사람의 생각을 그대로 쓰지 않고 자기 시대에 맞게 혁신해서 가치가 더 커지도록 했기 때문이다. 그런 비약과 창조의 작업을 다시 해야 한다. 최한기의 글을 읽으면서 내가 새로운 발상을 나타내는 글을 더 훌륭하게 써야 최한기와 나의 관계가 바람직하게 된다.

학문하는 수준

士不得氣化 高者沒於道德性理 以樹千古之不易 中者激於政令時弊 以論當前之矯革 下者沒於文墨技能 以爲平生消遣 然旣以氣化運行之身 所行無非氣化運行之事 人皆若是 宇內皆同 道德性理 擧氣化而變通之 政令時弊 明氣化而操縱之 文墨技能 推氣化而擴充之 (『기학』 1, 64)

선비가 기화를 얻지 못하면, 수준 높은 사람은 도덕과 성리에 몰두해 천고에 변하지 않는 것을 마련한다. 중간 수준의 사람은 정령과 시폐에 힘써 당장 고치고 바꾸어야 할 것을 논한다. 수준이 낮은 사람은 글 쓰는 기술에 몰두해서 평생 소일거리로 삼는다. 그러나 이미 기화가 운행하는 몸으로써는 기화가 운행하는 일 아님이 없다. 사람이 모두 이와 같으면, 세상이 모두 같다. 도덕과 성리는 기화를 들어 변통한다. 정령과 시폐는 기화를 밝혀 조종한다. 글 쓰는 재주는 기화를 미루어 확충한다.

여기서는 학문하는 수준을 말했다. 그것은 바로 글쓰기의 수준이기도 하다. 먼저 기화를 얻지 못한 경우를 들었다. 그 경우에도 수준 차이가 있다고 했다. 수준 높은 사람은 도덕과 성리에 몰두해 천고에 변하지 않는 것을 마련한다고 했다. 중간 수준의 사람은 정령과 시폐에 힘써 당장 고치고 바꾸어야 할 것을 논한다고 했다. 수준이 낮은 사람은 글 쓰는 기술에 몰두해서 평생 소일거리로 삼는다.

기화를 얻는다는 것을 "然旣以氣化運行之身"이라고 했다. 이 말을 "이미 기화가 운행하는 몸으로써는"이라고 번역했다. 기화로 운행하는 몸이란 무슨 말인가? 몸이 기화로 운행한다는 것은 당연하다. 아무도 알지 못하고 말하지 않아도 항상 그렇다. 당연한 사실을 왜 거론하는가? 몸에서 운화하는 기만 들어 말한 것은 아니다. 모든 것이 기화로 운행함을 몸으로 체득한 정도, 정신의 기인 神氣의 운화에 차등이 있다고 했다.

기화에 관해서 들어서 아는 말이거나 지식으로 간직하는 정도를 넘어서야 한다고 했다. 기화로 운화를 이미 몸으로 체득하고 있으면 어느 것이든 기화가 운행함이 아님이 없다고 했다. "사람이 모두 이와 같으면, 세상이 모두 같다"는 말로 그것은 어디서나 통용되는 보편적인 이치임을 밝혔다.

그 다음 대목에서는 개별적인 활동의 세 가지 영역에서 할 일을 기화의 원리를 들어 설명했다. 도덕과 성리는 기화를 들어 변통한다고 했다. 불변의 이치를 고착화시키려고 하지 말고 변해서 통하게 하는 것이 긴요하다. 정령과 시폐는 기화를 밝혀 조종한다고 했다. 임기응변을 일삼지 말고 기화에 근거를 둔 변화를 알고 실행해야 한다. 글 쓰는 재주는 기화를 미루어 확충한다. 글을 그 자체로 잘 쓰려고 하지 말고 기화에서 얻은 바를 살려 발전을 이루어야 한다.

기화를 얻지 못해 저지르는 잘못에 상중하의 잘못이 있다는 것은 재고해야 할 사항이다. 수준 높은 사람은 불변의 이치를 섬기고, 중간 수준의 사람은 임기응변의 변화를 일삼고, 수준 낮은 사람은 글만 잘 쓰려고 한다는 것은 최한기 시대까지의 가치 평가에 근거를 둔 구분이다. 지금은 그대로 통용될 수 없다.

사람의 등급을 저지르는 잘못의 등급으로 바꾸어야 한다. 불변의 이치 섬기기가 상등 잘못이고, 임기응변의 변화 일삼기가 중등 잘못이고, 글만 잘 쓰려고 하는 것이 하등 잘못이다. 하등 잘못은 피해가 적다. 무시하면 된다. 중등 잘못은 피해가 상당하다. 실생활에서 손해를 끼친다. 상등 잘못은 피해가 심각하다. 생각이 막히게 한다.

목표와 한계

> 集古今之學文 較短量長 搜遠近之異聞 捨虛取實 推少而測廣 因舊而開新 士之修業能事 其餘未盡 留待後代之士 (『기학』1, 64)
>
> 고금의 학문과 저술을 모아 단점을 비교하고 장점을 헤아리고, 원근의 이문을 수탐해 허는 버리고 실을 취하며, 적은 것을 미루어 넓은 것을 헤아리고, 옛것을 가지고 새것을 연다. 이것으로 선비가 할 수 있는 일이 완수된다. 그 나머지 미진한 것은 남겨두고 후대의 선비를 기다린다.

선비가 독서하면서 학문하는 모습을 그렸다. 이미 이루어진 저술을 널리 구해서 허를 버리고 실을 취하면서, 적은 것을 가지고 넓은 것을 헤아리고, 옛것을 가지고 새것을 연다고 했다. 최한기는 이렇게 하면서 일생을 보냈다. 그래도 다 하지 못한 일을 후대의 선비에게 맡긴다고 했다. 후대 선비의 임무를 나도 일부 맡아 최한기가 제시한 길을 가면서 최한기보다 더 크고 한층 새로운 일을 하려고 한다.

총정리

옛 사람의 책을 읽는 것은 지금 살아가고 학문을 하는 데 도움을 얻고자 하기 때문이다. 빠지면서 읽어 그대로 받아들이지 말고 따지면서 읽고 타당성을 검증해야 한다. 독서보다 체험이 진실을 판정하는 더욱 확실한 근거이다. 체험에서 얻은 진실을 가다듬고 되돌아보며, 시비하고 일반화하기 위해 독서라는 수단이 필요하다.

옛 사람이 말한 바가 자기 체험과 합치되면 그 내용을 자기 것으로 한다. 소유주가 따로 없는 보편적 진실을 체험의 내용과 의미를 확고하게 인식하면서, 보충하고 비판하는 데 쓴다. 체험한 바와 어긋나 납득할 수 없으면 버려야 한다고 했다. 이것이 따지면서 읽기이다. 따지면서 읽기는 쓰면서 읽기로 이어진다.

기존의 저술을 토론의 대상으로 삼아 새로운 저술을 하는 것이 더욱 적극적인 방법이다. 독서를 하면서 마음속으로 토론을 진행해 대안을 찾고, 독서를 마치고서 또는 중단하고서 자기 글을 실제로 쓰는 것이 마땅하다. 미흡하면 보충하고, 잘못되었으면 바로잡는 정도에 그치지 않고 새 시대 학문의 이론을 다시 만드는 경지까지 나아가자는 것이 더 큰 목표이다.

세 경우에 독서하는 시간이 다르다. 빠지면서 읽기를 책이 요구하는 시간에 맞추어 진행해야 한다. 단숨에 다 읽었다는 것이 최상의 독서이다. 따지면서 읽기를 할 때에는 완급을 독서하는 사람이 조절한다. 그냥 따라가지 말고, 따질 것이 있으면 독서 속도를 늦춘다. 책을 덮어두고 길게 시비할 수도 있다. 쓰면서 읽기는 어떻게 하는가? 마음속으로 쓰던 것을 실제로 쓰기 위해 시간을 많이 가질 수 있다. 쓸 것이 벅찰 정도로 다가오면 읽기를 그만두어도 된다.

독서는 고금의 관계에서 이루어진다. 고금의 관계에 흔히 세 가지 잘못이 있다. 옛 사람이 말한 이치가 불변이라고 여겨 섬기는 것이 상등 잘못이다. 옛날은 어쨌는지 돌아다보지 않고 지금의 상황에 이끌려 임기응변을 둘러대는 것이 중등 잘못이다. 불변도 변화도 생각하지 않고 글만 잘 쓰려고 하는 것이 하등 잘못이다. 잘못의 등급이 높을수록 피해가 더 크다.

이런 잘못은 모두 불변과 변화, 이치와 글쓰기의 관계를 잘못 알아서 생긴다. 근본이 되는 이치는 불변일 수 없고 현실에 입각한 변화에서 새로운 가치를 발휘한다. 근본이 되는 이치가 변화에서 가치를 발휘하는 모습을 생동하게 보여주는 것이 마땅한 글쓰기이다. 근본이 되는 이치가 변화에서 가치를 발휘한다는 것을 최한기는 '氣化'를 들어 말했다. 나는 생극론을 마련해 뒤를 잇는다. '化'라고 막연하게 일컬은 것을 실상을 들어 더욱 분명하게 나타낸 말이 '生克'이다. 이에 대해서 길게 논하지 않는다. 바람직한 독서법의 전제 조건이 아니기 때문이다.

학문은 발전한다. 뒷사람은 더 큰 일을 한다. 최한기는 이렇게 믿으면서 학문을 논하고 독서의 방법을 말했다. 최한기의 믿음이 헛되지 않게 하는 데 나는 내 나름대로 기여하고자 한다. 그런 각오를 가지고 강의 여기저기에서 최한기를 자주 논하고, 이 자리에서는 독서론을 전개했다. 많은 것을 보태고자 하는 소원이 어느 정도 이루어졌는지 독자에게 묻는다.

새로 탐구해 제시한 바람직한 독서법을 최한기는 '運化讀書之法'라고 했다. '운화'가 들어 있어 생소하게 생각되고 이해하기 어렵다는 불만도 생길 수 있다. '쓰면서 읽기'라고 이름을 고쳐 최한기와

조동일의 합작 이론을 지칭하는 공동의 간판으로 삼는다.

내가 추가한 사항을 들기로 한다. '쓰면서 읽기'라는 말을 쓰니 '빠지면서 읽기'와 '따지면서 읽기'와의 차이점을 명시하는 의의가 있다. 세 가지 경우에 읽기가 진행되는 속도가 다르다는 것은 새로 밝힌 원리이다.

토 론

❑ **문**: 최한기는 왜 한문으로 글을 썼는가? 국문으로 쓸 수는 없었는가?

❑ **답**: 문학작품은 민족구어로 창작해도 철학에서는 공동문어를 사용하는 것이 어느 문명권에나 공통된 관습이었다. 한문으로 글을 썼으므로 최한기는 이치를 제대로 따지고, 생각한 바를 다른 나라에도 알렸다. 『氣測體義』가 중국 북경에서 출판되었다.

스피노자(Spinoza)의 경우를 함께 생각해보자. 집안에서는 포르투갈어를, 사회생활에서는 네덜란드어를 사용한 스피노자가 학문의 언어는 라틴어로 했으므로 유럽 전역에 널리 알려지고 평가될 수 있었다. 자기 저작이 네덜란드어로 번역되면 박해를 더 받을 수 있다고 생각해 극력 말렸다.

최한기는 세상에 알려지지 않은 채 조용하게 살면서 저작에 몰두했다. 성현을 모독한다고 할 수 있는 글을 한문으로 썼으므로 아무나 읽고 말을 퍼뜨려 말썽을 일으킬 염려가 없었다. 그런데 한문을 한문답지 않게 쓴 것도 반역이다. 인용이나 전거가 없고 쉽고 명확해 읽기 쉽다. 압축해서 말하느라고 생략한 내용을 보충해서 이해할 수 있다면 읽는 데 어려움이 없다.

❏ **문**: 지금은 우리말로 글을 쓰는 시대인데 한문 저작에 의거해 사고해야 하는가?

❏ **답**: <우리말로 철학하기의 세계사적 사명>이라는 글이『인문학문의 사명』(서울대학교출판부, 1997)에 있어 그 문제를 길게 논했다. 공동문어로 이룩하던 철학을 민족어로 바꾸면서 유산을 충실하게 계승하고 보태는 것이 세계 어느 곳에서도 함께 수행해야 할 사명이라고 했다. 시대 변화의 공통된 과정이다.

유럽에서 라틴어철학을 자국어철학으로 바꾸어놓는 작업을 단계별로 한 것이 표본이 된다고 할 수 있다. 라이프니쯔(Leipniz)는 라틴어를 사용하고, 칸트(Kant)는 라틴어로 쓰다가 라틴어가 들어가 있는 독일어로 바꾸고, 헤겔(Hegel)은 라틴어 글쓰기는 조금만 하고 독일어를 사용하면서 용어를 독일어로 만들려고 애썼다. 한문철학을 국문철학으로 바꾸기 위해 같은 작업을 해야 한다.

한문철학의 유산을 활용하지 않으면 국문철학이 영양실조에 걸린다. 우리말로 철학한다고 자처하는 사람들이 서양철학의 용어를 순우리말로 옮기는 데 힘쓰기만 하고 한문철학은 매도해 내다 버리니 크게 잘못되었다. 순우리말로 옮긴 것을 서양말로 다시 옮기면 무엇이 남는가? 이룬 바가 없다는 것을 입증할 따름이다.

국문철학은 남들에게 전달하기 어려운 단점이 있다. 우리만 고민인 것은 아니고 피차 마찬가지이다. 동아시아 사람들끼리는 학문 교류의 공용어로 한문을 다시 쓰는 것이 바람직하다. 생극론은 영어로 옮기기 어려우니 그만두자고 할 수 없다. 자기네 말로 번역하고 설명하는 수고를 받아들여야 하는 쪽에서 해야 한다.

❑ 문: 다른 문명권의 사정은 어떤가?

❑ 답: 아랍어문명권에서는 고전아랍어를 근대표준아랍어로 삼아 사용하면서 학문의 언어로 사용한다. 인도에 가보니 산스크리트학은 산스크리트로 강의하고 있다. 인도에서 오래 공부한 미국인 학자가 네루대학 산스크리트학과에 와서 산스크리트로 강의했다고 칭찬하는 말을 들었다. 한문은 구어가 아니어서 말하는 데는 쓰지 못하지만 글에는 써서 동아시아 사람들이 함께 읽을 수 있게 해야 한다.

❑ 문: 최한기가 무형의 理를 따르지 말고 유형의 氣를 따르라고 한 것을 논의의 출발점으로 삼았다. 무형의 理를 따르는 것은 왜 잘못인가? 아주 다른 논의가 전개될 수 있지 않는가?

❑ 답: 理는 氣의 원리이기만 하므로 독자적인 것으로 이해하지 말아야 한다는 氣철학을 최한기가 완성했다. 유형의 氣는 버리고 무형의 理를 따르는 것은 가능하지 않은 착각이므로 오류를 빚어낸다고 했다. 理철학에서는 그렇게 생각하지 않고 氣를 떠난 理가 진리의 최종적인 근거라고 했다. 理는 성현의 가르침에서 가장 확고한 인식을 얻을 수 있다고 했다. 氣는 새롭게 운동하고, 氣에 대한 경험적 인식이 확대되므로 학문이 발전한다는 것과 정반대의 생각이다.

어느 쪽을 택할 것인지 각자 알아서 할 일은 아니다. 타당성에 대한 시비가 결론에 이르기 어려우면 유용성을 말해보자. 이철학은 결국 유교의 교리여서 종교이지만, 기철학은 학문이다. 종교는 다른 종교와 상극관계를 가지고, 학문은 다른 학문을 포괄하고 넘어서는 상생을 이룬다. 나는 기철학에 근거를 두고 한국학을 세계화하는 이론을 정립한다. 『소설의 사회사 비교론』(지식산업사, 2001)을 읽어보라. 이철학에서도 할 수 있는 일인데 하지 않고 있는 것인가?

❑ 문: 고인을 호로 일컬어 이황은 退溪, 정약용은 茶山, 최한기는 惠岡이라고 하는 것이 예의를 갖추는 태도가 아닌가?

❑ 답: 예의는 상황에 합당해야 한다. 사적인 대화에서는 호를 일컬어 존경을 나타내는 것이 마땅하지만, 논문에서는 이름을 써야 한다. 강의를 하는 것과 같은 공적인 대화에서는 어느 쪽을 택해야 한다고 일률적으로 정하기 어렵다. 나는 모든 등장인물을 이름으로 불러 차등을 두지 않으려고 한다.

제3강 옛글 되살려 오늘날 것 만들기

무엇이 문제인가

쓰면서 읽기에 관한 앞의 논의는 대강을 말하는 데 그쳐 자세한 내용을 갖추는 것이 마땅하다. 한꺼번에 다 말하지 말고, 하나씩 가려서 차근차근 살펴야 한다. "쓰면서 읽기" 대신에 "옛글 되살려 오늘날 것 만들기"라는 간판을 달고 각기 다른 물건을 파는 가게를 연다.

옛글은 무엇인가 하는 것부터 생각해보자. 옛글이라는 것은 종이에 묻혀놓은 먹물 흔적이다. 보는 사람이 있어야 글씨가 된다. 알아보는 사람은 글씨를 읽어 뜻을 찾는다. 새겨보는 사람이라야 뜻을 제대로 알고 이어받을 수 있다.

먹물 흔적은 죽어 있다. 보기만 하는 것은 시체 확인이다. 알아보면 깨어나기 시작하다가 새겨보면 되살아난다. 옛글을 옛글 그 자체로 알아보는 데 그치지 않고, 옛글이 되살아나 오늘날의 글이 되게 하는 새겨보기를 해야 한다. 어떻게 하면 그럴 수 있는가?

보기는 서지학에서 잘 한다. 책 크기를 재고, 글자 수를 세고, 글자체를 말한다. 옛글을 서지학에서 먼저 다루는 것은 당연하다. 알아보기는 어학의 소관이다. 오늘날의 말과 달라 이해하기 어려운 옛말을 풀이하고, 어법의 차이까지 일러주는 일을 어학에서 맡는다. 어학에서 하는 해독의 단계를 거치지 않고 더욱 진전된 논의를 할 수는 없다.

새겨보기는 어느 학문의 소관인가? 문학이나 철학에서 한다고 자부하지만, 사실은 역부족이다. 옛글에서 말한 바를 오늘날의 것으로 재창조하려면 어느 학문에 국한되지 않는 종합적이고 총체적인 능력이 필요하다.

옛글 새겨보기는 뒤집어보기로 나아가야 한다. 뒤집어보기는 다시 만들기에 이르러야 한다. 글읽기의 세 단계가 그렇게 구분된다. 새겨보기, 뒤집어보기, 다시 만들기는 빠지면서 읽기, 따지면서 읽기, 쓰면서 읽기의 다른 이름이다.

옛글을 빠지면서 읽으면 옛 사람은 훌륭하고 오늘날의 우리는 못났다. 그 점을 확인하려고 옛글을 읽는 것은 아니다. 옛글을 따지면서 읽으면 옛 사람과 오늘날의 우리가 어느 정도 대등해진다. 옛글을 쓰면서 읽어 더 좋은 것을 이룩해야 오늘날의 우리가 옛 사람보다 나을 수 있다.

국문 작품

옛글을 오늘날의 것으로 되살리는 방법은 글의 갈래에 따라 다를 수 있다. 국문문학 작품을 현대어로 옮기는 것은 번역이 아니다. 현대본이 원문을 대신할 수 있다. 그러나 어떻게 바꾸어야 하는지 판단하기 어려운 말이 있다. 어감의 차이도 무시하기 어렵다.

李滉의 <陶山十二曲>을 한 수 들어보자.

當時에 녀던 길흘 몃 ᄒᆡ를 ᄇᆞ려두고
어ᄃᆡ 가 ᄃᆞ니다가 이제ᅀᅡ 도라온고
이제나 도라오ᄂᆞ니 년ᄃᆡ ᄆᆞᄉᆞᆷ 마로리

현대역을 어떻게 할 것인가? 몇 가지 해답을 제시할 수 있다.

당시에 여던 길 몇 해를 버려두고,
어디 가 다니다가 이제야 돌아왔는고?
이제라도 돌아오나니 연데 마음 말으리.

"도라오ᄂᆞ니"를 원문대로 현재 시제로 보았다. "여던", "연데"라는 말을 그대로 썼다. 이런 현대역은 원문 이해를 돕는 구실을 하고 독자적인 의의는 없다.

당시에 가던 길 몇 해를 버려두고,
어디 가 다니다가 이제야 돌아왔는고?
이제라도 돌아왔으니 다른 곳에 마음 말으리.

오늘날 사람들이 이해할 수 있는 말만 써서 옮겼다. "이제라도 돌아왔으니"는 글자 수가 시조답지 않다. "다른 곳에 마음 말으리"는 어색하다. 현대역을 이렇게 하면 하는 보람이 없다.

당시에 가던 길 몇 해를 버려두고,
어디 가서 다니다가 이제야 돌아왔나?

이제는 돌아왔으니 다른 생각 말리라.

원문을 대신할 만한 현대역을 얻었다. 원문과 마찬가지로 이것 또한 시조 작품이다. 오늘날 누가 쓴 것 같다. 옛글에 대해 아무 지식도 없는 초등학교 학생이라도 읽고 이해하고 자기 생각을 가질 수 있다. 앞으로 다루는 다른 사례에서도 이런 결과를 얻고 싶다.

한문 작품

한문학 작품은 원문으로 읽어야 제대로 이해할 수 있다. 원문 이해를 돕기 위한 번역이 필요하다. 『杜詩諺解』가 그런 것이었다. 원문을 이해하지 못하는 사람은 번역을 읽어야 한다. 번역을 잘 하면 원문과는 다른 또 하나의 창작이 될 수 있다.

정지상의 <送人>을 들어보자. 널리 알려진 시여서 예증으로 삼는데 유리하다.

雨歇長堤草色多
送君南浦動悲歌
大同江水何時盡
別淚年年添綠波

비 개인 긴 언덕에 풀빛이 많다.
그대를 남포로 보내니 슬픈 노래 움직인다.
대동강 물은 어느 때 다 없어질 것인가?
이별의 눈물이 해마다 푸른 물결에 덧보태지니.

이것은 알아보기 수준의 번역이다. "풀빛이 많다"는 어색한 말이다. "풀빛도 새로워라"라고 하면 겉으로는 다르지만 속으로는 더 가깝다. 신선한 느낌을 말하고자 했기 때문이다. "그대"는 "님"이라고 하는 것이 더 적합할 수 있다. "남포로 보내니"인지 "남포에서 보내니"인지 원시는 가려 말하지 않았다. 첫 줄에서 말한 비 개인 언덕이 이별의 장소라고 보면 "남포로 보내니"를 선택하는 편이 적절하다. "슬픈 노래 움직인다"는 "슬픈 노래 울먹인다"고 바꾸는 것이 좋다. "이별의 눈물 흘러 해마다 보태지니"라고 할 수 있으나 슬픔이 덜 강조되어 있다.

> 긴 언덕 비 개자 풀빛도 새로운데,
> 남포로 님 보내며 슬픈 노래 울먹인다.
> 대동강 푸른 물결 그칠 날이 없구나.
> 이별의 눈물 흘려 해마다 보태니.

이것은 새겨보기 수준의 번역이다. 원시의 7언을 우리 시가 율격에서 그것과 상응하는 위치를 차지하는 네 토막 형식으로 바꾸어놓았다. 한 토막을 이루는 글자 수는 셋이나 넷이다. 말이 자연스럽고 표현이 적절해 독자적인 작품이 되었다. 근래에 누가 쓴 시 같아, 아무 거리감 없이 쉽게 이해된다.

이론 저작

이론 저작을 문제 삼기 위해 義湘의 <華嚴一乘法界圖>를 예증으로 들어보기로 한다. 이치의 근본을 따져, 이론 만들기의 모형이 된다. 아주 어려워, 이해 가능한 방법을 생각하지 않을 수 없게 한다. 주석이 여럿 있어, 주석에 대해 시비하도록 한다. 여러 이유가 있어 선택한 자료이다. 이미 한 작업이 있어 간추려 재론한다. (『철학사와 문학사 둘인가 하나인가』, 지식산업사, 2000, 161-194면)

모두 30행의 시 가운데 두 대목을 들어본다. 앞 대목에서는 이치의 근본을 그 자체로 말했다. 뒤 대목에서는 이치의 근본이 사람들이 살아가는 것과 어떤 관련을 가지는지 말했다. 體와 用이라고 할 수 있다. 논의하기 편리하게 번호를 붙인다.

[1] 法性圓融無二相
[2] 諸法不動本來寂
[3] 無名無相絶一切
[4] 證智所知非餘境
[5] 眞性甚深極微妙
[6] 不守自性隨緣成

[22] 衆生隨器得利益
[23] 是故行者還本際
[24] 叵息妄想必不得
[25] 無緣善巧捉如意
[26] 歸家隨分得資糧
[27] 以陀羅尼無盡寶

원문 이해를 위해 번역이 필요하다.

[1] 法性은 圓融하여 두 相이 없으니,
[2] 모든 법은 움직임이 없어 본래 고요하다.
[3] 이름도 없고 형상도 없고 일체가 끊어져,
[4] 證智라야 알 바이고, 다른 경지는 아니다.
[5] 眞性은 아주 깊고 지극히 미묘하니
[6] 自性을 지키지 않고 인연에 따라 이루어진다.

[22] 중생은 그릇에 따라 이익을 얻는다.
[23] 그러므로 行者는 본래의 경지로 돌아가,
[24] 망상을 끊지 않고서는 얻을 수 없다.
[25] 無緣의 훌륭한 솜씨로 如意를 잡아서,
[26] 집으로 돌아와 분수에 따라 양식을 얻는다.
[27] 무진장한 보배 다라니로써.

번역을 보아도 무슨 말인지 알 수 없다. 알아보기는 했지만 새겨보기는 하지 못한다. 번역을 쉽게 고치면 이해 가능한 것은 아니다. 앞 대목의 근간을 이루는 法性, 眞性, 自性 등의 용어를 쉬운 말로 대치할 수 없다. 순 우리말 조어를 해서 원래의 뜻을 쉽게 전달하겠다는 것은 헛된 희망이다. 조어를 하기 어렵고, 한다 해도 무슨 말인지 이해되지 않는다. 지름길을 찾아 쉽게 가려고 하면 막히고 만다.

말이 쉽고 어려운 차이가 말 자체 때문에 생기는 것은 아니다. 말이 지칭하는 대상과 호응되면 뜻을 알 수 있어 쉽고, 호응되지 않으면 뜻을 알 수 없어 어렵다. 지칭하는 대상이 구체적인 사물이 아닌 추상적인 개념일 때에는 말을 쉽게 만든다고 함부로 바꾸어놓으면 호응을 확인하기 더 어려워진다.

앞에서 든 시 두 편은 번역을 해서 새 작품을 만들 수 있었다. 옛글 되살려 오늘날 것을 만들려면 같은 작업을 해야 한다. 그러나 이 경우에는 번역을 잘 다듬으면 되는 것이 아니다. 오늘날의 말을 사용해 오늘날 할 수 있는 생각을 촉발해야 한다. 구체적인 방법이 무엇인가? 여러 단계의 논의를 거쳐 해답을 얻으려고 한다.

주석 시비

번역만으로는 많이 모자라면 주석이 있어야 한다. 주석이 필요하다고 의상 자신이 인정해, 시 앞뒤에 붙여 놓았다. 먼저 서두에 <自序>가 있어 시를 지은 취지를 밝혔다. "冀以執名之徒 還歸無名眞源"(이름에 집착하는 무리가 이름이 없는 참다운 근원으로 돌아가기를 바란다)고 했다. 시 본문을 제시한 다음, 시에 대해서 해설한 <釋文>이 있어 자세한 해설을 했다. 그러나 시뿐 아니라 해설 또한 이해하기 어렵다.

역대에 많은 주석이 있어 의문점을 풀어주려고 했지만 논의가 더욱 복잡해졌다. 金時習의 『大華嚴一乘法界圖註』도 주석 그 가운데 하나인데, 별난 소리를 했다. "義相法師 始製此圖 表三世間十法界 莊嚴無盡之義 以牖冥蒙 專門舊學 重演流布 辨記錄鈔 遍滿世間 誕生王子 已爲庶人矣"(義相法師가 이 圖를 처음 만들 때 三世間과 十法界의 莊嚴하고 無盡한 뜻을 나타내서 몽매한 사람을 인도했으나, 專門의 舊學들이 부연을 거듭하면서 유포해, 辨・記・錄・鈔 따위가 세상에 가득 차게 되어, 왕자로 태어나고서 庶人이 되었다)고 나무랐다.

김시습은 또한 "領取鉤頭意 莫認定盤星"(갈고리의 뜻을 알아차리고, 눈금의 표식을 인정하지 말라)고 했다. "눈금"은 法界圖 같은 안내서이고, "갈고리의 뜻"은 자기 스스로 깨닫는 행위이다. 자기 스스로 길을 가지 않으면서 지도를 보아서 무얼 하겠는가 하고 반문한 말이다. 정면으로 설명하지 않고 비유를 써서 깨우쳐주고자 했다. 정규전을 그만두고 유격전을 했다고 할 수 있다.

이해의 관점을 그렇게 제시하고, 독자가 스스로 할 일을 일러주었다. 모든 길 안내는 스스로 길을 가는 사람에게 필요하다. 가고 안 가고는 본인에게 달렸지, 길 안내자의 소관사는 아니다. 다른 사람들은 의상이 일찍이 훌륭한 지도를 만들었다고 칭송하면서 그 지도에 더 자세한 눈금을 그려 넣는 일을 크게 보람되다고 하는 것이 불만이어서, 김시습은 지도가 실제로 길을 가는 데 어떻게 도움이 되는지 말하면서 圖相과 實相을 연결시키고, 독자 또한 그렇게 하도록 촉구했다.

지도가 좋다고 해서 길을 잘 갈 수 있는 것은 아니다. 지도가 너무 자세하면 길이 어디로 나 있는지 모르게 된다. 자기가 가지 않을 길을 그려놓은 지도가 얼마나 자세한지 살피는 것은 공연한 일이다. 의상의 시와 시에 대한 주해가 절실하게 이해되지 않는 것은 길을 가는 데 실제로 소용되지 않은 지도이거나, 길은 가지 않으면서 지도나 들여다보고 있기 때문이다.

김지견의 노작『大華嚴一乘法界圖註幷序: 金時習의 禪과 華嚴』(대한전통불교연구원, 1983)이 있어 김시습의 해설을 읽고 의상의 원문을 다시 이해하는 데 큰 도움이 된다. 김시습이 사용한 말의 소종래와 기본 의미를 풀이했다. 자기 관점에서 새로운 논의를 전개하려고 한 것은 아니다.

시 자체, 시에 대한 의상의 주해, 시에 대한 김시습의 주해, 김시습의 주해에 대한 김지견의 주해를 함께 고찰하면 논의가 끝없이 복잡해져 의문이 더 커질 수 있다. 논자도 감당할 수 없는 짐을 독자에게 떠넘길 수 없다. 지식이 늘어날수록 새겨보기와는 거리가 멀어진다. 감당하지 못하는 옛글을 두고 난해하니까 존경스럽다고 하는 잘못을 저지르고 만다.

이런 글을 새겨보려면 김시습이 길을 찾은 지혜를 길잡이 삼아 내 길을 찾아야 한다. 김시습이 의상을 논하면서 자기 사상을 전개했듯이, 김시습의 도움을 얻어 내 사상을 이룩하는 단서를 얻어야 한다. 내 사상을 이룩하는 데 써야 옛글이 되살아난다.

한 대목을 들어, 시 자체, 시에 대한 의상의 주해, 시에 대한 김시습의 주해, 김시습의 주해에 대한 김지견의 주해를 보자.

[1] 法性圓融無二相
法性은 圓融하여 두 相이 없으니

의상: 初言緣起體者 卽是一乘陀羅尼法 一卽一切 一切卽一 無障碍法界也 今且約一門 顯緣起義 所謂緣起者 大聖攝生 欲令契理捨事 凡夫見事卽迷於理 聖人得理旣無於事 故今擧實理 而會迷情 令諸有情 知事卽無 事卽會理 故興此敎

처음에 緣起體를 말한 것은 곧 一乘의 陀羅尼法이다. 하나가 곧 일체이고, 일체가 곧 하나인 것은 無障碍法의 法界이다. 지금 또한 一門을 가지고 緣起의 뜻을 나타냈다. 이른바 緣起란 것은 大聖이 중생을 이끌어 理와는 합치되게 하고 事는 버리게 하고자 함이다. 무릇 범부는 事만 보고 理에는 어두우나, 성인은 理를 얻어서 事가 없다. 그러므로 이제 實理를 들어 迷情을 融會해서, 모든 有情으로 하여금 事가 곧 無여서, 事는 理와 融會함을 알게 하고자 해서, 이 가르침을 홍하게 했다.

김시습: 法者 卽六根門頭 森羅萬象 情與無情也 性者 六根門頭 常常受用 計較摸索不得底消息也 圓融者 一切法 卽一切性 一切性 卽一切法 卽今青山綠水 卽是本來性 本來性 卽是青山綠水也 無二相者 青山綠水本來性 元是一箇王太白 本來無二也 但以世人 忘生分別 遂有我人 於淸淨無碍中 瞥生異念 揑作十法界 熾然作用 要知不礙底消息麽 微塵刹境 自他不隔於毫釐 十世古今始終不離於當念

"法"이란 곧 六根 문 앞의 森羅萬象인 有情과 無情이다. "性"이란 六根 문 앞에서 언제나 받아들이지만 計較하고 摸索할 수 없는 消息이다. "圓融"이란 一切法이 곧 一切性이고, 一切性이 곧 一切法이다. 곧 지금의 青山綠水가 바로 本來性이며, 本來性이 바로 青山綠水이다. "無二相"이라 함은 青山綠水와 本來性이 원래 한 가지 아주 깨끗한 바탕이어서 본래 둘이 아님이다. 다만 세상 사람들이 망령되게 분별해내서 드디어 나와 남이 있고, 淸淨하여 無碍한 가운데서 갑자기 異念이 생겨, 十法界를 조작해 치열한 作用이 있게 된다. 걸림이 없는 곳의 소식을 알고자 하는가? "微塵刹境이 自他間 털끝만큼의 간격이 없으며, 十世의 古

今이 始終 當念에서 떨어지지 않는다."

김지견: "六根"은 "眼, 耳, 鼻, 舌, 身, 意"이고, "門頭"는 "…의 앞에"라는 등으로 말뜻을 다시 설명했다. 인용구의 출전을 밝히는 주를 달았다. "微塵刹境 自他不隔於 毫釐 十世古今 始終不離於當念"은 李通玄(637-730)의 <新華嚴經論序>에서 "無邊刹境 自他不隔於毫端 十世古今 始終不離於當念"이라고 한 말을 가져왔다고 했다.

시에서는, 존재하는 모든 것 法의 특성인 性이 하나로 아울러져 있다고 했다. 그 상태인 '圓融'에는 두 가지 '相'이 없다고 했다. 1이 1인 모습에 대해서 말하고, 1을 2로 이해하지 말아야 한다고 했다.

의상 자신의 주해에서는, (가) 두 가지 相은 '理'와 '事'라고 해서 시의 미비사항을 보충하고, (나) 그 둘이 하나인 이치를 먼저 알아야 하므로 서두에서 말했다 하고, (다) '無障碍法'이니 '緣起'니 하는 다른 용어를 사용해서 다시 설명하고, (라) 근본 이치를 깨달은 성인과 깨닫지 못한 범부의 차이점을 말했다. (다)에서는 1은 그 자체로 ∞이므로 1임을 말하고, (라)에서는 1을 2라고 보는 잘못에서 벗어나야 범부이기를 그만두고 성인이 될 수 있다고 했다. 그래서 자세한 내용을 갖춘 성과가 있다고 인정되지만, 시를 산문으로 옮겨 풀이하면서 모아놓은 것을 흩어 긴장이 완화되고 논의의 수준이 낮아졌다.

김시습은 (가) 원문에서 사용한 말 '法'·'性'·'圓融'이 무슨 뜻인지 말을 바꾸어 알리려고 하고, (나) 원문에서 말하고자 한 바에 대해서 자기가 생각한 바를 비유를 들어 전달하고, (다) 원문의 전체적인 내용에 상응하는 게송을 하나 들었다. (가) "法이란 …有情과 無情이다", (나) "靑山綠水"가 "本來性"이다, (다) "十世의 古今이 始終 當念에서 떨어지지 않는다"고 하면서 한 단계씩 넘어왔다. 원문을 다른 말로 옮겨 이해하는 작업을 세 단계에 걸쳐 하면서 점차 원문에서 멀어지고, 그 자체로는 더욱 납득하기 어려운 말을 했다. 1과 ∞의 관계를 다시 논하면서 ∞에 속하는 구체적인 것들이 1임을 역설했다. 의상에게서 김시습으로 관심을 옮겨, 과연 그런지 시비하도록 했다.

김지견은 어려운 말을 모두 출전을 밝히면서 풀이하는 고증작업을 하는 데 힘썼다. 그래서 그 전체를 구성요소로 해체해서 각기 원래의 상태로 되돌렸다. 그렇게 하고나니 김시습이 특별하게 한 말은 없지 않은가 하는 의문이 생긴다.

그 가운데 어느 주해가 바람직한 것인가? 의상이 한 것과 같은 낮추기인가? 김시습이 한 것과 같은 대치하기인가? 김지견이 한 것과 같은 해체하기인가? 그 어느 것도 그 자체로 바람직하지 않다. 각기 어떤 조건에서 그 나름대로 의의가 있다. 낮추기는 주해가 원문을 대신할 수 없음을 알려 원문으로 되돌아가게 하는 의의가 있다. 대치하기는 주해자의 창조물이 원문 이상의 의의가 있을 때 가치가 인정된다. 해체하기는 사전을 뒤적이면서 헤매는 수고를 덜어주어 고맙다.

이해와 논란

이제 김시습의 주해에 관심을 모으자. 김시습이 말한 바를 나 나름대로 이해하면서 내 생각은 어떤지 말하기로 하자. 멀리 나다니려고 하지 말고 나 자신으로 되돌아오자.

[22] 衆生隨器得利益

중생은 그릇에 따라 이익을 얻는다.

김시습: 大富家中 器器皆金 海印定中 法法皆眞 但有大小方圓 染淨異耳 其所得益 不是他法 只爲大者言大 小者言小 方者言方 圓者言圓 染者言染 淨者言淨 非博小而令大 刻方而爲圓 革染而說淨也 會麽 山虛風落石 樓靜月侵門

큰 부잣집에는 그릇마다 다 금이고, 海印定 가운데는 法마다 다 진실하다. 다만 大小·方圓·染淨이 다를 따름이고, 얻은 이익이 다른 法이 아니다. 다만 큰 것은 크다 하고, 작은 것은 작다 하고, 모난 것은 모났다 하고, 둥근 것은 둥글다 하고, 물든 것은 물들었다 하고, 깨끗한 것은 깨끗하다고 말할 따름이고, 작은 것을 넓혀서 크게 하며, 모난 것을 깎아서 둥글게 하며, 물든 것을 고쳐 깨끗하게 함은 아니니, 알겠느냐? "산이 비어 있으니 바람이 돌에 떨어지고, 樓가 고요하니 달이 문을 침범한다."

이 대목은 인용구가 없고, 전부 김시습이 스스로 한 말이라고 김지견이 밝혔다. 그러나 자기가 나서서 설명을 하지 않고, 의문을 던져 독자가 스스로 깨닫게 했다. 말씀은 줄이고 효과는 높였다. 그렇게 하는 것만으로는 부족하다고 여겨 비유로 이루어진 시를 지었다.

의상은 커다란 이익을 중생이 각기 자기 나름대로의 근기에 따라서 받아들인다고 했다. 그런데 김시습은 중생이 각기 자기 나름대로의 근기를 가지고 살아가는 삶 자체에 이익이 있다고 했다. 개별적인 것들의 차별상이 모두 그 나름대로 의의가 있는 줄 알아야 하고, 차등을 이유로 해서 낮추어보지 말며, 차등을 해소하기 위해서 공연히 애쓰지 말아야 한다고 했다. 결함이 있다는 것은 당연한 일이므로 나무랄 필요가 없다고 하는 말로 못난 사람들이 천한 일을 하면서 살아가는 삶을 모두 긍정했다.

고요한 것이 아름답다고 하는 것 외에 다른 뜻이 없을 듯한 偈頌에서 더욱 심오한 논의를 폈다. 빈 것은 빈 것대로 소중하니 다른 무엇으로 채워서 그 특징을 없애지 말라고 하고, 다시 비어 있으면 다른 무엇을 받아들일 수 있는 여지가 커서 훌륭하다고 했다. 그 둘을 구별해서 앞의 것에서 뒤의 것으로 나아가는 向上을 이루려고 노력해야 하는가? 그 둘은 하나임을 알아 自在하는 것이 마땅한 자세인가? 이 물음은 내게로 되돌아온다.

[24] 叵息妄想必不得

망상을 끊지 않고서는 얻을 수 없다.

김시습: 三世諸佛 是守死鬼 歷代禪師 是博地凡夫 直饒佛說 菩薩說 刹說 三世一時說 不異殿佛熱椀鳴聲 於向上一著 了沒交涉 盡大地是業識 茫茫 本無可據 何故 但以假名字 引導於衆生

三世의 諸佛은 시체를 지키는 귀신이고, 歷代의 禪師는 못난 이들이다. 설사 부처가 말하고, 보살이 말하고, 국토가 말하고, 三世一時가 말한다 하더라도 끓고 있어 뜨거운 주전자가 우는 소리와 다를 바 없다. 한 수 향상하는 것과는 관련이 없다. 온 대지가 業識이어서 망망하고, 의지할 곳이 없으니 무슨 까닭인가? "다만 假名字로 중생을 인도하노라."

김지견은 "殿佛"의 글자가 잘못되었다고 교정했다. "전각의 부처"를 발음이 같은 "煎沸"로 바꾸어서 이해하도록 하는 언어유희라고 보는 편이 적합하다. "但以假名字 引導於衆生"은 『法華經』 권1 <方便品>의 偈頌句라고 김지견이 밝혔다.

부처가 성불했다느니 부처가 중생을 제도한다느니 하는 생각이 헛되다고 한 말을 강도를 높여 다시 했다. 언어에 대한 불신을 말하다가 부처나 보살이 한 말을 섬기는 것이 잘못이라고 하는 데까지 나아갔다. 의상의 시는 진리를 언어로도 나타낼 수 있다는 것을 전제로 하고 창작되었는데, 김시습은 그 시를 풀이하면서 시에 나타난 말에 집착하는 것을 극도로 경계했다. 남들이 훌륭하다고 하는 말이란 소용이 없고, 자기가 절실하게 깨닫는 것만 소중하다고 하는 생각을 분명하게 나타냈다.

경계하는 효과를 극대화하기 위해 모든 부처가 시체를 지키는 귀신에 지나지 않고, 역대의 선사가 다 못난 이들이라고 했다. 부처가 자기 마음에 있는 줄 알지 못하고 멀리 있는 부처만 찾으면 그런 부처는 지나간 시간이나 관장하고 있으니 시체를 지키는 귀신과 다를 바 없다. 선사가 한 소리를 그 자체로 섬기려는 자들에게는 그런 소리야 누군들 하지 못하겠느냐 하고 핀잔을 주었다. 아무리 훌륭한 말이라도 언어의 음성 그 자체만 들어보면 주전자에서 물 끓는 소리만큼이나 무의미하다고 했다.

진실을 말하고자 하는 모든 언설은 그 자체가 진실이 아니고 방편에 지나지 않으니 眞名이 아니고 假名이다. 假名이 假名인 줄 알면 진실에 이르지만, 假名이 眞名인 줄 알면 名에 빠져 헤어나지 못한다. 假名인 언설은 그 자체로 훌륭한지 판별할 수 없으며, 내가 어떻게 받아들이는가에 따라서 가치가 달라진다.

[26] 歸家隨分得資糧

집으로 돌아와 분수에 따라 양식을 얻는다.

김시습: 歸家活計 本無寄特 但以本地風光 得本來閑田地 足以家活計 其所謂資糧 三十道品 卽是 飢飯渴漿 寒附火 熱乘凉 有什麽消息 雖然 種瓜得瓜 種果得果 一乘淸淨法界 下得種子 豈無玄談分 速道 長因送客處 憶得別家時

집으로 돌아가 사는 방도를 차리는 데는 특별한 비결이 없다. 다만 本地風光으로 본래의 한가로운 밭을 삼으면 집안의 생활방도가 되는 것이다. 이른바 양식이라고 하는 것은 三十道品이 그것이다. 배고프면 밥 먹고, 목마르면 장을 마시고, 추우면 불 피우고, 더우면 바람 쏘이는데 무슨 소식이 있겠느냐? 비록 그러하나 외를 심으면 외를 얻고, 과일을 심으면 과일을 얻음이니, 一乘의 淸淨法界 종자를 내린 이상 어찌 玄談거리가 없겠는가? 얼른 말하라. “언제라도 손님을 전송할 일이 있으면, 집을 떠나 있던 때를 생각해보라.”

밖으로 나다니던 떠돌이 생활을 청산하고 집으로 돌아와 농사짓고 사는 삶을 깨달음의 本地風光이 어떤 경지인가 알려주는 비유로 삼았다고 이해한다면, 그것은 헛된 관념에 사로잡혀 공연히 방황하는 무리의 좁은 소견이다. 허상을 버리고 실상을 보면 부처와 중생이 둘이 아니듯이 禪俗이 따로 없다. 농사짓고 사는 삶이 그냥 즐거울 따름이어서 특별히 할 말이 없다고 한 것은 禪의 수작이기도 하고 俗의 수작이기도 하니, 분별해서 논할 바는 아니다. 승려인 김시습이 환속해서 농사를 지으면서 농민이 되어 농민의 삶을 노래하는 시를 지은 것이 뜻밖의 일이라고 할 것은 아니다.

김시습은 주해를 한다면서 어구 풀이나 내용 설명의 경지를 넘어서서 자기의 독자적인 사상을 펴는 데까지 나아갔다. 화엄학에 대한 선종의 해석이 확인되고, 선종의 사상을 새롭게 전개한 창조적 활동이 보인다. 그렇게 해서 의상의 시와 구별되는 또 하나의 시를, 정형시와는 다른 산문시를 만들어냈다. 표현을 함축하는 것과는 달리, 禪과 俗의 이중의미를 지녀 불교의 논리를 넘어서서 그 의미가 확대될 수 있는 상징적인 언사를 늘어놓았으니 산문시를 썼다고 할 수 있다.

의상의 시를 두고 다른 사람들이 말을 너무 많이 했다고 나무란 김시습이 자기는 말을 함부로 했으니 납득할 수 없다고 할 수 있다. 그러나 賊反荷杖인 것 같은 거동이 최상의 대안이다. 다른 사람들은 진리에 대한 확고한 인식을 세분하려고 말을 감금했지만, 김시습은 진리에 대한 인식이 고착되지 않게 하려고 말을 개방했다. 말을 감금해서 가닥이 많아진 것과 말을 개방해서 가닥이 흩어진 것은 서로 다르다.

뒤집어 다시 말하기

다시 한 걸음 더 나간다. 옛글 되살려 오늘날 것 만들기 위해 오늘날의 말을 사용해 오늘날 할 수 있는 생각을 촉발하는 데 이르러야 한다고 시작한 일이 이제 어느 정도의 성과를 얻었다. 가능한 범위 안에서 정리하면서 보충 설명을 조금 보태기로 한다.

그래서 다음에 드는 글을 썼다. 앞에서 시 두 편을 새롭게 만든 것과 견주어보면 뒤떨어진다고 하지 않을 수 없다. 말이 쉬워 이해 가능하게 하는 것은 장점이지만, 깊이가 모자라는 단점이 있다고 자인한다. 의상과 김시습이 생각한 바에 미치지 못하면서 재창조를 했다고 할 수 있는지 의문이다. 이유를 능력 부족으로 돌리고 용서해달라고 하면 시비가 끝나는 것은 아니다.

말이 쉽고 뜻은 깊게 하는 데는 근본적인 어려움이 있다. 오늘날 사람들이 흔히 하는 쉬운 말은 깊은 생각을 거부한다. 옛 사람들은 이론 저작을 할 때 말이 어렵다는 비난은 외면하고 뜻이 깊게 하는 데만 힘썼다. 알 수 있으면 알라고 하고, 누구나 다 알아야 한다고 하지는 않았다. 지금은 누구나 다 알아야 한다고 하는 민주의 시대이고, 학자라는 이들도 어려운 말은 곰곰이 뜯어보려고 하지 않아 전에 없던 고민이 생겼다.

세태를 개탄하고 물러날 것은 아니다. 해결책이 생길 때까지 침묵할 수도 없다. 읽어주지 않아도 고집을 부려 어려운 글을 쓰는 것도 생각할 일이지만, 글이 어려우면 뜻이 깊다고 장담하지 못한다. 어렵고 얕은 글을 쓸 염려가 많다. 그런 글이 흔하다. 말은 쉽고 뜻이 깊게 하는 두 요건이 상극이면서도 상생일 수 있는 글을 가능한 범위 안에서 써보는 것 외에 다른 대책은 없다.

얻은 결과는 불만스럽지만 새겨보기를 넘어서서 뒤집어보기까지 나아갔다. 시 두 편의 현대역이 새겨보기에 머문 것과는 차원이 다르다. 이제 쓴 글을 제시한다. 지저분한 서문이 알찬 본문을 침해하지 않도록 한 줄 띄운다.

하나가 여럿이고 여럿이 하나이다. 어느 것도 그 자체로 독립되거나 고립되어 있지 않고, 다른 것들과 얽혀 생겨나고 없어진다. 그 전체의 양상이 하나이면서 또한 여럿이다. 그런 줄 모르는 망상을 버려야 깨달음을 얻을 수 있다. 여기까지는 의상과 김시습의 생각이 일치한다.

불교의 근본이치가 그렇다고 처음부터 말하고 거듭 논의했다. 있음이 없음이고 없음이 있음이라고 하는 데 중점을 두고 인도의 대승불교 사상이 이루어졌다. 중국에서 다시 마련한 대승불교의 대표적인 교파 화엄종에서는 하나와 여럿의 관계를 더욱 중요시했다.

있음과 없음에 관한 논의는 브라만교에서 모든 것이 하나라는 데 맞서서 현상과 초월, 세속과 탈속의 관계를 새롭게 다루는 데 특히 유용했다. 하나와 여럿에 관한 논의는 공간에 배치되어 있는 것들을 문제 삼으면서 사회구성에 대한 인식을 그 속에 포함시키고, 唐제국에서 요구하는 세계관을 제공했다.

의상은 화엄사상을 집약하는 임무를 지니고 시를 써서 신라인의 질서관을 구현하는 과업도 수행했다. 동시대 및 후대 많은 승려가 그 성과를 공유해 쓰임새를 넓히면서, 자기 나름대로의 재해석에서 새로운 의문을 제기했다. 김시습의 주해는 반론의 성격을 더 많이 지녔다.

여럿이 하나인 줄 모르고 각기 다르다고 하는 것이 망상인가? 그런 망상에서 벗어나려면 높은 경지에 올라가는 수련을 해야 한다. 근본이치를 분명하게 하려고 긴요한 말만 간추려 시를 쓴 것이 당연하다. 말은 줄이고 포함하는 내용은 확대하는 이상을 구현하고서 이해가 부족한 사람들은 따르지 못하는 것을 염려해 주해를 했다. 주해는 시와 대등한 위치를 차지하지 않는다. 언어 표현에도 등급과 서열이 있다.

여럿이 각기 자기 나름대로 사는 것이 하나인데 하나를 구태여 찾으려고 하는 것이 망상인가? 그렇다면, 공연히 밖으로 나다니면서 다른 것을 구하지 말고 농사지으면서 살고, 배고프면 밥 먹고 목마르면 물 마시는 것 자체가 깨달음이다. 그 체험을 어느 한 가지 글쓰기로 나타낼 수 없고 다양한 갈래와 표현법을 널리 찾아야 한다. 무엇이든지 받아들이고 닥치는 대로 시험해 글쓰기의 방법을 계속 확대했다.

의상은 최고의 완성도를 갖추고 모든 이치를 다 담은 시 한 편만 지었으나, 김시습은 잡다한 논의를 갖가지로 펴는 가운데 진실을 찾기 위해서 생각할 수 있는 방법을 있는 대로 동원해서 별별 이상스러운 글을 잡다하게 썼다. 의상은 오직 숭고한 것만 숭상했는데, 김시습은 숭고만 빼놓고 나머지 세 가지 미적 범주 비장·우아·골계를 두루 찾으면서 이리저리 방황했다. 김시습에게는 완성된 것이 없고, 계속되는 탐색과 시험이 있을 따름이었다.

이런 차이점은 시대구분을 하는 데 유용하게 쓰여 역사적인 연구를 심화할 수 있게 한다. 의상의 시대에서 김시습의 시대로 넘어왔다고 하는 데 철학사·미학사·사상사·문학사의 전폭이 포함된다. 그러한 전환을 의상에 대한 주해를 통해서 김시습이 스스로 문제 삼았다는 사실은 대단한 의의를 지닌다. 지난날의 사상을 실증적 연구의 대상으로나 삼는 지식의 학문을 넘어서서, 오늘날의 사상을 창조하는 데 쓰는 통찰의 학문을 하기 위해, 김시습이 한 일에서 교훈을 찾아 마땅하다.

이론 재창조

위에서 얻은 결과가 새로운 창조라고 하자는 것은 아니다. 뒤집어 보기에 그치고 다시 만들기는 아니다. 심각한 결함이 있어 고쳐야 창조물이 될 수 있다.

하나와 여럿을 문제로 삼으면서 둘에 관한 논의는 나타나 있지 않다. "法性圓融無二相"에서 "둘이 아니다"라고 하기만 하고 둘을 버렸다. 둘로 나뉘어 대립되는 것들의 관계가 더욱 중요하므로 방향을 바꾸어야 한다. 현실 경험에서 여럿이 둘이 되어 다투면서 하나가 되려고 한다. 둘을 매개로 하지 않고 하나와 여럿을 다루는 것은 공허한 관념이다. 둘의 관계가 문제의 핵심이다.

元曉는 의상과 달라 하나와 둘의 관계를 문제 삼았다. 더 많은 논의가 유가철학의 기본이 되는 음양론을 발전시킨 氣철학에서 이루어졌다. 두 가지 원천을 활용하고 다른 것들을 보태 나는 相生이 相克이고 相克이 相生이라고 하는 生克論을 정립했다. 상생에서는 둘로 나타나는 여럿이 하나가 되려고 하고, 상극에서는 둘로 나누어진 하나가 여럿이 되려고 한다. 이 말은 여기서 처음 보탠다. 의상과 김시습의 시비에 참여한 덕분에 이미 한 작업을 더욱 풍부하게 할 수 있다.

앞에서는 불교의 용어를 쓰지 않고 '하나'와 '여럿'이라는 말로 대치했다. 여기서는 相生・相克・生克을 이어받는다. 어려운 용어를 많이 쓰는 것은 감당하기 어렵고, 기본용어가 분명하면 계속 사용해야 한다. 옛글을 이해해 오늘날의 것을 만들기 위한 탐색과 새로운 이론 창조를 위한 오늘날의 과업이 서로 다른 것이 더욱 중요한 이유이다.

생극론이 무엇이며 어떤 의의를 가지는지 말하는 것이 당연한 순서이다. 그러나 이미 여기저기서 다루었고, 이번 학기 강의 마지막 순서에서 한 차례 본격적인 논의를 할 예정이어서 생략한다. 이론 재창조의 본보기로 생극론을 드는 것 이상의 작업을 진척시키지 않는다.

간추림

옛글 되살려 오늘날 것 만들기는 네 단계의 작업이다. (1) 알아보기, (2) 새겨보기, (3) 뒤집어보기, (4) 다시 만들기이다. 원문 해독은 (1)이다. 오늘날 독자가 쉽게 이해할 수 있는 현대역이나 번역은 (2)에 해당한다. 김시습이 좋은 본보기를 보여준 바와 같이 풀이는 (3)에 이른다. 나도 비슷한 것을 시도하다가, (4)의 본보기가 되는 生克論으로 나아갔다.

토 론

❑ 문: 의상의 견해, 김시습의 견해, 생극론은 우열을 가릴 수 있는가?

❑ 답: 의상이 지은 시를 척도로 삼아 시비를 가려보자. "諸法不動本來寂"인지 아닌지, 아니면 무엇인지에 대해서도 판단을 해야 하지만 쉽지 않다. "衆生隨器得利益"는 바로 말할 수 있다. 나는 생극론을 가지고 문학의 이론을 만들고 문학사를 설명해 많은 이득을 얻었다. 김시습의 견해를 이익이 되게 이용할 만하다. 의상의 견해는 어떤가? 각기 자기 그릇에 따라 다양하게 이용할 여지가 적어 스스로 말한 가치를 덜 지니지 않았는가 한다. 오해의 여지가 있을 것 같아 해명을 보탠다. 불교의 깨달음을 얻고자 하면 크게 유용해도 세상 잡사에 관한 새로운 이론 창조에는 덜 쓰여 이익이 적다는 말이다.

❑ 문: 생극론을 가지고 문학의 이론을 어떻게 만들었다는 말인가?

❑ 답: 가장 말썽스러운 소설의 이론을 『소설의 사회사 비교론』(지식산업사, 2000)에서 처리한 성과를 들겠다. 등장인물이 우호적이면서 적대적인 관계를 가지는 소설을 서로 다른 신분이나 계급의 경쟁적 합작품으로 만드는 작업을 선진이 후진이고 후진이 선진인 과정을 보이면서 진행했다. 이렇게 요약될 수 있는 논의를 자세하게 펴면서 생극론을 겹겹으로 활용했다.

❑ 문: 뒤집어보기와 다시 만들기의 차이가 얼마나 큰가?

❑ 답: 야구 국제경기를 마치고 한국 감독이 일본 선수 하나를 나무라면서 "자기가 하일성인가? 끝나고 말이 많다"라 했다. 선수는 계속 교체되는데, 하일성은 야구 해설가로 수십 년 활동하고 있다. 야구에 대해서 잘 안다는 해설가는 시합이 끝나면 진가를 발휘한다.

선수는 야구를 할 따름이다. 뒤집어보기는 야구 해설과 같고, 다시 만들기는 야구 시합과 같다.

제4강 人文의 유래와 인문학문

논의의 필요성

대학은 학문의 전당이라는 간판을 내린 적 없으면서, 학문과 거리가 멀어지고 있다. 기술이나 존중하고 실용에 치우쳐 이치를 따지는 창조 활동을 밀어낸다. 기술이나 실용도 학문에 근거를 두어야 제대로 발전한다는 사실을 무시한다. 남들이 하는 대로 따르지 않고 스스로 앞서야 하는 단계에 이르자 앞길이 막막하다.

대학을 정상화하려면 대학이 학문의 전당임을 분명하게 해야 한다. 입학할 때 학문의 문으로 들어오지는 않는다고 해도 졸업할 때에는 학문의 문으로 나가도록 해야 한다. 그러려면 학문론이 필수적인 교과목이어야 한다. 여러 개별 분야에서 각기 그 나름대로의 학문론을 갖추는 것만으로는 부족하다. 학문이 무엇이며 왜 하고 어떻게 해야 하는가에 관한 총체적인 논의가 있어야 한다.

학문론 강의를 개설하자고 하면 어느 학과의 소관인가 하는 것부터 묻는다. 학문론은 학과의 구분을 넘어선 공동영역의 강의여야 한다. 그러면 교양과목이로구나. 교양과목은 저학년을 위한 기초훈련을 담당하니 상식 수준에서 재미있게 가르치면 된다. 이런 반응이 나올 수 있는데, 그럴 수 없다. 학문론은 기존의 지식을 전달하는 데 머무르지 않고 새로운 탐구를 치열하게 해야 한다.

교양과목은 현관이라고 여기는데 거실이어야 한다. 방에 들어가기 전에 잠시 거치는 곳이 아니고 계속 필요한 공동의 영역이어야 한다. 교양과목을 공통과목이라고 고쳐 일컬어야 잘못된 관습을 시정할 수 있다. 공통과목의 중심에 학문론이 있어야 한다. 학문론에 대한 깊은 연구와 수준 높은 강의를 계속해 모든 개별학문에 지침을 제공하고 활력을 불어넣는 구실을 해야 마땅하다.

학문론에서 다루어야 할 가장 중요한 사항은 학문의 개념과 구분이다. 이에 관해 필요한 사항을 유럽문명권에서 갖추었으니 받아들이면 된다고 하는 수준을 넘어서서, 학문이 무엇인지 진지하게 재론하면서 우리 쪽의 전통을 되살려야 한다. 근대학문에 이르러 학문관이 완성되었다고 착각하지 말고, 다음 시대로 나아가는 길을 찾아야 한다.

용어 점검

학문을 하려면 학문이 무엇인지 알아야 한다. '학문'을 '과학'과 동의어로 여기기도 하고 과학 연구가 학문에서 하는 일이라고 하기도 하는데, 그 둘은 다른 말이다. '과학'은 'science'의 번역어이다. '학문'은 유럽말에서 유래하지 않은 재래의 용어이다.

과학은 근대 유럽에서 'natural science'라고 일컫는 자연과학을 본령으로 해서 정립된 다음 그 밖의 영역에도 적용되기 시작한 용어이다. 사상이나 예술에 관한 연구는 과학적일 수 있는지 계속 의심된다. '학문'은 그런 차등이 없으며, 여러 영역을 대등하게 포괄한다. 근대 유럽의 과학이 들어오기 전에도 학문은 있었다. 학문은 특정 방법을 표방하지 않는다. 과학은 학문의 하나이며, 학문 전체와 맞설 수 없다.

'학문'이라는 말이 영어에는 없다. 'research'나 'scholarship'은 학문만큼 포괄적인 의미를 지니지 못하고 널리 쓰이지도 않는다. 불어에서는 'research'를 'recherche'라고 하고, 'scholarship'에 해당하는 말은 없다. 독어의 'Wissenschaft'는 학문과 거의 같은 뜻이다. 그러나 그 말을 번역해 '학문'이라고 한 것은 아니다.

'학문'은 '學'과 '問', 독어로 말하면 'wissen'인 앎과 'fragen'인 물음의 복합어이다. 'Wissenschaft'는 앎의 명사형일 따름이다. 학문이 무엇인가 하는 의문을 science나 Wissenschaft에 의거해서 해결할 것은 아니다. 학문이 무엇이며 어떻게 해야 하는지 말하려면, 오랜 내력과 함께 축적된 전통을 오늘에 되살리면서 외래의 이론에 의존하지 않고 독자적인 논의를 전개하는 것이 마땅하다.

학문

(가)

(가1) 學而聚之 問以辨之(『周易』 乾)

(가2) 博學之 審問之(『中庸>)

(나)

(나1) 學問之道無他 求其放心而已矣(『孟子』 告子 上)

(나2) 不聞先王之遺言 不知學問之大也(『荀子』 勸學)

(나3) 人生斯世 非學問 無所爲人(李珥, <擊蒙要訣序>)

'學問'이라는 용어의 유래를 찾으면 이 두 계열의 것들이 함께 나타난다. (가)에서는 '學'과 '問'이 갈라져 있다. (나)에서는 '學問'이 한 말이다.

(가)의 두 말에서 '學'과 '問'은 동사여서 '之'라는 목적어가 있다. '學'은 "배우다"이거나 "공부하다"이다. '問'은 "묻다"이거나 "따지다"이다. 번역해보자. '之'는 '그것'이라고 한다. (가1)은 "그것을 공부해 취하고 따져서 가린다"이다. (가2)는 "그것을 넓게 공부하고 살피면서 따진다"이다.

배우거나 공부해 받아들이는 '學'과 묻고 따져 가려내는 '問', 이 두 가지 행위가 하나로 합쳐진 것이 (나)에 나타난 '學問'이다. 學問은 학문이라고 하고 그 이상 풀어 말할 필요는 없다. 그러나 학문에는 배우거나 공부해 받아들이면서 묻고 따져 가려내는 두 가지 행위가 포괄되어 있다고 어원이 말해준다.

(나1)에서는 "학문의 길은 다름이 아니라, 풀린 마음을 구하는 것일 따름이다"라고 했다. (나2)에서는 "선왕이 남긴 말을 듣지 않으면 학문이 크다는 것을 알지 못한다"고 했다. (나3)에서는 "사람이 이 세상에 살면서 학문을 하지 않으면 사람 되었다 할 바가 없다"고 했다.

셋 다 학문의 말뜻 풀이를 넘어서서 학문의 목적, 효용, 방법 등에 관해서 말했다. 학문을 하면 풀린 마음을 구한다고 한 것은 학문을 하지 않으면 사람 되었다 할 바가 없다는 것과 상통한다. 마음과 행실을 바르게 하는 것이 학문의 목적이고 효용이라고 했다. 선왕이 남긴 말을 듣지 않으면 학문이 크다는 것을 알지 못한다고 한 데서는 학문은 스스로 하기 전에 배워서 전수받는다는 점을 지적했다. 훌륭한 스승이 있어야 큰 학문을 한다는 말이다.

학문은 누가 하는가? 이에 관한 견해는 조금씩 다르다. (나1)을 들어 보면, 마음이 풀린 줄 알고 구하려고 하는 사람이라야 학문을 한다. 문제의식과 노력이 각별한 사람, 君子라고 한 상층의 지식인이라야 학문을 할 수 있다. (나2)에 의하면, 훌륭한 스승을 만날 수 있는 사람이라야 학문을 한다. 타고난 조건이 유리하고 또한 좋은 기회를 만나야 학문을 할 수 있다. 그런데 (나3)에서는 사람이면 누구나 학문을 할 수 있다고 해야 한다고 했다. 학문을 교육과 거의 같은 말로 썼다. 누구나 교육받아야 한다는 오늘날의 주장을 앞질러 폈다.

학문은 특별한 사람이라야 하는가, 아니면 누구나 하는가? 학문은 배워야 하는가, 아니면 스스로 하는가? 이것은 두고두고 논의할 문제이다. 학문론의 전통에 대해서 조금 알게 된 것이 있으니, 학문과 과학을 비교한 서두의 논의를 이어보자.

학문에 관해 논의하는 방식은 과학과 다르다. 과학은 하는 사람이 아닌 행위의 방법이 문제이다. 어떻게 하면 타당한 과정을 거쳐 올바른 결과를 얻는가 하는 것이 과학에 대한 논의에서 다루는 핵심 과제이다. 학문은 그렇지 않고 학문하는 사람의 자격과 자세를 문제로 삼는다. 학문은 누가 왜 하고, 무엇을 얻으려고 하는지 거듭 논의한다.

과학의 방법은 비약적인 발전을 해왔다. 학문에 대한 물음은 크게 달라지지 않은 채 되풀이되어 왔다. 개별과학의 방법은 외래의 전례를 그대로 따르는 사람이라도 학문이 무엇이며 왜 하는가 하는 의문에 관한 성찰은 스스로 의식하지 않아도 재래의 논란을 이으면서 한다. 그 과정에서 자기도 모르는 사이에 선인들과 만난다.

학문은 그 자체의 방법뿐만 아니라 학문과 다른 활동의 관계, 학문하는 사람이 세상에서 살아가는 방식을 문제로 삼는다. 왜 그런지 말의 유래를 들어 해명할 수 있다. '學問'을 이루고 있는 '學'은 학문 자체라면 '問'은 다른 것들과의 관계이다. 學에서 배우고 탐구한 바를 問에서 질문하고 토론하고 검증하면서 그 자체의 타당성을 넘어선 효용성을 따진다. 사회적인 효용성만이 아니다. 자기 삶에서 어떤 의의를 가지는지 되묻고 해답을 얻는다.

'science'에는 學만 있고 問은 없다. 問도 學에 넣어 함께 다루려고 한다. 자기 삶에서 學이 어떤 의의를 가지는지 고민하는 問은 學에 들어가지 않는다. science의 學에서 최첨단을 가는 사람이라도 자기의 問에 사로잡히면 학문의 전통과 만나지 않을 수 없다. 과학 때문에 학문이 흔들리지는 않는다. 해야 할 일을 계속해서 한다. 과학이란 무엇이며 할 만한 것인가 따지는 것도 학문의 소관사이다.

예증을 드는 것이 능사가 아니다. 말을 줄이기 위해 學과 問의 상관관계를 총괄해서 정리할 필요가 있다. 종래의 구분을 따르면, 그 둘이 體와 用 관계를 가졌다고 할 수 있다. 헤겔 변증법의 용어를 사용하면, 卽自와 對自의 관계라고 할 수도 있다. 학문론은 과학에 관한 논의에는 없는 그 양면을 갖춘다.

인 문

학문의 영역을 가를 때 '인문학' · '사회과학' · '자연과학'이라는 말이 널리 쓰인다. 이 세 말은 'humanities', 'social sciences', 'natural science'의 번역어이다. 과학이 지배자 노릇을 하고, 학문은 무력하다. 학문과 과학을 갈라놓은 위의 논의가 각론에서는 무력하다.

과학의 지배는 차등의 원리를 강요한다. 'natural science'라야 제대로 된 과학이다. 'science'가 'natural science'와 같은 말이다. 'social sciences'는 그 원리를 받아들여 적용한다고 한다. 복수형을 쓰는 것은 아직 덜 되어먹어 잡다하다고 시인하기 때문이다. 'humanities'에는 과학이라는 말이 없다. 과학이 되기에는 결격사유가 많이 있는 수준 이하의 영역이라고 여기기 때문이다.

불어에는 'sciences humaines'라는 것이 있어 인문학과 사회과학을 함께 포괄한다. (이에 관해서 제2권 제2강에서 고찰했다.) 그것은 경계나 성격이 불분명한 미완의 개념이다. '학문'을 'Wissenschaft'라고 하는 독일에는 더 나은 용어가 있다.

영미에서 'humanities' · 'social sciences' · 'natural science'라고 하는 것들을 독일에서는 각기 'Geisteswissenschaft'(또는 'Kulturwissenschaft') · 'Sozialwissenschaft' · 'Naturwissenschaft'라고 한다. 이런 말을 어떻게 번역할 것인가? 'Wissenschaft'가 '학문'이고 '과학'은 아니니, '정신과학'(또는 '문화과학') · '사회과학' · '자연과학'이라고 할 것은 아니다. '정신학문'(또는 '문화학문') · '사회학문' · '자연학문'이라고 하는 편이 좋다. 그 어느 쪽이든지 '정신과학'(또는 '문화과학') 또는 '정신학문'(또는 '문화학문')이라는 것은 낯설다.

한국에서는 '인문과학' · '사회과학' · '자연과학'이라는 말을 자주 쓰는데, 기존의 어느 용어를 번역한 것은 아니다. 과학을 학문과 같은 말이라고 여기고 셋 다 과학이라고 부르는 일종의 수정안이다.

그러나 모든 학문이 과학은 아니라고 여기는 생각이 작용해 '인문과학'이 과연 과학인가 하는 의문을 배제하지 못한다.

'인문학'이라고 하거나 '인문과학'이라고 하거나 '인문'이라는 말이 들어 있다. 그 유래는 무엇인가? 'humanities'를 번역해 '인문'이라고 한 것 같다. 'humanism'은 '인문주의'라고 하는 것도 함께 들어야 한다. 'human'은 '人'이다. 그런데 '文'이라고 하는 것은 어디서 왔는가? 'humanities'에도 'humanism'에도 '文'에 해당하는 말은 없다. '人'을 풀이해 사람이 사람다운 것은 글을 통해서 이루어진다고 해서 '文'을 넣었는가? 아니다.

'人文'은 유럽문명과 관련을 가지기 전에 동아시아에서 오래 전부터 간직하고 있던 용어이다. 'humanities'를 옮겨다놓기 위해 조어를 하지 않고 기존의 용어를 활용했다. 경상대학교 인문학연구소 편, 『새로운 인문학을 위하여』(서울: 백의, 1993)에 실려 있는 이장우의 <중국의 전통사회와 인문학>을 보자. '人文'이라는 말이 『周易』에서 유래했다고 말했다.

거기서 시작된 논의를 더욱 발전시키기로 한다. 그렇게 하려면 몇 가지 작업이 필요하다. 人文이라는 용어의 원천을 찾아 무엇을 뜻하는지 분명하게 밝혀야 한다. 인문이 다른 어떤 개념과 관련을 가지고 씌었는지 검토해야 한다. 관련된 용어들까지 이어받아 활용할 수 있는 방안을 찾아야 한다. 오늘날의 학문론을 바로잡을 지침을 구해야 한다.

(다1) 觀乎天文 以察時變 觀乎人文 以化成天下(『주역』 <賁卦>[비괘])

(다2) 仰以觀於天文 俯以察於地理(『주역』 <繫辭 上> 제4장)

(다3) 有天道焉 有人道焉 有地道焉(『주역』 <繫辭 下> 제10장)

『주역』에서 찾을 수 있는 원천이다. (다1)은 "천문을 살펴 때의 변화를 알아내고, 인문을 살펴 천하의 교화를 이룬다"고 한 말이다. 거기 '인문'이라는 말이 있다. '天'과 '人'을 짝지었다. (다2)에서는 "위를 올려다보고 천문을 살피고, 아래를 내려다보고 지리를 알아낸다"고 했다. '天'과 '地'를 짝지었다. (다3)에서는 "천도가 있고, 인도가 있고, 지도가 있다)고 했다. '天地人'을 병칭했다. 그 셋을 三才라고 하는 사상이 거기서 유래했다.

'人文'은 단독으로 존재하는 것이 아니다. '天地人'이 모두 '문'을 갖추어 '天文'·'地文'·'人文'이 함께 존재한다고 했다. 그 셋이 무엇이며, 어떤 관계를 가지는가? 이에 대한 논의를 후대인이 한층 명확하게 하고자 했다. 그래서 얻은 소중한 성과로 다음 것을 들 수 있다. 정도전이 남긴 말이다.

(라1) 日月星辰 天之文也 山川草木 地之文也 詩書禮樂 人之文也 然天以氣 地以形 人則以道(<陶隱文集序>, 『三峰集』 3)

(라2) 文者載道之器 言人文也 得其道 詩書禮樂之敎 明於天下 順三光之行 理萬物之宜 文之盛至此極矣(같은 곳)

(라1)은 번역하면 "일월성신은 천의 문이고, 산천초목은 지의 문이고, 시서예악은 인의 문인데, 천은 기로, 지는 형으로, 인은 도로 말미암는다"는 말이다. '天文'·'地文'·'人文'에 관한 오랜 논의를

명쾌하게 정리했다. 의미가 몇 층위여서 하나씩 가려내서 이해할 필요가 있다.

'天之文'·'地之文'·'人之文'은 함께 존재한다. '天之文'은 '日月星辰', '地之文'은 '山川草木', '人之文'은 '詩書禮樂'으로 나타난다. '天'은 '氣', '地'는 '形', '人'은 '道'를 근본으로 삼는다. 세 명제를 합쳐 말하면, '天之文'인 '日月星辰'은 '氣', '地之文'인 '山川草木'은 '形', '人之文'인 '詩書禮樂'은 '道'의 구현이다.

'文'은 원래 "무늬"를 뜻하며, '紋'과 같은 글자이다. 그러나 '紋'에는 그 뜻만 있지만, '文'에는 그 이상의 복합적인 뜻이 있다. 무늬를 말하는 첫째 뜻에다가 더 보태서, 밖으로 드러난 모습이라는 둘째 뜻을, 감추어져 있는 기본 원리의 발현이라는 셋째 뜻을 또한 갖추고 있다.

(라2)에서는 "문은 도를 싣는 그릇이니, 인문이라고 하는 것은 그 도를 얻어 시서예악의 가르침을 천하에 밝혀, 삼광의 운행을 따르고 만물의 마땅함을 다스리면, 문이 성함이 이에 이르러서 극에 달한다"고 했다. '人之文'인 '詩書禮樂'이 '道'를 구현하는 바가 그 자체로 끝나지 않고 '天地人'을 관통하면 효력이 극대화된다고 했다. '天下'는 '人'이 사는 곳이다. '三光'은 '日月星'이니 '天'이다. '萬物'은 '地'에서 존재한다.

이런 견해를 현재의 관점에서 재정리하면, 天地人 三才를 오늘날 우리가 하고 있는 학문과 연결시킬 수 있다. '天文'이 日月星辰으로 모습이 나타나 있는 자연현상이다. '地文'은 山川草木으로 나타나 있다고 했으니 이것 또한 자연현상일 것 같으나, 사회현상으로 이해하는 것이 더욱 적합하다. '人文'은 인문현상이다.

天文인 氣, 地文은 形, 人文은 道의 구현이라는 것은 어떻게 받아들여야 하는가? 오늘날 말로 바꾸어서 일컫는다면, 氣는 물질이나 에너지라고 하며, 形은 조직이나 구조라고 하는 것이 마땅하다. 물질이나 에너지를 다루는 학문이 자연과학이듯이, 사회과학은 조직이나 구조를 중요시하면서 사회관계를 다룬다고 할 수 있다. 人文이 드러난 모습이 詩書禮樂이고, 그 원리는 道라는 것은 새로운 해석을 보태지 않아도 쉽사리 납득할 수 있다.

詩書禮樂은 문학 · 역사 · 사상 · 예술이다. 詩書禮樂의 道를 얻어 글로 밝혀, 詩書禮樂의 효용성이 최대한 발현되려면 인문현상이 자연현상 및 사회현상과 합치되어야 한다고 했다. 문학 · 역사 · 사상 · 예술 등은 자연현상과 사회현상과 합치되게 탐구하고 표현해야 한다고 주장한 것을 타당하다고 받아들일 수 있다. 계속 이어받아야 할 지침이다.

인문학문

지금까지의 고찰에서 확인한 사항과 오늘날의 학문 구분을 견주어보기 위해서 다음 표를 만들 수 있다. 옛날 용어는 한자로, 오늘날의 용어는 한글로 적어 구별될 수 있게 한다.

(1)	天	地	人
(2)	天文	地文	人文
(3)	天文之氣學	地文之形學	人文之道學
(4)	天文學	地文學	人文學
(5)	자연학	사회학	인문학

(6)	자연과학	사회과학	인문학
(7)	자연과학	사회과학	인문과학
(8)	과학	사회과학	인문학
(9)	자연학문	사회학문	인문학문

(1)의 셋은 개념 구분과 상호 관련이 분명해서 다시 검토할 필요가 없다. 밖으로 드러난 모습이라는 뜻의 '文'을 보태, (1)을 (2)로 바꾸어놓는 것도 자연스럽다. (3)에서는 '氣'·'形'·'道'의 구분이 추가되어, 삼자관계가 더욱 명료해졌다. 세 가지 학문을 (3)이라고 지칭하고, (4)로 줄여서 일컬으면 아무런 문제가 없다. 세 가지 학문은 서로 나누어지면서 또한 합치된다는 점을 분명하게 할 수 있다. 동아시아의 전통학문이 그 자체로 발전했다면 그렇게 되었을 것이다. '地文之形의 학문'이 독자적인 의의를 가진다는 점이 학문의 분화·발전과 더불어 차차 명료해졌을 것이다.

그런데 유럽문명권의 학문이 밀어닥쳐 혼란을 일으켰다. 우선 용어가 뒤섞이고 뒤틀렸다. 유럽언어의 용어를 한자어로 번역하는 과정에서 전에 있던 말을 가져다 쓰기도 하고, 새 말을 지어내기도 해서 용어의 혼란이 사고의 혼란으로 이어지게 했다. 상위개념과 하위개념을 뒤바꾸어놓기도 했다. 유럽의 용어를 받아들이고 번역하는 데 앞장선 일본인들이 저지른 그런 잘못이 지금까지 심각한 후유증을 남기고 있다.

(5) 이하의 '자연'은 '自然'에서 가져온 말이다. '自然'이란 원래 "저절로 그렇게 되는 것"을 뜻하는 말이었는데 日月星辰을 위시한 자연물을 두루 지칭하는 말로 뜻을 바꾸었다. 그런데 그것과 짝을

이루는 '사회'는 새로운 용어이고, '인문'은 재래의 용어 그대로이다. '社會'란 원래 "節日里社民集會"(명절 날 마을 사람들의 모임)를 뜻하는 아주 한정된 의미만 지닌 말이었다. (『辭海』, 臺北: 中華書局, 1968, 2,105면). 짝이 맞지 않아 혼선이 생기고, 문화 계승에서 차질이 빚어지게 되었다. 그렇게 하면서 '천문'을 버리지는 않고, 하위개념의 용어로 삼아 자연에 관한 학문의 한 분야를 지칭하는 데 썼다.

'자연'·'사회'·'인문'의 용어를 갖추었으면, 그 셋을 다루는 학문을 (5)로 지칭하는 것이 바람직한 일이었는데, 그렇게 하지도 않아 혼란을 다시 만들어냈다. 사회에 관한 학문의 한 분야를 '사회학'이라고 해서, 상위개념에서 써야 할 말을 하위개념으로 끌어내렸다. '자연학'·'사회학'·'인문학'이라는 용어를 대등한 위치에 놓고 사용할 수 없게 하는 불균형을 초래했다.

(5) 대신에 (6)을 널리 사용하고 있는 것이 지금의 형편이다. '자연과학'과 '사회과학'은 '과학'이지만 '인문과학'은 '과학'이라고 하기 어렵다는 생각에서, 그 셋을 대등하게 지칭하는 (7)을 배격하고 세 가지 학문에 차등이 있다고 하는 (8)을 널리 사용한다. 그래서 명칭이 혼란되는 데 그치지 않고 학문의 실질적인 성격이 뒤틀어지게 했다.

(6)의 용어를 사용하면서 '인문학'은 '인문과학'일 수 없다고 하는 것은, 이미 말한 바와 같이 영어 용어를 옮기면서 유럽문명권의 학문관을 수입했기 때문이다. 영어에서 사용하는 용어에서는 'science', 'social sciences', 'humanities'를 차등을 두고 구분한다.

다른 두 학문은 'science'로서 결격사유가 있다고 보기 때문에 용어 사용에 어려움이 있다. 'social sciences'는 'social'이라는 한정어가 반드시 필요하고, 복수형이다. 여러 개별 학문의 복합체가 'social sciences'라고 여긴다. 'humanities'는 과학일 수 없다는 이유로 'human sciences'라고 하지 않는다.

'science'는 근대의 산물이다. 근대에 등장한 자연에 관한 연구를 'science'라고 하면서 새로운 학문의 본령으로 삼자 다른 것들은 뒤로 밀려나, 등급을 나누는 관습이 생겨났다. 그런 관습을 그대로 옮기면 (8)의 용어를 사용해야 할 것인데, 그렇게는 하지 않는다. 번역을 거쳐 동아시아에 정착한 용어 '과학'은 영어의 'science'보다 다소 폭이 넓어, 그 자체로 '자연과학'을 의미하지는 않기 때문이다. 그러나 그런 차이는 긴요하지 않다. 용어는 조금 바꾸었어도, 세 가지 학문의 구분에 관한 생각은 수정 없이 받아들였다.

'science'를 옮겨온 '과학'이라는 말을 널리 사용하면서, 용어 구분의 배후에서 작용하는 유럽의 학문관 즉 'science' 자체인 첫째 영역이 학문을 학문답게 하는 최상의 위치에 있고, 'social sciences'라고 한 둘째 영역은 그 다음이고, 'humanities'라고 하는 셋째 영역은 가장 뒤떨어진다고 하는 견해를 그대로 받아들이고 있다. 그 때문에 자연과학이 아닌 다른 학문은 자연과학과 어느 정도 근접되어 있는가에 따라서 가치를 평가하고 신뢰도를 점검해야 한다고 하게 되었다. '인문과학'으로 인정되지 못해 '인문학'이라고 일컬어지는 학문의 커다란 불행이 거기 있다.

그런 차등론을 비판하고 극복하기 위해서 용어 재정리가 선결과제이다. (8)이나 (6)의 용어를 사용하면 차등론을 기정사실로 받아들이기 때문에 새로운 논의를 펴기 어렵다. 그렇다고 해서 '인문학'도 '과학'이니 (7)의 용어를 사용하자고 하려면 '과학'의 개념과 특성에 관한 논의를 한참 벌여야 하고, 그렇게 한다 해도 승산이 없다. 규칙이 잘못되어 있는 경기에 출전하더라도 잘 하면 이길 수 있다고 믿고 노력하는 것은 어리석다. 문제는 경기의 승패가 아니고 규칙의 정당성 여부이다.

그래서 (9)의 용어를 일제히 사용하자고 제안한다. (9)는 세 분야가 학문이라는 공통점을 가졌다고 명시한다. 조어법이 같은 용어를 사용해서 그 셋이 대등하다는 것을 알리고, 어느 한 쪽의 방법이나 특성으로 다른 쪽을 평가할 수 없게 한다.

보완을 위한 비교론

'humanities'와 상통하는 말에 'liberal arts'가 있다. 그 말은 중세유럽에서 수사학 · 문법 · 변증법의 三學(trivium)과 산술 · 기하 · 천문학 · 음악의 四學(quadrvium)을 통칭하던 'artes liberales'를 영어로 옮긴 것이다. 직역하면 '자유학예'라고 할 수 있는 그 말로 신학과는 구별되는 일반학문을 총칭했다.

'liberal'은 기독교 교회 밖에서 세속인이 자유롭게 공부할 수 있게 허용된 것을 지적한 말이다. 그러나 기독교를 비판하고 이치의 근본을 다시 모색할 있는 자유는 없었다. 'arts'는 기술이나 기능이라는 말이다. 'fine'이라는 말을 붙여 'fine arts'라고 하면 미술이다. 전수하고 익혀서 활용할 것들이고 탐구의 대상은 아니다.

중세 유럽에서는 크고 중요한 문제는 기독교 신학에서 관장하고 세속인의 참견을 허용하지 않았다. 기독교 신학은 엄밀한 방법을 갖추고 이치를 논하는 것 같지만 전제와 결론이 미리 정해져 있었다. 자유학예라는 것이든 기독교 신학이든 진지한 탐구와 창의적인 노력을 했다고 하기 어렵다. 그런 관습이 근대과학이 등장하면서 비로소 시정되어 유럽의 학문이 일신했다.

그 점은 동아시아와 다르다. 동아시아에서는 중세까지의 학문도 종교가 지배하지 않았다. 유교는 종교보다 학문의 성격이 더욱 두드러졌다. 格物致知를 표방하면서 사실을 탐구한다고 했다. 불교는 자기를 스스로 구원하는 종교이고 그럴 수 있는 이치를 철학으로 제시했다. 동아시아에서는 과학이 등장하기 전에도 학문다운 학문이 있었다.

동아시아 사회 지도층 지식인은 "君子不器"가 마땅하다고 여기면서 어느 한 분야에 구한되지 않은 포괄적이고 총체적인 이치를 추구했다. 'liberal arts'에 해당하는 기능적인 지식도 있었다. 외국어 통역인 '譯', 법률 지식인 '律', 계산 능력인 '算' 등이 그런 것들인데, 지도층 지식인과는 별도로 존재하는 하급의 기능적 지식인이 담당했다. 한국에서는 그런 사람들을 中人이라고 하고 譯, 律, 算 등을 익히는 것을 잡학이라고 했다. 과거 시험도 둘로 나누어, 지도층 지식인은 論이나 策을 써서 근본이 되는 이치를 따지고, 기능적 지식인은 잡학의 지식을 시험받았다.

유럽에서는 과학이 등장해 학문다운 학문을 하게 된 다음에도 그 전부터 있던 분야에서는 학문 이전의 관습이 지속되었다. 'liberal arts'가 자연학문을 제외한 인문 · 사회학문을 총괄하는 말로 사용된 것이 그 때문이다. '문리과대학'이라고 번역되는 단과대학 명칭을 'college of liberal arts and sciences'라고 했다. 관장하고 있는 두 영역 가운데 하나는 기술이고 하나는 과학이라고 했다. 한국에서 문리과대학을 해체하고, 인문대학 · 사회과학대학 · 자연과학대학을 만들자 'liberal arts'라는 말을 찾아볼 수 없게 되었다. 부적절한 관습을 청산해서 크게 다행이다.

그러나 인문대학·사회과학대학·자연과학대학이라는 명칭은 (6)의 용어를 따르고 있다. 셋을 구분하는 근거를 동아시아 문명의 전통을 이어받아 다시 마련하지 못하고 있다. 낡고 찌그러진 남의 집에서 불편하게 지내는 처지에서 다소 벗어나기는 했지만 자기 집을 만들지는 못한 엉거주춤한 상태이다.

이름을 제대로 붙이지 않고 학문을 하겠다는 것은 무리이다. 학문은 편법이 아니고 진실 추구이다. 진실 추구는 정당한 논리를 갖추어 해야 한다. 스스로 결단을 내려 창조적인 작업을 해야 한다. (9)를 갖추어야 그럴 수 있다.

다음 시대로 나아가면서

위에서 (1)부터 (9)까지로 열거한 것들은 시대 변화를 요약해 나타내고 있다. (1)·(2)·(3)은 동아시아에서 중세까지의 지속된 사고체계를 보여준다. (4)·(5)는 그 전례를 근대로 가져오기 어려워 생긴 혼란을 나타낸다. (6)·(7)·(8)은 근대 유럽에서 이룩된 새로운 구분 체계를 받아들여 정착시키느라고 생겨난 진통이다. (1)·(2)·(3)을 발상의 출발점으로 삼아 (9)를 마련해 혼란과 진통을 청산하고, 근대를 넘어서는 다음 시대를 향해 나아가고자 한다.

(6)·(7)·(8)의 진통을 그 속에서 해결하려고 하는 것은 가능하지 않다. 논란이 되풀이되기만 하고 탈출구가 없다. 생각을 크게 가지고, 전후의 시대를 돌아보아야 시야가 열린다. 근대유럽의 과학이 학문을 온통 지배하는 사태를 제대로 이해하려면 근대 전후의

시대가 있음을, 과학보다 학문이 더욱 포괄적인 개념임을 알아야 한다.

과학과 학문의 관계를 재론하면서 논의를 더욱 진전시키자. 학문은 근대유럽의 과학이 생겨나고 들어오기 전부터 있었다. 유럽 근대과학을 따르는 새로운 연구는 학문의 한 영역일 따름이다. 신흥 영역이 확대되고 위세를 누린다고 해서 학문이 온통 달라진 것은 아니다. 과학이 학문을 지배하겠다고 하면서 횡포를 부리는 것은 근대학문의 위기 상황이다. 근대를 넘어서서 다음 시대로 나아가기 위해 세 학문을 일컫는 용어를 전통 계승의 관점에서 정비해야 한다.

자연과학의 등장으로 학문이 세 분야로 나누어졌다. 그 이전 상태로 되돌아가는 것은 가능하지 않다. 자연과학을 '자연학문'이라고 일컬으면서 '사회학문'이나 '인문학문'과 대등한 위치를 가지도록 하는 것이 관계 조정의 최상 방안이다. 그러면서 셋이 서로 다르기만 할 뿐만 아니라 같기도 하다는 것을 명시해야 한다. 같은 점을 더 키워 학문 통합을 시도하는 것이 근대를 넘어서서는 다음 시대로 나아가는 기본 방향이다. 세 학문이 '학문'이라는 용어를 공유하도록 하는 용어를 선택해야 통합으로 나아갈 수 있는 길이 열린다.

토 론

❑ **문**: 학문과 교육은 어떤 관계인가?

❑ **답**: 교육에서 학문하는 능력을 기르고, 학문에서 얻은 성과를 교육에서 활용하는 수미상응의 관계이다.

❑ **문**: 공부는 어떤 것인가?

❑ **답**: 공부에 관해서는 심각하게 생각해보지 않았다. 스스로 자

발적으로 하는 교육을 공부라고 하면 어떨까 한다.

❑ 문: 유럽에서 '3학4과'라고 일컫는 것들은 자유를 추구하면서 이루어진 교양교육이라고 평가하는 것이 예사인데, 기능적인 도구과목인 듯이 폄하할 수 있는가?

❑ 답: 그런 평가는 후대의 미화이고 실상과 맞지 않다. 중세 때에는 학문의 중심을 이루는 기독교의 형이상학과 견주면 3학4과는 훨씬 격이 낮아 기능적인 도구과목에 지나지 않았다. 3학4과의 고정된 틀에서 벗어나 종합적인 사고를 하는 지식인이 중세말기에 나타나면서 상황이 달라지고, 그 뒤를 이은 'humanist'들이 자유로운 학문을 시작했다. 'humanist'를 '인문주의자'로 번역하는 것은 그럴듯하다. 동아시아의 人文에 상응하는 것을 그 사람들이 출현해 비로소 갖추기 시작했다.

교육사는 교육만 취급하기 때문에 3학4과만 대단하게 여기고 그 전체를 보지 못한다. 형이상학이나 인문주의자들의 학문과 함께 이해해야 한다. 교육사를 제대로 알려면 학문사의 넓은 시야를 갖추어야 한다. 동서학문사를 비교해 논할 수 있어야 한다.

❑ 문: 동서학문사 비교론의 긴요한 내용은 무엇인가?

❑ 답: 강의에서 말한 바를 재정리하면서 대답하겠다. 유럽에서는 기독교의 형이상학, 3학4과, 인문주의자들의 활동이 별개의 영역이었지만, 동아시아 학문은 한 흐름을 이루면서 많은 일을 함께 했다. 형이상학이라고 할 것이 기독교의 경우와는 달리 개방적인 성격을 가지고 경험적이고 현실적인 논의를 전개했다.

그 가치를 모르고 남의 장단에 춤을 추어서는 곤란하다. 실학을 논하면서 공허한 理氣論을 버리고 경험적이고 현실적인 학문을 하게 된 것을 크게 평가해야 한다는 것은 잘못이다. 유럽에서 기독교 형이상학을 버린 것을 평가하는 말을 그대로 가져왔다. 이기론은 기독교 형이상학과 달라 理學도 있고 氣學도 있었다. 기학은 경험적이고 현실적인 학문의 원리이다.

동아시아에서는 학문의 포괄적인 흐름 속에서 논란을 벌였다. 유럽 학문의 역사는 무엇을 택하고 무엇을 버린 과정인데, 우리가 그 뒤를 잇는다. 대학 이름을 보자. 3학4과를 받들어 'college of liberal arts'(문과대학)를 하다가, 인문주의자들의 활동 쪽을 기웃거리며 'college of humanities'(인문대학)라는 간판을 내건 것이 진일보이기는 해도 다시 생각하면 우습다. 동아시아에서 해온 人文학문의 전통을 이으면서 유럽의 학문에서 이룬 성과를 수용하는 것이 마땅하다. 동서학문사 비교론에서 이런 성과를 얻는다.

❑ **문**: 비교고찰을 할 때마다 우리 것이 남들 것보다 더 좋다는 결론을 내린다. 바람직한 태도이고 타당성 있는 결론인가?

❑ **답**: 자기중심의 편협한 생각을 가지고 비교연구를 한다고 나무라는 말로 들린다. 비교연구를 하는 이유가 장점 살리기이다. 장점이 무엇인지 비교연구를 통해 검증하고 살리는 방향도 찾아야 한다. 단점 고치기를 위해 비교연구를 하는 것은 연구와 실천 양면에서 노력의 낭비이다. 장단점에 관한 고려 없이 사실 자체만 밝히는 연구는 검증을 엄밀하게 하는 방법으로 긴요하고, 목적일 수는 없다. 연구에서 이익을 얻으려면 요즈음 말로 국제경쟁력 또는 비교우위의 근거가 되는 사항을 찾아내야 한다.

❑ 문: 연구에서 이익을 찾아야 하는가? 정당함을 찾아야 하지 않는가? 소인은 利를 군자는 義를 소중하게 여긴다는 옛 사람의 말이 틀렸는가? 군자의 학문을 버리고 소인의 학문을 하면서 학문의 전통을 잇는다고 할 수 있는가?

❑ 답: 소인은 小利를 찾고, 군자는 大利를 찾는다고 말을 고쳐야 한다. 천하 만민의 大利를 찾는 것이 진정한 학문이다. 大利는 大義이다. 義부터 찾으면 검증이 불가능하고 의견이 엇갈려 진전이 없다. 나는 氣學을 가장 소중한 전통으로 평가하고 계승해 大利가 大義임을 밝힌다. 理學을 잇는다는 사람들은 義에 관한 시비에 머무르고 더 나아가지 못한다. 새로운 이론을 만들어낸 실적이 없다.

이 강의에서 人文의 전통을 이어야 한다고 하면서 조상을 알고 섬겨야 하는 義를 말한 것이 아니다. 혼란에 빠진 학문관을 바로잡고 다음 시대로 나아가는 지침을 얻는 실질적인 利를 얻자는 것이다. 무엇이 義인가에 관해서는 각자 생각이 다르게 마련이다. 누구나 자기 조상이 소중하다고 한다. 종교가 개입되면 충돌이 커지기만 한다. 그러나 무엇이 인류 전체를 위한 利인가에 관해서는 토론이 가능하고 의견 접근을 기대할 수 있다. 인류는 한 운명체가 되고 있어 공동의 大利를 찾아 大義로 삼아야 한다.

제5강 산수시의 경치 · 흥취 · 이치

논의의 발단

어느 영문학자가 비교문학회에서 정철의 <關東別曲>을 유럽 낭만주의 시론으로 해명하는 발표를 하면서, 우리는 작품만 있고 이론의 유산은 없어 유감이라고 했다. 토론자로 나서서 그렇지 않다고 반론을 제기하는 것만으로는 부족해 이 글에서 다루는 내용을 준비해 발표했다. (<산수시의 경치 · 흥취 · 이치>, 『한국시가의 역사의식』, 문예출판사, 1993에서 한 작업이다.) 그 성과를 재론하면서 고금학문 합동작전을 전개해 옛것을 이용해 새로운 이론을 창조하는 작업을 실제로 하는 본보기로 삼는다.

최진원, 『국문학과 자연』(성균관대학교출판부, 1977); 이민홍, 『사림파 문학의 연구』(형설출판사, 1985)를 비롯한 많은 논저가 있어 산수시에 관해 우리 선인들이 어떤 생각을 했는지 충실하게 알렸다. 좋은 업적이 있어도 널리 읽히지 않아 기대되는 영향을 끼치지 못하니 개탄할 일이다. 옛적에 있었던 말을 새겨보기나 하고 뒤집어보지는 않고, 오늘날 필요한 이론을 다시 만들지는 못해 갑갑하다.

일반이론 정립은 앞으로 할 일곱 번째 강의의 주제이다. 이번 학기에 고금학문 합동작전에 관해 말하면서, 옛 사람들의 생각을 되살려 오늘날 필요한 일반이론을 만드는 방법을 일부 미리 제시한다. 오늘의 강의가 핵심을 보여주는 예고편이다.

작품과 이론의 전례

山水란 경치를 집약해 나타낸 말이다. 산과 물이 어우러진 모습이 자연의 아름다움을 가장 잘 보여주기 때문이다. 산수가 빼어난 곳이 한두 곳이 아니나, 금강산을 으뜸으로 친다. 금강산을 찾아가 그림으로 그리고 시문을 지어 찬탄한 유산이 아주 많다.

李珥는 아버지가 서울 사람이지만 강릉 외가에서 자랐다. 강릉은 산수가 수려하고, 금강산이 가까이 있다고 생각되는 곳이다. 16세 때 어머니 師任堂 申氏가 세상을 떠나자 마음 둘 곳이 없어 세 해 뒤에 금강산에 들어가 佛道를 닦고자 했다. 승려가 되어 머무르지 않고 유학의 세계로 되돌아와, 산을 보고 느낀 바를 글로 옮겨 장시를 지었다.

> 予之遊楓嶽也 懶不作詩 登覽旣畢 乃摭所聞所見 成三千言 非敢爲詩 只錄所經歷者耳 言或俚野 韻或再押 觀者勿嗤 (『栗谷全書』 拾遺 권1)
>
> 나는 풍악에 놀러 갔을 때 게을러 시를 짓지 않다가, 유람이 끝난 뒤에야 듣고 본 것을 모아서 3천언을 이루었다. 감히 시라고는 할 수 없고, 겪은 바의 기록일 따름이다. 말이 거칠기도 하고, 운자를 거듭 쓰기도 했으니, 보는 사람이 웃지 말기 바란다.

창작의 동기를 이렇게 진술했다. 서두에 이 말만 있어 시 제목을 겸한다고 할 수 있다. 흔히 볼 수 있는 겸양의 언사인 듯하지만, 자세하게 뜯어보아야 할 내용이 있다. 많이 생각해서 쓴 글인 줄 알아야 한다.

금강산에 놀러 갔다고 했다. 승려가 되려고 간 것이 아닌지 의심하지 않도록 한 말이라고 할 수 있다. 돌아온 뒤에 시를 지었다고 했다. 게으른 탓이라고 한 변명을 그대로 받아들일 수는 없다. 자기 자신을 되돌아보는 시간을 가지면서 세계관을 재확립하고 시를 통해 나타냈다는 말로 이해하는 편이 타당하다.

듣고 본 것을 기록하기나 했다고 했다. 그런 내용을 연결시켜 장편을 이룬 것이 사실이다. 시라고 하기 어려운 결함이 있으니 보고 웃지 말라고 한 것은 그만한 이유가 있다고 생각된다. 무엇이 문제인지 작품 속에 들어가 찾아보아야 한다.

장문의 작품 전편을 들어 고찰하면 너무 번다하다. 특징을 보여주는 몇 대목을 일정한 간격을 두고 들어보기로 한다. 총 600구 가운데 몇 번째인가 괄호 안에 적는다. (정항교 역해,『율곡선생 금강산 답사시』, 이화문화출판사, 1996을 참고한다.)

(가)

混沌未判時　혼돈이 갈라지기 전에는
不得分兩儀　양의가 나누어지지 않더니,
陰陽互動靜　음양이 서로 동정이 되는
孰能執其機　그 움직임 누가 시켰는가? (1-4)

(나)

環回天所成　휘휘 둘러내 천연으로 만들어
絶勝前所見　다시 보면 더욱 절묘하구나.
佳氣鬱葱葱　아름다운 기운 짙고 푸르러
心驚眼爲變　마음이 놀라고 눈 휘둘린다. (201-204)

(다)

或如獅子王　사자 왕 같은 것도 있어
危壓百獸群　뭇 짐승의 무리 위압한다.
或如行雨龍　비를 주는 용 같은 것도 있어
奮鬣噴陰雨　갈기 휘두르며 음우 뿜어낸다. (401-404)

(가)·(나)·(다)는 각기 어떻게 다른가? 이에 대해 대답하기 위해 이이가 쓴 다른 글을 들어보자. 관직에 나아갔다가 그만두고 황해도 해주의 시골로 물러난 41세 때 <洪恥齋仁祐遊楓岳錄跋>을 썼다. 그 글에서 산수시에 관해 중요한 발언을 했다.

홍인우가 누구인지 글 말미에서 말했다. 외가 쪽의 친척이어서 잘 아는 분인데, 어려서부터 공부에 뜻을 두고 성장해서는 행실이 돈독하며, "도체에 관해 보아 아는 경지에 가까이 갔으나"(於道體庶幾有見矣) 불행히도 세상을 떠났다고 했다. 금강산 유람기 <유풍악록>이 남아 있어 발문을 쓴다고 했다.

홍인우와 이이는 두 가지 관심사를 함께 지녔다. 금강산의 산수를 사랑하고 도체라고 한 이치의 근본을 탐구했다. 그 둘을 어떻게 연결시키는가가 문제이다. 홍인우의 금강산 유람기에 발문을 쓰면서 이이는 그 문제에 대한 소견을 말했다. 특히 요긴한 대목만 든다.

> 目見而已 不能深知山水之趣 與百姓日用而不知者無別矣… 但知山水之趣 而不知道體 亦無貴乎
>
> 다만 눈으로 보기만 하고, 산수의 趣를 깊이 알지 못하면 백성이 (산수를) 나날이 쓰면서 (무엇인지) 알지 못하는 것과 구별되지 않는다… 다만 산수의 趣만 알고 道體를 모르면, 또한 귀하다고 할 수 없다.

이것은 산수시에 관한 이론이라고 할 수 있다. 이이는 산수시 작품과 산수시 이론을 둘 다 남겼다. 둘을 연결시켜 고찰하면 작품 이해가 심화되고, 이론이 더욱 단단해질 수 있다.

경치 · 흥취 · 이치의 관계

위에서 든 이론을 다시 보자. 산수를 눈으로 보고, 趣를 알고, 道體를 아는 세 단계가 있다고 했다. 눈으로 보는 것은 경치이다. '취'라는 것은 한 자 더 넣어 '흥취'라고 하는 것이 좋다. 도체는 근본이 되는 원리이므로 알기 쉽도록 말해 이치라고 일컫기로 한다.

산수를 보고, 시로 나타내려면 경치 · 흥취 · 이치를 갖추어야 한다고 했다. 경치 · 흥취 · 이치를 기본용어로 삼아, 그 셋이 어떤 관계를 가지는지 밝히는 이론을 마련할 수 있다.

서두에서 인용한 시 구절을 보자. (가)는 이치이다. 천지만물이 이루어지고 움직이는 이치가 금강산에 나타나 있다고 했다. (나)는 흥취이다. 금강산을 보고 마음에서 일어나는 감격을 나타냈다. (다)

는 경치이다. 기이하게 생긴 바위의 모습을 짐승들에 견주면서 형용해 그려냈다.

이이는 산수시가 경치·흥취·이치를 갖추어야 한다고 일찍이 작품에서 보여주고 나중에 설명했다. 시종일관 같은 생각을 하면서 창작도 하고 이론도 만들었다고 할 수 있다. 그러면서 작품과 이론은 중요한 차이점이 있다. 작품에서는 이치를 앞세우고, 흥취를 들고, 경치를 그렸다. 이론에서 든 순서는 경치·흥취·이치이다. 어느 쪽이 타당한지 따져보아야 한다.

작품에서 이치를 앞세운 것이 적절한가? 천지만물 생성의 근본 이치에 관한 유학의 견해를 먼저 제시해 시답지 않은 시를 썼다. 금강산에 들어가 불교에 기울어지지 않았는가 하는 의구심을 일소하고 유학의 도리를 견지하고 있다고 하려고 그랬을 수 있다.

이치는 숨어 있고, 흥취는 마음을 움직이고, 경치는 눈으로 보는 것이다. 숨어 있는 것을 먼저 드러내 설명하고, 흥취를 한참 나타내다가 경치를 그린 것은 잘못된 순서이다. 분명한 것에서 분명하지 않은 것으로, 볼 수 있는 것에서 볼 수 없는 것으로 나아가야 한다. 이론에서 경치·흥취·이치 순서로 말한 것이 당연하다.

이이가 지은 금강산 시는 경치·흥취·이치를 제시한 순서가 부적절해 실패작이라고 하지 않을 수 없다. 작품에서 저지른 잘못을 이론에서는 바로잡아 다행이다. 이이는 시인으로 이름을 얻지 않았다. 이론에서 이룬 바가 높이 평가되므로 작품은 돌보지 않아도 유감스러울 것이 없다고 할 수 있다.

그런데 이론이 원론 차원에 머물러 모호하고 단순하다. 이이더러 구체적인 내용을 갖춘 이론을 만들라고 요구해도 소용없다. 그 일을 오늘날 재론하는 사람이 맡아야 한다. 내가 잘못 걸려들었다고 한탄할 것은 아니다. 좋은 일거리를 맡아 즐겁다.

경치 · 흥취 · 이치가 마땅한 순서인가? 이이가 시에서 택한 것과는 반대로, 경치를 그리고 흥취를 나타내고 이치를 말하기만 하면 되는가? 아니다. 경치 · 흥취 · 이치 순서로 셋을 든 것이 시차를 고려한 순서가 아니다. 경치를 그린 다음 흥취를 나타내려고 하면 흥취가 깃들 자리가 없다. 흥취를 나타낸 다음 이치를 말하려고 하면 이치가 관념화된다. 이이의 시에서 맨 앞에 내놓은 이치를 뒤로 돌려 따로 놀게 해도 시를 망친다. 이치는 흥취에, 흥취는 경치에 들어가야 한다.

경치 · 흥취 · 이치 순서는 구분되어 존재하지 않는다. 앞의 것에서 뒤의 것까지 갖추어야 한다. 과연 그럴 수 있는가? 이론을 이론으로 따져 시비를 가릴 수 없다. 까다로운 논의를 자꾸 전개해 도가 심해지면 무엇인지 모르게 된다. 정반대가 되는 두 말 가운데 어느 쪽이 맞는지 알 수 없게 되기까지 한다. 해결책은 작품에 있다. 작품을 보고 시비를 가리자.

좋은 본보기

잘못된 증거인 이이의 시는 일단 제쳐두고, 잘된 시를 찾아야 하는데 어떤 것이 있는가? 정철이 금강산을 국문가사로 노래한 <관동별곡>이 좋은 본보기이다. 『한국문학통사』를 고쳐 쓰면서 그 작품에 관해 논한 대목을 가져와 말을 보태 설명한다. 원문에 한자와 한글을 병기한 표기를 살린다. 정서법은 오늘날의 것으로 바꾸어 읽기 쉽게 한다.

어와 造조化화翁옹이 헌사하기도 헌사하구나.
날거든 뛰지 마나 섰거든 솟지 마나.
芙부蓉용을 꽂았는 듯, 白백玉옥을 묶었는 듯,
東동溟명을 박차는 듯, 北북極극을 괴었는 듯,
높을시고 望망高고臺대 외로울사 穴혈望망峰봉이
하늘에 치밀어 무슨 일을 사뢰리라
千천萬만劫겁 지나도록 굽힐 줄 모르는가?
開개心심臺대 고쳐 앉아 衆중香향城성 바라보며,
萬만二이千천峰봉을 역력히 세어보니,
봉마다 맺혀 있고, 끝마다 서린 기운
맑거든 깨끗하지 마나, 깨끗하거든 맑지 마나,
저 기운 흩어내어 人인傑걸을 만들고자.

"망고대"·"혈망봉"·"개심대"·"중향성" 같은 한자말 이름이 뜻하는 바를 살려 산을 바라보았다. "부용"을 꽂은 듯이 아름답고, "동명"이라고 한 동쪽 바다를 박차는 듯이 크고 힘차게 뻗었다고 하는 등의 비유를 썼다. 모두 경치를 그려낸 말이다.

바위가 날고뛰는 모습을 하고 있다고 해서 생동감을 느끼게 했다. 그런 말을 "날거든 뛰지 마나"라고 하는 활용형을 갖추어 나타내서 예측 불허의 역동성이 느껴지게 했다. 서고 솟고, 맑고 깨끗하다고 하는 데서도 같은 방법을 사용했다. 이렇게 해서 비약을 이루었다. 산 전체가 살아 움직이는 듯하게 했다. 작자가 느낀 흥취를 독자에게 전한다.

높은 산, 외로운 봉우리가 "하늘에 치밀어 무슨 일을 사뢰려고 천만겁 지나도록 굽힐 줄 모르느냐?"라고 한 데서는 아득히 높은 것을 지향하는 불굴의 정신이 느껴져 숙연해지게 했다. 봉우리마다 맺혀 있는 맑고 깨끗한 기운을 흩어내서 인걸을 만들고자 한다면서 산과 사람이 함께 위대해지게 하는 이치를 찾았다.

경치를 그리고 흥취를 전하고 이치를 찾는 세 작업이 시차를 두고 따로 이루어지지 않았다. 그 셋을 한꺼번에 하면서 시간의 선후와는 다른 공간상 전후의 차이를 두어 경치를 앞에, 흥취는 그 다음에, 이치는 그 다음에 배치했다. 동시에 제시하는 셋의 인식에는 순서가 있어, 눈으로 볼 수 있는 경치에서 마음으로 느끼는 흥취로, 다시 머리로 생각하는 이치로 나아가도록 했다.

이이와 정철은 동시대 사람이고 금강산을 노래한 작품을 함께 지었으나 많이 다르다. 이이보다 정철이 더욱 뛰어난 작품을 남겨 높이 평가된다. 차이가 무엇이고 왜 생겼는지 정리해 말해보자.

이이는 성리학에 힘쓰면서 이론을 따졌으나, 정철은 성리학을 멀리 하고 작품 창작에서 남다른 능력을 보인 시인이다. 시 작품에서 이론가가 뒤떨어지고 시인이 앞서는 것은 당연하다. 이론과 작품을 한 사람이 다 잘 하기를 바라는 것은 무리이다.

이이는 한시를 쓰고 정철은 가사를 택했다. 한시와 가사의 차이가 두 작품에 나타나 있다. 경치를 그리는 일을 양쪽에서 다 잘 하지만, 한시에서 더욱 힘썼다. 흥취를 전하는 작업은 한시보다 가사가 더 잘 한다. 우리말의 특징인 서술어는 다채롭게 활용해 흥취를 역동적으로 구현하는 데에서 한시의 언어보다 월등하게 유리하다. 이치는 그 반대이다. 한시의 언어는 철학의 언어이므로 이치를 분명하게 말하지만, 가사에서 쓰는 우리말로는 철학을 정립하지 않아 이치를 막연하게 암시하고 만다. 분명하게 말한 이치는 관념화되고, 막연하게 암시한 이치는 파악되지 않는다.

이이는 이치·흥취·경치를 선후의 순서를 두고 배치하고, 정철은 동시에 제시하는 경치·흥취·이치가 전후의 관계를 가지게 했다. 이것은 한시와 가사의 차이점이 아니다. 두 가지 선택을 한시에서도 가사에서도 각기 할 수 있다. 이이는 실패했으나, 정철은 적절한 선택을 한 것은 창작 능력에 차이가 있기 때문이다.

이론 구성

이이의 이론과 정철의 작품, 이 두 가지 유산은 함께 소중하다. 그러나 이론은 작품과 거리가 멀어 미비하고, 작품은 이론으로 해명되지 않고 있다. 그 둘을 연결시켜 작품에 근거를 둔 이론을 만드는 것이 오늘날 우리가 해야 할 일이다. 한시, 가사, 현대시 등으로 구분하지 않고 모든 시에 해당하는 공통의 이론을 마련해야 해야 한다.

산수시는 경치·흥취·이치로 이루어진다. 눈에 보이는 산수의 경치를 정지된 형태로 그리면서 산수의 움직임을 마음으로 느끼는 흥취를 나타내고, 경치와 흥취를 아우르는 어떤 궁극의 이치를 산수에서 발견할 수 있는지 생각하게 한다. 이렇게 말하는 데 모두 포함된 내용을 하나씩 가려내서 살펴보자.

경치	흥취	이치
전면	중간	이면
정지된 모습	움직이는 상태	숨어 있는 무엇
세계	자아	자아와 세계 합일

처음 세 줄에서는 이미 고찰한 바를 요약했다. 마지막 대목에 든 것에 관해서는 별도의 해명이 필요하다. 모든 문학 작품은 자아와 세계의 관계를 나타낸다. 서정은 세계의 자아화이고, 교술은 자아의 세계화이다. 이렇게 말할 때 사용한 자아와 세계라는 용어를 다시 활용한다. 산수시는 서정시일 수도 있고, 교술시일 수도 있다. 갈래 소속과 작품의 특징이 어긋나기도 한다. 이이는 한시를 교술적 서정시로 짓고, 정철의 가사는 서정적 교술시이다. 여기서는 서정과 교술을 가르지 않고 시를 함께 논하는 이론을 마련한다.

경치로 나타난 세계의 모습을 그리면서 자아가 느끼는 흥취를 나타내는 작업을 함께 하는 것이 제대로 된 산수시의 기본 요건이다. 그렇게 하면서 세계의 경치와 자아의 흥취가 합일되는 이치를 찾는다. 경치를 그리는 것은 그림에서와 같고, 흥취의 움직임은 음악과 상통하고, 이치 찾기에서는 철학에 다가간다.

산수를 다룬 모든 시가 이런 요건을 갖춘 것은 아니다. 경치·흥취·이치의 관계가 나타나는 여러 양상을 들어보자. 다음과 같은 경우가 있다고 일단 가정할 수 있다.

(1) 경치·흥취·이치

(2) 경치·흥취

(3) 경치·이치

(4) 흥취·이치

(5) 경치

(6) 흥취

(7) 이치

(1)에 관해서는 이미 고찰하고, 정철의 <관동별곡>이 좋은 본보기라고 했다. 月山大君이 지었다는 다음 시조를 또 하나의 본보기로 든다.

> 秋江에 밤이 드니 물결이 차노매라.
> 낚시 드리치니 고기 아니 무노매라.
> 無心한 달빛만 싣고 빈 배 저어 오노라.

山은 없는 水만 그렸어도 산수시이다. 산수시가 소재가 아닌 작품의 특성을 뜻하는 말이 되었다. 차가운 밤에 낚시를 하러 나면서 느끼는 흥취를 선명하게 나타냈다. "無心한 달빛"과 "빈 배"로 바라는 바 없이 마음을 비우는 것이 마땅한 이치임을 나타냈다.

(2)는 현대시에서 흔히 볼 수 있다. 김영랑, 『영랑시집』 17번 작품을 들어본다.

> 무너진 성터에 바람이 세나니
> 가을은 쓸쓸한 맛뿐이구려.
> 희끗희끗 산국화 나부끼면서
> 가을은 애달프다 소색이느뇨

경치가 바로 흥취여서 쓸쓸한 마음의 흥취는 잘 나타나 있으나, 이치라고 할 것은 찾기 어렵다. 사물이나 인생에 관한 일반화된 견해를 암시한다고 이해할 것은 아니다. 이치의 결여 탓에 산수시의 전통에서 벗어나 있다.

(3)의 본보기는 李滉의 <陶山十二曲>에서 찾을 수 있다.

青山은 어찌하여 萬古에 푸르르며,
流水는 어찌하여 晝夜에 그치지 않는고?
우리도 그치지 말아 萬古常靑하리라.

청산과 유수를 그리다가 사람이 따라야 할 이치로 바로 넘어갔다. 홍취라고 할 것은 찾아내기 힘들다. 홍취가 매개하는 구실을 하지 않아, 산수의 모습과 사람이 할 일이 바로 연결되지 않는다. 공백을 느낌과는 다른 생각으로 메워야 한다. 산수시이기는 해도 필요한 요건을 제대로 갖추지는 않았다.

(4)의 좋은 본보기는 승려시인 太能의 <無題>이다.

大地山河是我家　대지와 산하가 나의 집이니,
更於何處覓鄕家　어디서 다시 고향 집을 찾으리오.
見山忘道狂迷客　산을 보고 길 잃은 미친 나그네
終日行行不到家　종일 가고 집에 이르지 못하네.

"山河", "山"이니 하는 말이 있지만 경치를 그린 것은 아니다. 고향 집을 찾아 길을 가는 나그네의 심정을 나타내면서, 상실과 방황을 끝낼 이치가 무엇인지 알려주었다. 산수시라고는 하기 어려운 사상시이거나 철학시이다.

(5)는 산수시와는 다른 서경시이다. 유럽에는 더러 있고, 우리 시에는 없다. (6)은 음악에나 있고, 시에서는 찾을 수 없다. (7)은 龍樹의

<中論頌> 같은 순수한 철학시이다. 우리 한시에는 있는 것 같지 않고, 우리말 노래에는 없다.

산수시와 산수화

산수시는 산수화와 밀접한 관련을 가졌다. 둘 다 산수를 그린다. 산수화라는 말이 더 널리 쓰인다. 형님 격인 산수화와 나란히 놓고 함께 논해야 산수시라는 말이 어색하지 않다.

산수화의 원리 또한 위에서 말한 (1) 경치 · 흥취 · 이치로 이루어져 있다. 경치를 그리면서 흥취를 살리고 이치까지 나타낸다. 그 셋을 다 갖추지 않았으면 산수화가 아니다.

鄭敾의 <萬瀑洞>을 보자. 산은 솟았고, 물이 흐른다. 나무가 들어서고, 사람도 있다. 하나하나의 모습을 실감 나게 잘 그렸다. 시선을 한 곳에 고정시켜 놓지 않고 움직이면서 이것저것 적절한 위치에서 보고 그려 경치에서 흥취로, 흥취에서 이치로 나아가게 한다. 시선 이동이 경치에서 흥취로, 대상에서 마음으로 향하게 하는 통로이다. 이리저리 굽이치는 흐름이 흥취가 되어 보는 이의 마음을 움직인다. 모든 것이 생동하는 천지만물 사이에 사람도 한 자리를 차지해 작은 체구로 큰 감격을 누리는 物我一體의 이치를 깨닫게 한다.

그림에도 경치 · 흥취 · 이치 가운데 일부만 갖춘 것들이 있다. 산수시를 논하기 위해 만든 분류 항목을 그림에 그대로 적용할 수 있다.

(2) 경치 · 흥취를 갖춘 그림은 전통에서 이탈한 오늘날의 산수화이다. 흥취는 느낄 수 있지만 이치를 생각하게 하지는 않는다. (5) 경치만 그리는 그림은 산수화와는 다른 풍경화이다. 시선을 고정시

켜 원근법을 사용하고 관심을 대상에만 두고 흥취가 일어나기 어렵게 한다. 산수화라고 하는 것이 사실은 풍경화인 경우가 많다. 원근법이 폭군으로 등장해 그림을 망치는 데 말려들어 그 지경이 되고 만다.

(3) 경치 · 이치를 갖춘 그림은 대상을 파괴해 재현하면서 어떤 이치를 암시하려고 하는 작품이다. 흥취를 없애는 것이 별난 이치 구현을 위한 신조로 삼는 경우가 많다. (4) 흥취 · 이치를 나타내고 경치는 없는 것은 주제의식을 지니려고 하는 추상화이다. 추상화 가운데 (6) 흥취만 보여주는 것은 예사 추상화이다. (7) 이치만 보여주는 그림은 있기 어렵다.

산수화가 이치까지 나아가려고 하지 않아 (2) 경치 · 흥취만 갖추다가, 흥취마저 약화되어 (5) 경치만의 그림으로 되고 마는 것이 오늘날의 형편이다. (2)도 산수화라고 인정할 수 있지만 외형이 그럴 따름이고 혼을 잃었다. (5)는 전통 산수화에서 흔히 보던 경치를 다시 그렸어도 산수화가 아닌 풍경화이다.

무엇을 더 해야 하는가

풍경화는 서양화로 그려야 제격이다. 전통회화의 재료를 가지고 그린 풍경화는 어색하고 얄팍해져서 서양화를 따르지 못한다. 열세를 기교로 회복하려고 하다가 기술이 모자라고 예술도 없는 지경에 이른다.

옛날 사람들이 그린 것과 같은 산수화를 재현하라고 하는 것은 아니다. 산수화의 기본원리를 이어받아 오늘날의 그림을 서양화에서 할 수 있는 것보다 더 잘 그리는 것이 마땅하다. 세계적인 범위에서 새로운 창작을 해서 높이 평가되려면 근거가 분명한 커다란 깨달음을 얻어야 한다.

산수화와 같은 이유에서 산수시도 이어받아 재창조해야 한다. 전통 상실의 폐해는 범속한 경지를 넘어서서 커다란 창조활동을 하고자 할 때 심각하게 나타난다. 시를 써서는 이치까지 나아가지 못한다고 생각하고 이치를 별도로 논하는 것은 이중의 잘못이다. 위대한 시는 사상이고 철학이기도 하다.

경치·흥취·이치를 함께 갖추어야 한다는 것은 창작의 지침으로 소중할 뿐만 아니라 미학의 원리로서 커다란 의의를 가진다. 창조하는 학문을 목표로 하고, 넓고 깊은 탐구를 힘써 해야 할 과제이다. 고금 합동작전을 위한 좋은 일거리가 여기 있다.

여기서 시작한 작업을 확대하고 발전시켜 널리 활용하는 것이 마땅하다. 구체적으로 해야 할 일을 몇 가지 들어본다. 적용의 범위를 넓혀 타당성이 더 커지도록 한다. 대응이 되는 이론을 다른 문명권에서 찾아 비교고찰을 하면서 한층 포괄적인 일반이론을 만든다.

토 론

❑ **문**: 산수시가 소재가 아닌 작품의 특성을 뜻하는 말이 되었다는 것은 무슨 뜻인가?

❑ **답**: '山水'는 山과 水라는 소재를 말한다. '산수시'는 소재에 관한 논의에서 벗어나 경치·흥취·이치를 갖춘 시라고 규정할 수 있다. '山水詩'라고 적으면 소재를 논하는가 하고 오해할 수 있으므로 한글로 적는 것이 좋다. 한자의 어원에서 벗어난 뜻을 가진 한자어는 한글로 적는 것이 마땅하다고 일반화해서 말할 수 있다.

❑ **문**: '風水'는 어느 쪽인가?

❑ **답**: 바람과 물에 관한 논의가 아니니 '풍수'로 적어야 한다.

❑ **문**: <도산십이곡>의 한 작품을 들어 경치와 이치만이라고 했는데, 이황의 시는 모두 그런가? <盤陀石> 같은 한시는 어떤가?

❑ **답**: <도산십이곡>은 교훈을 주고자 해서 이치가 너무 드러난다. 한시에는 그렇지 않은 것이 많다. <盤陀石>을 보면 경치 · 흥취 · 이치를 다 갖추고 있다. 낙타처럼 생긴 돌 위로 넘치는 물결을 그리고, 그 광경을 바라보는 흥취를 불러일으키고서, 사람의 본성은 환경이 나빠져도 변할 수 없다는 이치를 나타냈다. 그런데 흥취가 이치로 바로 넘어가지 않고 단절이 있다. 상징을 해독해야 단절을 넘어설 수 있다. 경치 · 흥취 · 이치가 일체를 이루어 바로 연결되는 시만큼 자연스럽지 못하다. 이런 차이점에 대한 미세한 검토가 앞으로의 과제로 남아 있다.

❑ **문**: 오늘날의 시에서 이치는 사라지고 경치와 흥취만 남은 것은 무슨 까닭인가?

❑ **답**: 그림에서도 같은 변화가 나타나 있으므로 함께 살펴야 한다. 이치의 근본을 스스로 탐구해야 한다고 생각하지 못하고 철학은 수입해 와야 한다고 여기게 된 것이 한 이유이다. 일본의 영향 때문에 그런 경향이 더욱 두드러졌다.

일본은 옛적부터 경치 · 흥취 · 이치를 다루는 비중이 우리와 달랐다. 경치를 감각적으로 그리는 데 특히 힘쓰고, 이치 탐구는 소중하게 여기지 않았다. 어느 일을 전문화해서 하고 다른 쪽은 돌보지 않는 풍조가 지나칠 만큼 고착화되었다. 남들을 따르는 근대화를 하면서 이치는 수입하는 것이 마땅하다고 할 만한 내력이 있다. 일본의 길을 따라야 한다고 오판한 사람들이 우리 전통을 버려 회복하기 어려운 상처를 남겼다.

❑ 문: 경치 · 흥취 · 이치의 바람직한 관계를 회복하려면 어떻게 해야 하는가?

❑ 답: 눈에 보이는 것을 너무 잘 그리면 눈에 보이지 않은 것은 없다고 선언한다는 것을 알아차리고 잘못을 반성해야 한다. 경치를 너무 잘 그리려고 하지 말고 오히려 못 그려야 한다. 못 그려야 흥취가 일어나고 이치를 향해 나아가는 통로가 열린다.

❑ 문: 낯설게 하기와 같은 것인가?

❑ 답: 그렇다. 낯설게 하기이다. 낯설게 해야 경치 이상의 것이 있게 된다.

❑ 문: 잘 그릴 수 있는 능력을 갖추고 못 그려야 하지 않는가?

❑ 답: 그것이 원칙이다. 피카소는 사실적으로 그리는 완벽한 능력을 가지고 스스로 파괴했다. 그러나 잘 그릴 수 없는 탓에 못 그려 훌륭하게 된 경우도 있다. 반 고흐는 이런 경우이다.

일본 화가들은 그림을 너무 잘 그린다. 安井曾太郎(야쓰이소다로)를 본보기로 들어보면, 세잔느(Cézanne)보다 훨씬 잘 그린다. 세잔느가 자기 고장의 못난 산을 못나게 그리려고 거듭 노력한 것과 같은 어리석은 짓은 하지 않고, 능숙한 솜씨로 무엇이든지 정확하게 그렸다. 그림이 그림이게 하기만 하고 이치 탐구는 배제한 탓이다.

❑ 문: 정확하게 그리는 것이 나쁜가?

❑ 답: 정확하게 그리는 것은 좋은 것 가운데 하나인데 좋은 것의 전부라고 생각하면 나쁘게 된다. 우리는 그림뿐만 아니라 다른 일에서도 일본만큼 정확하지 못해 반성하고 노력해야 한다는 주장이 드센데, 동의하기 어렵다. 단점 고치기보다 장점 살리기에 먼저 힘쓰는 것이 쉽고 유리하다. 경치를 정확하게 그리는 데 몰두하지 않고 흥취로, 다시 이치로 나아가는 열정을 가지는 것이 우리의 장점이다. 장점을 살려야 일본에게 필요하게 되어, 상극이 상생이게 하는 협력이 가능하다.

내 학문도 이런 특징을 지녀 일본 학자들은 하지 않고, 하지 못하는 일을 한다. 일본에서 필요로 하는 거대이론을 만들면서 그쪽의 도움을 받고자 한다. 나는 일본에서 정밀한 부품을 받아들여 완성도를 높이고 마무리를 잘 하기 위해 노력한다. 아직 만나는 기회가 적고 협력이 부족해서 유럽문명권보다 앞서는 학문을 하고자 하는 공동의 목표를 달성하지 못하고 있다.

경치 · 흥취 · 이치의 관계를 문제 삼는 이론은 시에서 시작해 그림으로 나아가다가 문화 비교론으로, 다시 발전 전략론으로까지 확대되었다. 이론은 명확하게 진술을 갖추고 있으면서 변형 가능성이 커서 널리 활용되는 것이 이상이다. 나쁜 이론은 그렇지 않아 진술이 모호하고 이해하기 어려우면서 변형 가능성이 적고 확대 적용이 막혀 있다.

제6강 웃음 이론의 유산 상속

소개하는 말

2005년 7월 8일에 열린 한국웃음문화학회 창립대회에서 이 글을 발표했다. 한국웃음문화학회는 웃음의 유산을 연구하는 공부꾼들과 웃음을 실행하는 공연꾼들이 함께 만든 모임이다. 웃음의 이론과 실제, 과거와 현재를 연결시킨다.

양쪽 사람들이 많이 모여 큰 성황을 이루었다. 공연꾼 남보원은 역대 대통령을 흉내 내면서 풍자하는 실연을 하고, 엄용수는 발표를 하고, 김미화는 토론을 맡았다. 공부꾼들은 따분하게 하던 학문이 인기와 연결될 것 같아 기뻐했다. 공부꾼 대표 서대석(서울대 교수)이 회장을, 공연꾼 대표 김웅래(인덕대 교수)가 부회장을 맡았다.

학회를 만들자는 논의를 처음 할 때 창립대회에서 나는 발표를 하겠다고 약속했다. 학회를 창립하고 운영하는 일은 맡지 않는 대신에 발표로 책임을 완수하겠다는 생각이었다. 개별적인 주제를 다루는 것은 나중에 할 일이고, 처음이니 학회가 나아갈 길을 제시하는 발표를 해야 했다. 그렇다고 해서 허공에 뜬 이야기를 막연하게 하는 것은 학문하는 자세가 아니다. 적절한 자료를 찾아 구체적으로 고찰하면서 전체의 방향을 논하는 것이 적절한 방법이다.

아래에 든 원고를 복사해 배부하고 발표를 시작하면서, 발표 방식에 대해 말했다. 이 원고를 읽으면 시간이 많이 소요되고 흥을 깬다. 내용을 간단히 간추려 말하기로 한다. 논증 과정은 생략하고 얻은 결과만 제시하겠다. 웃음 학회의 발표는 웃음이 나게 해야 한다. 짧게 말해야 웃음이 난다. 서두를 이렇게 내놓고 다음 말을 덧붙였다.

웃음문화학회는 이제야 생겨나 신접살림을 시작한다. 아무 것도 없는 적수공권이어서 어떻게 살아갈까 하고 걱정할 수 있으나 그렇지 않다. 조상이 물려준 많은 유산이 상속자를 만나지 못해 버려져 있다.

우리 민족은 언제나 웃으면서 살아왔다. 웃기는 일을 직업으로 하는 사람들이 어느 시대나 있고 인기를 모았다. 웃음이란 무엇이며 우리는 왜 웃는지 말한 이론도 있다. 그 일부는 이용했으나 전모는 드러나지도 않았다. 이런 유산은 사기꾼이 가로챌 수 있는 것도 아니다. 이제 정당한 상속자가 나타났으니 이어받아 활용하고 더욱 빛내야 한다.

유산 상속 이유서

선조가 남긴 재산을 후손이 이어받는 것을 상속이라고 한다. 상속을 하려면 세 가지 조건을 갖추어야 한다. 남긴 재산이 있어야 한다. 선조와 후손의 혈통이 입증되어야 한다. 유산을 상속했다고 등기를 해야 한다.

문화유산도 상속해야 할 재산이다. 웃음은 소중한 문화유산이다.

우스운 이야기를 하거나 들으면서 웃음이 무엇인가 살핀 유산이 있다는 것을 밝히고, 상속에 필요한 절차를 밟기로 한다.

누가 후손인가? 웃음문화학회가 후손이어서 상속권을 가진다. 재담을 하면서 웃기는 연기자, 연출가, 그리고 관련 분야 학자들이 모여들어 만든 모임이니 웃음문화의 모든 유산을 이어받아 마땅하다. 지금 하고 있는 일이 누천년 이어온 家業임을 깊이 깨닫고 널리 알려 스스로 자부심을 가지고 사회적인 평가를 향상해야 한다.

물려받은 재산 가운데 웃음 이론부터 상속해 등기를 하는 조처를 취한다. 등기란 다름이 아니라, 논문을 써서 발표하고 인쇄물로도 펴내는 것이다. 상속과 등기에 필요한 실무는 내가 담당하고, 소유권자는 웃음문화학회이다. 학회가 이제야 창립되니 많이 늦었으나, 자랑스러운 유산이 많이 있어 아주 부자이다.

오늘 여기서 다루는 것은 방대한 유산의 아주 작은 부분에 지나지 않는다. 찾아내서 평가하고, 상속해 등기하는 작업을 계속 부지런히 해야 한다. 年富力强한 회원들의 맹활약에 큰 기대를 건다.

유산 목록

웃음에 관한 이론의 유산에 어떤 목록이 있는지 살펴보자.

(가) 『三國遺事』 권5 <憬興遇聖>조에서 웃음으로 병을 치료했다는 기록

(나) 崔致遠, <鄕樂雜詠五首>; 李奎報, <觀弄幻有作> 이하 우스운 놀이를 보고 지은 많은 한시

(다) 조선 전기에 광대가 왕 앞에서 공연한 笑謔之戱에 관한 기록

과 설명, 광대놀이에 관한 전후 시기 여러 자료에서 보이는 웃음의 특성과 효용

(라) 徐居正, <滑稽傳序>; 姜希孟, <滑稽傳序> 등 우스운 이야기를 모아놓은 책의 서문

(마) 李瀷, 『星湖僿說』의 <戲謔>, <戲言> 등을 비롯해 웃음에 관해 고찰한 갖가지 논설

(바) 1910년에 나온 재담집의 서문

이것들을 여기서 다 다루면 너무 번다하다. 대부분의 자료는 연구가 어느 정도는 이루어져 있어 일일이 거론하면서 새로운 논의를 전개하는 것이 쉽지 않은 일이다. 유산의 실상을 알리고 가치를 평가하는 데 특히 긴요한 것 하나만 들기로 한다. 모르고 있었다는 것도 선택의 조건이다.

그런 기준에서 (바)를 들기로 한다. 한 차례 거론하기는 했지만 (<재담 기록의 방법과 의의>, 『한국문학 이해의 길잡이』(집문당, 1996)에서 다루고, 『한국문학통사』 4 (지식산업사, 제4판 2005)에서 논의했다.), 핵심이 되는 자료를 자세하게 검토할 기회가 없었다. 구전되고 있던 재담을 모은 책이 1910년대에 큰 인기를 가져 활자본으로 많이 나왔다. 그 가운데 웃음이 무엇이며 어떤 효용을 가지는지 말한 서문이 이따금 있다. 우선 전반적인 상황을 살펴보자.

최초의 재담집은 1908년에 나온 尹致昊의 『우순소리』인 것 같다. 그런데 발매금지된 도서명단에 이름이 보일 따름이고 전하지는 않기에 내용을 확인할 수 없다. 이내 금서가 된 것을 보면 일제의 침략을 비판한 이야기를 모았음을 짐작할 수 있다.

그 다음 순서로 나온 재담집은『仰天大笑』가 아닌가 싶다. 1913년에 초판이, 1917년에 재판이 나온 그 책은 鮮于日이라는 사람이 편저자로 되어 있다. 진지한 자세는 보이지 않고 세상 돌아가는 형편을 반어적인 어투로 헐뜯는 잡문을 이따금씩 삽입하면서 우습고 재미있는 이야기 62편을 모아 한자가 다소 섞인 국문으로 기재해 놓았다. 항일의 언론은 용납될 수 없는 상황에 맞게 만들어 낸 파격적인 읽을거리라 하겠는데, 구전의 실상을 충실하게 반영하고자 한 설화 자료가 있어 소중하다.

그 뒤를 이어 1916년에 출판된『깔깔웃음』은 순수한 재담집이다. 70편의 자료를 국문으로 수록했다. 1926년에 8판까지 나온 것을 보면 많이 읽혔음을 알 수 있다. 1918년에 나온『八道才談集』은 편저자가 姜義永이라 했다. 비슷한 방식으로 141편이나 되는 재담을 모아 놓았다. 서두에서부터 이따금씩 신문명을 배워 뒤떨어지지 말아야 한다는 말을 한 점이 다르고, 구전 자체에 충실하기보다는 읽어서 쉽게 알 수 있게 하느라고 소설 투의 문체를 사용하고자 했다. 팔기 위해서 내놓은 책이지만, 어리석은 자의 실수를 보고 깨닫는 바가 있도록 하는 이야기를 즐겨 모았으며, 사회비판의식이 생동하는 명편이 적지 않다.

같은 해인 1918년에 나온 또 하나의 재담집『笑天笑地』는 특이한 면모를 갖추고 있다. 편저자가 長春道人이라고 했다. 모아 놓은 이야기는 모두 309편이다. 그 숫자로 재담이『시경』에 못지않은 의의를 가졌음을 암시했다. 국한문으로 이야기의 최소 요건만 간추리는 흥미로운 표기방법을 이용해 그렇게 많은 자료를 수록할 수 있었다.

이 가운데『笑天笑地』을 들어 살핀다. 局局道人이라는 이가 <題首

卷>이라는 제목을 내걸고 쓴 서문을 주목할 만하다. 국국도인은 누군지 모를 사람이다. "局局"이란 "쿡쿡" 웃는 소리라고 생각된다. 자기가 누군지 밝히지 않은 사람이 웃음을 뜻하는 필명을 사용해 순한문에 가까운 국한혼용문을 사용해 웃음 이론을 당당하게 전개했다. 상당한 학식을 웃음을 논하는 데 썼다. 그 전문을 띄어쓰기, 문장부호까지 모두 원문대로 옮기고 번역한 다음 고찰하기로 한다.

웃음 이론

笑出於情, 特出於樂之情故로凡人이稱其樂에輒笑ᄒᆞ나니是笑也爲平和爲快活ᄒᆞ니笑而平和快活은常情之笑也라然이나人은每於悲痛憤怒煩悶恐怖之情이激溢過極ᄒᆞ야失其常度之時에亦笑ᄒᆞ나니是笑也爲冷寂爲陰鬱ᄒᆞ니笑而冷寂陰鬱은反情之笑也라又此則爲可笑而笑ᄒᆞ되彼則爲不可笑而不笑ᄒᆞ고彼則知其可笑而笑ᄒᆞ되此則不知其可笑而不笑ᄒᆞ야男女老少長幼貴賤에各有異焉ᄒᆞ니異焉者는異其情也니是笑也爲異情之笑ᄒᆞ며見人之笑에不知其何爲而笑而吾亦幷笑ᄒᆞ되幷不知吾之何爲而幷笑ᄒᆞ니是笑也爲同情之笑ᄒᆞ니常情也, 反情也, 異情也, 同情也는均是情也而笑之所由出也라然이나由情之笑는有時乎爲罪어니와笑有不由於情者ᄒᆞ니如赤子之笑, 狂人之笑, 痴者之笑는無善無惡ᄒᆞ고無邪無正ᄒᆞ고天的眞率ᄒᆞ야唯是自笑라笑不爲罪ᄒᆞ니讀此書者는不當以由情之笑로爲笑ᄒᆞ고當以不由情之笑로爲笑ᄒᆞ야只得如赤子之笑, 狂人之笑, 痴者之笑然後에眞善笑者也니라

長春道人의笑天笑地ㅣ出ᄒᆞ니이吾徒에福音이오闔世에法光이로다

歡呼力作은我先民의特性中特色이니好言ᄒᆞ면「善人」이라ᄒᆞ고惡言ᄒᆞ면「癡人」이라ᄒᆞ도록好笑的人民이라悅樂으로事를執ᄒᆞ고歡笑로

神을休ᄒᆞ며拊手摶髀로써氣를養ᄒᆞ고微哂大噱로써懷를宣ᄒᆞ야이러케日로嬉笑圓環上으로循環ᄒᆞ야息치아니홈으로그의様子ᄂᆞᆫ欣欣嬉嬉오그의聲音은局局哈哈이며그의辭典에ᄂᆞᆫ悲哀의字를取치아니ᄒᆞ고心象에ᄂᆞᆫ苦痛의跡이印치아니ᄒᆞ니그럼으로氣力은항상生新ᄒᆞ고心思ᄂᆞᆫ항상活潑ᄒᆞ야胸中에險夷가滯치아니ᄒᆞ고眼底에得失이芥치아니ᄒᆞ며그럼으로凡物에煩累홈이업서勇氣가純粹홈을保ᄒᆞ고凡事에感傷홈이업서精力이穩全홈을得ᄒᆞᆫ지라구티齷齪치아니ᄒᆞᆫ다그러도大路가自開ᄒᆞ고구티辛苦치아니ᄒᆞᆫ다그러도事機가順進ᄒᆞ얏도다

어ᄂᆞ틈엔지이豊富ᄒᆞᆫ樂素가惡魔의赤舌에詛呪ᄒᆞᆫ바되야秋風이우리의心境을擾ᄒᆞ고殺氣가우리의眼界를荒ᄒᆞ니於是에口角이日로膠着ᄒᆞ고目眶이日로柱撑ᄒᆞ야四隅方正ᄒᆞᆫ顔은快破ᄒᆞ던機能을失ᄒᆞ고一字直走ᄒᆞᆫ脣은洞開ᄒᆞᄂᆞᆫ滋味를忘ᄒᆞ니그德澤그恩光에所謂端嚴肅莊ᄒᆞᆫ君子란機械를成ᄒᆞ기ᄂᆞᆫᄒᆞ얏스나幸가不幸가그의布施가愈久愈廣ᄒᆞᄂᆞᆫ바에몬저內로胸膈이煙鬱ᄒᆞ고다음外로顔色이黃槁ᄒᆞ여血流ᄂᆞᆫ八字步法을學ᄒᆞ고肢節은六月牛囊을作ᄒᆞ니우리所視엔靑天白日도愁慘에籠鎖ᄒᆞ고우리所歷엔明山媚水도疾痛에呻吟ᄒᆞ며우리瞳子에ᄂᆞᆫ綠素도가장哀傷의色으로映ᄒᆞ고鼓膜에ᄂᆞᆫ樂音도가장悽惻의響을傳ᄒᆞ게된지라엇지홀수업다우리手가發ᄒᆞ고우리足이動ᄒᆞᄂᆞᆫ바엔凡百이障礙ᄒᆞ고有萬이蹉跌ᄒᆞ야苦悶以外엔赤貧漢이되고感傷以外엔無能物이되고야말앗도다 (중략)

此時에長春道人의此書ㅣ出ᄒᆞ니短話三百에不過ᄒᆞ나能히神工鬼成ᄒᆞᆫ朝鮮特有의絶妙好談의精英을採取ᄒᆞ야足히我先人의歡呼的素質을象徵ᄒᆞ고我後人의樂天的機能을誘發홀만ᄒᆞᆫ지라快對一番이면아모라도春煦를心中에復ᄒᆞ고笑波를面上에漲ᄒᆞ야頓然히身이火宅에在홈을

忘홀지니엇지今日吾人을歡天喜地笑海悅土에同導共躋ㅎ야捧腹折腰絶纓噴飯中百病을具蘇ㅎ고萬和를自生케ㅎ는不二法門이오唯一活路가아니리오從此로苦痛의種子를播下ㅎ던鬼卒은이鍾馗의手에卽地撲殺되고焦勞의火勢를煽動ㅎ던獰風은이封姨의袖에今時收斂되야舊氣質舊容色이我等의體內에還寓홀것은天을指ㅎ야立證홀지라그런적冊은비록小ㅎ고語는비록短ㅎ나그音은長ㅎ고그光은大타아니치못홀지며그런즉道人의無量大功德은과연言辭에絶ㅎ다할지로다

번 역

웃음은 정에서 나온다. 특히 즐거운 정에서 나온다. 그러므로 예사 사람들이라도 말하기를 즐거울 때마다 웃는다고 한다. 이런 웃음은 평화롭게 하고 쾌활하게 한다. 웃어서 평화롭고 쾌활하게 하는 것은 常情의 웃음이다. 그러나 사람은 비통이나 분노나 번민이나 공포의 정이 격렬하게 일어나, 견딜 수 있는 한계를 넘어 예사로운 자세를 잃을 때마다 또한 웃는다. 이 웃음은 싸느랗고 적막하고 음울하게 한다. 웃어서 싸느랗고 적막하고 음울하게 하는 것은 反情의 웃음이다. 또한 이쪽은 웃을 만해서 웃되 저쪽은 웃을 수 없어 웃지 않고, 저쪽은 웃을 줄 알아 웃되 이쪽은 웃을 줄 몰라서 웃지 않는데, 남녀·노소·장유·귀천이 각기 다르기 때문이다. 다름이란 그 정이 다른 것이다. 이것은 異情의 웃음이다. 다른 사람이 웃는 것을 보고 왜 웃는지 모르고 나도 따라 웃으면서 내가 왜 웃는지도 모르기도 한다. 이것은 同情의 웃음이다. 常情이니 反情이니 異情이니 同情이니 하는 것은 모두 정이며 웃음이 말미암는 바이라. 그러나 由情之笑 즉 정을 말미암는 웃음은 때때로 죄가 되거니와, 웃음에는 不由情之

笑 즉 정을 말미암지 않은 웃음도 있다. 어린아이의 웃음, 미친 사람의 웃음, 바보의 웃음은 착하고 악함이 없고, 사특하고 올바름이 없고, 오로지 진솔하고 다만 스스로 웃을 따름이라 웃어도 죄가 되지 않는다. 이 책을 읽는 사람은 정을 말미암는 웃음을 웃지 말고, 정을 말미암지 않는 웃음을 웃어, 어린아이의 웃음, 미친 사람의 웃음, 바보의 웃음을 웃어야 비로소 참으로 잘 웃는다고 하리라.

長春道人의 笑天笑地가 나오니 우리 무리의 福音이고, 온 세상의 法光이로다.

환호하면서 힘써 일하는 것은 우리 옛 백성의 특성 가운데 특색이라. 말하기를 좋아하면 "좋은 사람"이라 하고 말하기를 싫어하면 "어리석은 사람"이라고 할 만큼 웃기를 좋아하는 인민이었다. 즐거워서 일을 맡고, 좋아서 웃으며 정신을 쉬고, 손뼉 치고 무릎 모으면서 氣를 기르고, 조용히 웃고 크게도 웃으면서 마음을 폈다. 이렇게 좋아서 웃으면서 원만하게 살면서 나날을 보내니 모습이 기쁘고도 기쁘고 좋고도 좋았다. 소리를 내서 쿡쿡 웃고 하하 웃으며, 사전에 비애라는 글자를 넣지 않고, 마음에 고통의 자취를 남기지 않았다. 그러므로 기력은 항상 신선하고 마음이 항상 활발해, 생각하거나 보면서 어렵고 쉬운 것, 얻고 잃는 것을 가리지 않았다. 그러므로 무엇에 걸려 고민하지 않아 용기가 순수함을 간직하고, 무엇에 마음의 상처를 입지 않아 정력이 온전함을 얻었으므로, 구태여 악착스럽게 굴지 않아도 커다란 길이 저절로 열리고, 구태여 고생하지 않아도 하는 일이 순조롭게 추진되었다.

어느 틈엔지 이 풍부한 즐거운 기질이 악마의 붉은 혀로 저주당한 바 되어, 추풍이 우리 심경을 흔들고 살기가 우리 시야를 황폐하게 했다. 이에 입아귀가 날로 굳어버리고 눈시울이 날로 치켜 올라, 사방 반듯한 얼굴이 쾌활하게 하던 기능을 잃고, 한 줄로 죽 뻗은 입술은 활짝 열리는 재미를 잊었다. 그 덕택과 그 은혜에 이른바 단정·근엄·엄숙·장엄한 君子라는 기계를 만들어내기는 했으나, 다행인가 불행인가 베푸는 바가 더욱 오래고 더욱 넓어지자 먼저 안으로 흉격이 연기로 덮이고 밖으로 안색이 누렇게 말라, 피 흐름은 팔자걸음을 배우고, 사지는 유월 소불알 꼴을 한다. 우리가 바라보면 청천백일도 근심에 싸여 있고, 나다니면 맑은 산 고운 물도 고통에 신음하며, 우리 눈동자에는 푸름도 가장 슬픈 색으로 비치이고, 고막에는 즐거운 소리도 가장 처참한 울림을 전하게 되어 어찌할 수 없다. 우리 손을 내젓고 우리 발을 움직이면 백 가지가 장애이고, 만 가지나 차질을 빚어, 고민 이외에는 가난뱅이가 되고 슬픔 이외에는 무능한 것이 되었다.

이때에 長春道人의 이 책이 나오니 短話 삼백에 불과하나 능히 신이 만들고 귀신이 이룬 조선 특유의 절묘하게 좋은 이야기 가운데 빛나는 것들을 모아 넉넉히 우리 선인이 기뻐 소리치던 기질을 상징하고, 우리 후인이 낙천적 기능을 유발할 만하다. 쾌하게 한 번 대하면 누구라도 봄날의 따뜻함이 심중에 되살아나고, 웃음 물결이 얼굴에 퍼져 문득 몸이 불 붙은 집에 있는 것을 문득 잊으리라. 오늘날 우리를 즐거운 하늘, 기쁜 땅, 웃는 바다, 기꺼운 흙으로 함께 이끌어가 배를 잡고, 허리를 꺾고, 갓끈을 끊고, 밥을 뱉는 동안에 백 가지 병이 다 낫고 만 가지 화합이 스스로 생겨나게 하는 不二 法門이오, 唯一 活路가 어찌 아니리오. 이제부터는 고통의 종자를 뿌리던 鬼卒은 이 鍾馗(종규)의 손에 박살나고, 번민의 불길을 돋우는 獰風(영풍)

은 封姨(봉이)의 소매 속에 들어가, 예전 기질, 예전 모습이 우리 몸 안에 되살아나 깃들 것을 하늘을 가리키며 입증할지라. 책은 비록 작고 말은 비록 짧으나 그 소리는 길고, 그 빛은 크다고 아니하지 못할지라. 그러므로 道人의 無量大功德은 과연 말로 할 수 있는 바가 아니라고 할지로다.

검 토

(1) 총론과 (2) 각론으로 구성되었다. 원문에 번호를 붙이지 않았으나 붙였다고 생각하고 해당 대목을 찾아 읽을 수 있다.

(1)에서 말했다. (11) 웃음의 종류를 나누었다. (12)에서 책을 읽은 방법을 말했다.

(2)에서 말했다. (21) 책이 나온 것이 큰 경사이다. (22) 우리는 원래 웃기를 좋아하고 명랑하며 활달한 기질이라 잘 살았다. (23) 암울한 시기에 모진 시련을 겪으면서 웃음을 잃었다. (24) 너무 비참한 지경에 이르러 기도를 하지 않을 수 없다고 했는데, 이 대목은 생략했다. (25) 책이 웃음을 되찾게 한다.

(11)에서 웃음의 종류를 나누었다. (111) 由情之笑 정을 말미암은 웃음이 있고, (112) 不由情之笑 정을 말미암지 않은 웃음이 있다. (111)은 어떤 정을 나타내고, (112)는 자기도 모르게 나오고 나타내는 것이 없다. (111)은 시비와 평가의 대상이 되고, (112)는 시비와 평가의 대상이 되지 않는다.

(111) 由情之笑 정을 말미암은 웃음은 다시 몇 가지로 나누어진다. (1111) 즐거워서 웃는 常情의 웃음, (1112) 즐겁지 않는데 웃는 反情의

웃음, (1113) 사람에 따라서 다른 異情의 웃음, (1114) 함께 웃는 同情의 웃음이 있다. (1111)와 (1112)의 相反은 웃는 사람이 지닌 정의 특성이다. (1113)과 (1114)의 異同은 웃음을 받아들이는 태도의 차이이다. 네 가지 경우를 적절하게 구분했다.

(1111) 즐거워서 웃는 常情의 웃음, (1114) 함께 웃는 同情의 웃음은 너무나도 당연한 웃음이다. (1112) 즐겁지 않는데 웃는 反情의 웃음 비통, 분노, 번민이, 공포의 정이 격렬하게 일어나 싸느랗고 적막하고 음울하게 웃는 것이다. (1113) 사람에 따라서 다른 異情의 웃음이 생기는 이유는 남녀·노소·장유·귀천이 각기 다르기 때문이다. 이 둘이 있어 웃음은 반드시 즐거운 것이 아니다. 웃음의 성격이 복잡하다.

(112) 不由情之笑 정을 말미암지 않은 웃음에는 어린아이의 웃음, 미친 사람의 웃음, 바보의 웃음이 있다. 이런 웃음까지 함께 든 이유는 분류를 제대로 하기 위한 것만은 아니다. 不由情之笑가 더욱 소중한 웃음이라고 했다.

(12)에서 책을 읽은 방법을 말했다. 由情之笑을 수록한 책을 不由情之笑처럼 읽으라고 했다. (1112) 즐겁지 않는데 웃는 反情의 웃음, (1113) 사람에 따라서 다른 異情의 웃음을 많이 지니고 있는데, (1111) 즐거워서 웃는 常情의 웃음, (1114) 함께 웃는 同情의 웃음으로 받아들이라고 하는 것만으로 부족해 (112) 不由情之笑 정을 말미암지 않은 웃음으로 받아들이라고 했다. 시비와 평가를 피하고, 표리가 다르게 해서 반발을 줄이고 설득력을 높이자는 작전이다.

(2)는 각론이다. (21) 책이 나온 것이 큰 경사이다. (22) 우리는 원래

웃기를 좋아하고 명랑하며 활달한 기질이라 잘 살았다. (23) 암울한 시기에 모진 시련을 겪으면서 웃음을 잃었다. (24) 너무 비참한 지경에 이르러 기도를 하지 않을 수 없다고 했는데, 이 대목은 생략했다. (25) 책이 웃음을 되찾게 한다.

(22)의 행복이 (23)·(24)의 불운과 맞선다. (24)에서는 불운을 기도로 해결하려고 하고, (21)과 (25)은 상응하면서 책이 나온 것이 불운 해결책이라고 했다.

(22) 우리는 원래 웃기를 좋아하고 명랑하며 활달한 기질이라 잘 살았다. (221) 웃기를 좋아하고 명랑하며 활달한 기질이라 비애나 고통을 모르고 살아왔다. (222) 무엇에 걸려 고민하지 않아 용기가 순수함을 간직하고, 무엇에 마음의 상처를 입지 않아 정력이 온전함을 얻었으므로, 구태여 악착스럽게 굴지 않아도 커다란 길이 저절로 열리고, 구태여 고생하지 않아도 하는 일이 순조롭게 추진되었다. 민족의 기질과 전통이 웃음에 있다고 강조해서 말하면서 (23)과 대조가 되게 했다.

(23) 암울한 시기에 모진 시련을 겪으면서 웃음을 잃었다. (231) 악마의 붉은 혀로 저주당한 바 되어, 추풍이 우리 심경을 흔들고 살기가 우리 시야를 황폐하게 했다는 말로 일제의 침략에 의한 수난을 암시했다. (232) 단정·근엄·엄숙·장엄한 君子가 득세한 것을 비꼬아 말했다. (233) 절망이 극도에 이르러 손을 내젓고 발을 움직이면 백 가지가 장애이고, 만 가지나 차질을 빚어, 번뇌 이외에는 가난뱅이가 되고 슬픔 이외에는 쓸데없는 것이 되었다.

(232)에서 군자를 나무란 것은 논리의 비약 같다. 군자는 단정·근엄·엄숙·장엄을 일삼는 기계 같다고 하고, 갑갑하고 무기력하다

고 했다. 군자는 유학자이다. 유학자는 웃음을 억눌렀다. 그 점에서 일제와 같다. 일제 통치하에서 유학자들이 다시 힘을 써서 폐해를 끼쳤다. 이런 주장을 펴면서 유학자를 공격했다.

(232)에서 유학자를 나무랐으나, 『소천소지』는 동시대 여러 재담집에서 한문을 많이 쓴 유일한 예이다. 지금 다루는 서문의 문체나 내용이 유학자의 한문 공부와 깊이 연결되어 있다. 鬼卒은 鍾馗(종규)의 손에 박살나고, 번민의 불길을 돋우는 獰風(영풍)은 封姨(봉이)의 소매 속으로 들어갔다고 했다. 재앙을 일으키는 무리를 더 큰 힘을 가진 귀신이 퇴치했다고 궁벽한 언사를 써서 말했다. 한학 지식을 내세우면서 유학자를 비판하는 이중의 태도를 보였다.

(25) 책이 웃음을 되찾게 한다. (251) 책은 短話 삼백으로 이루어졌다. (252) 책이 본래의 웃음이 되살아나나게 하는 不二 法門이오, 唯一 活路이다. (253) 책은 비록 작고 말은 비록 짧으나 그 소리는 길고, 그 빛은 크다.

(251)에서 말한 "삼백"은 『詩經』의 노래 수와 같다. 재담집이 『시경』과 상통하는 가치를 가진다고 은근히 자부했다. (252)에서 재담 수집과 출판이 탄압을 피하고 검열에 걸리지 않으면서 항일운동을 하는 방법의 하나임을 암시했다.

평가와 계승

위에서 다룬 글 전문을 유산으로 등기하고 자랑스럽게 여겨야 한다. 그러나 어느 대목이든 동일한 가치를 가지는 것은 아니다. 웃음을 由情之笑 즉 정을 말미암은 웃음과 不由情之笑 즉 정을 말미암지 않은 웃음으로 나누고, 정을 말미암은 웃음을 즐거워서 웃는

常情의 웃음, 즐겁지 않는데 웃는 反情의 웃음, 사람에 따라서 다른 異情의 웃음, 함께 웃는 同情의 웃음으로 다시 나눈 것이 특히 값지다. 不由情之笑가 가장 값진 웃음이라는 견해가 더욱 탁월하다.

값진 것을 고이 간직하려고 하지 말고 널리 활용해 가치를 더 보태야 한다. 미비한 대목은 보충하고 새로운 구상을 갖추어 쓰임새를 늘여야 한다. 선조의 유산을 더욱 빛내야 후손의 도리를 제대로 한다. 후손은 못났지만 선조는 잘났다고 하지 말고, 후손이 선조보다 잘났다고 하기를 선조는 바란다. 그렇게 하는 일거리를 몇 개 들어보자.

웃음의 실상에 대해 구체적인 검토를 할 때 그 가운데 어느 쪽인가 가리고 말 것은 아니다. 여러 개념이 공존하기도 하고 표리를 이루기도 해서 복합적인 양상을 빚어낸다. 그것이 웃음의 실상이다. 웃음이 시대 변천과 어떤 관계를 가지는지 고찰하려면 복합적인 양상을 주목해야 한다.

유학자가 웃음을 방해한다고 한 것은 남녀 · 노소 · 장유 · 귀천이 각기 다르기 때문에 異情의 웃음이 있다고 한 대목과 연결된다. 유학자는 남 · 노 · 장 · 귀 쪽이어서 즐겨 웃지 않았다. 앞뒤를 연결시켜 생략된 논의를 보충할 만하다. 그러나 유학자가 이면에서는 웃음을 좋아하기도 하고, 자기비판과 혁신을 거쳐 웃음을 살리는 쪽에 가담하기도 했다. 『소천소지』 책과 서문이 그런 사례이다. 이에 대해 더 많은 논의를 해야 한다.

웃음의 시대, 웃음을 상실한 시대, 웃음을 되찾아야 하는 시대로 민족사의 전개를 이해한 탁견을 이어나가면서 필요한 논의를 더욱 진전시키자. 웃음이 되살아나게 하는 것이 웃으면서 즐겁게 살던 원래의 상태로 되돌아가는 것은 아니다. 절망에서 웃음을 찾는 反情의 웃음을 마치 즐거워서 웃는 同情의 웃음인 듯이, 정을 말미암지 않은 웃음인 不由情之笑인듯이 웃는 반어가 자기 각성의 좋은 방법이면서 훌륭한 풍자이다. 이에 대한 고찰을 깊고 자세하게 해야 한다.

논의의 확대

웃음문화학회는 학계의 신참자이다. 웃음문화를 이론과 실제 양면에서 고찰하는 작업 자체가 학문의 새로운 분야이다. 신참자가 새로운 분야의 연구를 시작하면서 겪는 가난을 유산 상속으로 해결하자고 했다.

다른 분야의 학회는 어떤가? 이미 굳건하게 자리를 잡아 위세를 자랑하는 학회는 유산 상속이 필요하지 않는가? 아니다. 위세를 누리고 있어 부자라고 착각하고 유산 상속을 생각하지 않는 것은 잘못이다. 어느 학문의 어느 분야에도 그 나름대로의 유산이 있으므로 버려두지 말고 찾아내 상속해야 한다.

부자라는 착각은 수입을 많이 해서 더 바랄 것이 없다고 여기기 때문에 생긴다. 남들이 개발한 이론을 수입해서 파는 대리점 노릇을 한 내력이 오래 되고 얻은 이득이 많아 자랑스럽다고 한다. 국내에서 제일이라고 뽐내지만, 지금은 국내외의 학문이 따로 없는 시대가 되었다. 어느 학문이든 세계의 학문이다.

수입을 많이 해서 세계화에 기여한다고 하는 것은 전혀 부당하다. 산업에서는 수출 입국을 부르짖으면서, 학문에서는 수입이 으뜸이라고 하는 억지는 그만두어야 한다. 수입학을 가지고 경쟁력이 있는 수출품을 만들 수는 없다. 국내의 서열 경쟁에서도 선진이 후진이 되고, 후진이 선진이 되는 역전이 일어난다.

수입을 그만두라고 하는 것은 아니다. 수입한 학문을 경쟁력을 갖출 수 있게 재창조해서 국내에서 더 큰 기여를 하고, 밖으로 내보내 수출해야 한다. 수입품 대리점 간판을 내리고 수출품 제조업을 해야 한다. 남다른 장점이 있어야 그럴 수 있으므로, 조상이 남긴 유산을 상속해 새롭게 활용하기 위해 힘써야 한다.

유산 자체가 훌륭해야 그럴 수 있는 것은 아니다. 유산의 가치는 발견하고 활용하는 데 따라서 달라진다. 유산의 가치를 늘이는 데 수입한 학문을 적극 활용해야 한다. 학문을 조상의 유산을 상속해서 얻은 능력으로 재창조해서 원래의 것보다 더 좋게 만들어야 한다. 동서의 지혜를 합치고, 피아의 구분을 넘어서는 커다란 학문을 하는 것을 목표로 하자. 그렇게 하는 데 조상이 남긴 유산 상속이 반드시 필요하다.

토 론

❑ **문**: 웃음이론의 유산 상속이 실제로 얼마나 이득이 되는지 납득하기 어렵다.

❑ **답**: 오늘날의 이론을 만드는 작업을 제대로 하지 못한 채 논의를 끝내서 그렇게 생각되는 것이 당연하다. 웃음 이론 만드는 작업을 더 하면서 수입한 이론을 활용하기도 하고 극복하기도 하는 절차를 거쳐야 하는데 장래의 과제로 남겨두었다. 이론만으로는 이득이 확실하지 않다. 이론의 설계에 따라 제품을 만들어야 측정 가능한 이득이 생긴다.

그런 결과는 오늘 다룬 것과 다른 쪽에서 먼저 나타났다. 상속해야 할 웃음 유산 가운데 하나로 笑謔之戱를 들었다. 최근의 연구를 매개로 그 유산을 상속해서 만든 영화 <왕의 남자>가 대단한 관객을 모아 큰 수입을 올린다. 상속을 잘 했다고 하기 어려운 점이 있다. 과장과 수식이 지나쳐 눈살을 찌푸리게 하지만, 유산 상속이 성공의 이유인 것은 분명하다.

희극의 이론이나 작품 모형을 수입해서 그런 정도로 성공할 수는 없다. 영화의 한 대목에서 중국 京劇을 보여주는 것이 아주 어색하다. 이탈리아의 '코메디아 델 아르테'(commedia dell'arte) 같은 것은 삽입했더라면 더 망쳤을 것이다. 세계적으로 행세하는 공연물을 우리도 갖추어야 한다는 착각은 버려야 한다. 그래야 선진화하고, 세계화하는 것은 아니다.

경극은 중국 사람이, '코메디아 델 아르테'는 이탈리아 사람이 잘 하는 것을 보고 즐기는 데 우리도 참여할 일이다. 우리는 우리가 잘 하는 것을 가지고 세계 많은 사람을 즐겁게 하는 것이 마땅하다. 수입한 이론을 가지고 우리가 잘 하는 공연물을 남들이 보고 즐길 만하게 만들어내지는 못한다.

❑ **문**: 웃음문화학회 창립 모임에 대해서 더 알고자 한다. 다른 사람들은 어떤 발표를 했는가?

❑ **답**: 그 모임에 2백여 명이 참석해 대성황을 이루었다. 학회 창립과 행사 개최에 대해서 모든 신문이 크게 보도한 것도 기억할 일이다. 코미디언 엄용수 교수가 코미디는 가고 개그가 성행하는 풍조를 비판하는 발표를 했다. 방송국의 잘못을 지적하고 시정 요구에 동참하자고 했다.

❑ 문: 무엇이 잘못되었다는 말인가?

❑ 답: 코미디에는 사건이 있는데, 개그는 장기 자랑에 지나지 않는다고 했다. 코미디언은 수십 년 동안 연기생활을 하는데, 개그맨은 장기 자랑이 곧 끝나 소모품이 되고 만다고 했다.

❑ 문: 다품종 소량 생산의 시대에 개그가 맞는 것이 아닌가?

❑ 답: 어느 시대에든지 지속적인 가치가 있어야 한다. 정치 풍자는 코미디라고 일컬어지는 공연물의 영원한 주제이다. 개그는 그 전통과 아주 거리가 멀다. 학회의 모임에서 대통령 풍자에 관한 논문도 발표되었다. 방송매체에 제한이 많아 뜻대로 되지 않은 내력을 말했다. 남보원이 역대 대통령 음성을 흉내 내면서 풍자를 하는 실기를 했는데, 입신의 경지였다. 방송에서는 공연이 가능하지 않아 밤무대에서나 선보일 터이니 아쉽다고 하지 않을 수 없다. 정치 풍자극을 전문으로 하는 극장이 있어야 한다.

❑ 문: 反情의 웃음을 不由情의 웃음인 것처럼 보여주는 반어가 자기 각성의 좋은 방법이면서 훌륭한 풍자라고 한 것이 결론인 듯한데, 구체적으로 어떤 뜻인가?

❑ 답: 바보의 웃음으로 비정상에서 벗어나고자 하는 항변을 나타내는 작전이 으뜸가는 의의를 가졌다는 말이다.

❑ 문: 바보의 웃음은 많이 보아오지 않았는가?

❑ 답: 그렇다. 바보의 웃음으로 끝나 못난 짓에 대한 경멸을 느끼게 하는 것이 잘못이다. 비정상에서 벗어나고자 하는 反情의 웃음을 그 이면에서 감추어두지 못하게 요구하고, 공연자 자신도 웃기는 것만으로 만족해서 그렇게 되었다. 전에는 그렇지 않았다. 소학지희

를 할 때에는 미천한 광대가 국왕 앞에서 정치 풍자를 했다. 그런 전통을 발전시킨 만담이 해방정국에서 강력한 힘을 가졌다. 걸출한 만담가 신불출이 바보짓을 하면서 통렬한 풍자를 일삼아 한 시대를 휘어잡는 기억을 오래 남기고 있다. 만담이 규제의 대상이 되면서 소중한 전통을 잃었다.

❑ 문: 석좌교수가 되어 이 강의를 하고 있다. 석좌교수는 어떤 교수인가? 왜 이런 강의를 하는가?

❑ 답: 고정된 제도에 매이지 않고 무엇이든지 하고 싶은 것을 할 수 있는 교수가 석좌교수라고 규정하고 싶다. 강의하지 않고 연구만 할 수도 있다. 전공 분야의 한계를 넘어서서 무엇이든지 연구하고 강의할 수 있다.

❑ 문: 그렇다면 왜 이런 강의를 하는가?

❑ 답: 하고 싶은 강의를 지어내 계속 새로운 내용을 하고, 누구나 청강할 수 있게 공개하는 것이 오랜 꿈이었다. 정년퇴임을 한 다음에야 꿈을 이룰 곳을 찾아 계명대학교로 오게 되었다. 이제는 힘이 모자라지만 최선을 다하고 있다.

❑ 문: 학사과정 학생들이 듣기에는 너무 어려운 강의가 아닌가?

❑ 답: 어려운 강의는 결코 아니지만, 교양이나 지식이 아닌 학문을 위한 강의이다. 학문을 할 생각이 없는 학생들은 부담스럽게 생각될 수 있다. 오늘날 대학은 학문의 전당이라는 간판을 내리지 않았으면서도, 실용을 앞세우고 학문을 멀리 한다. 이치를 심각하게 따지려고 하지 않고, 기존의 지식을 쉽고 재미있게 전달하는 강의를 하라고 요구한다. 수강생이 적어 폐강이 되면 교수 자리가 위태로워

진다. 그런 압력에서 벗어난 자유천지가 이 강의이다. 학문에 뜻을 둔 학생은 전공이나 학년을 가리지 않고 수강하도록 해서, 대학이 잘못되고 있는 폐단을 시정하는 데 기여하고자 한다.

본교 출신 교수가 교수 총원의 3분의 1 정도 되는 것이 이상적인 숫자이다. 그래야 대학이 안정과 변화를 함께 갖춘다. 계명대학교 출신의 계명대학교 교수들이 다른 대학 출신의 계명대학교 교수들보다 우수해야 주인 노릇을 제대로 한다. 잘 가르쳐 그럴 수 있게 하는 것이 이 강의의 일차적인 임무이다.

이차적인 임무 또한 긴요하다. 이 강의는 널리 개방된 공개강의이다. 인터넷을 통한 동참자가 국내뿐만 아니라 외국에도 있다. 다른 대학 또는 대학원에서 공부하는 학생들에게도 널리 도움을 주고, 이미 학문을 하고 있는 인재들과 공동의 관심사를 논의하는 것도 중요한 과제이다.

제7강 儒·佛·道家의 사고형태

시빗거리

중국 山東大學에 가서 집중강의를 할 때 있었던 일을 하나 먼저 말하겠다. 강의실 밖 교정에 서 있는 孔子의 석상을 가리키면서 말했다. 저기 서 있는 공자는 원래 魯나라 사람이었는데 중국 사람이 되는 데 5백년 걸렸다. 그 뒤 다시 5백년이 지나 동아시아 사람이 되었다. 이제 공자를 세계인이 되게 하는 것이 동아시아 사람들이, 중국인이니 한국인이니 가리지 말고 함께 힘쓸 일이다.

한국에는 공자를 이름부터 현재의 중국어 발음으로 읽어 중국인으로 되돌려야 한다는 사람도 있다. 공자가 죽어야 나라가 산다고 소리 높여 외치기도 한다. 양쪽 다 공자는 세계인일 수 없다고 한다. 그러면 누가 세계인가? 소크라테스·플라톤·아리스토텔레스는 세계인이지만 공자는 세계인일 수 없다고 해서, 세계인의 자리를 온통 유럽문명권에 내어준다. 그 쪽에서 세계화를 주도하는 것이 당연하니 이끌려 다니면서 피해자 노릇을 해도 어쩔 수 없다고 한다.

소크라테스·플라톤·아리스토텔레스는 원래 아테네인이었다

가 그리스인이 되고 다시 유럽인이 되는 과정을 거쳐 마침내 세계인 노릇을 하고 있다. 세계인은 누가 독점할 자리가 아니다. 유럽인들만 세계인일 수 있다고 하고 동아시아인은 그럴 수 없다고 하는 것은 잘못이다. 유럽뿐만 아니라 동아시아인도 어지간하게 훌륭하면 세계인이라고 해야 한다. 유럽과 동아시아가 아닌 다른 여러 문명권에서도 세계인이 많이 있다고 해야 한다.

유럽문명권이 세계를 지배해온 불행한 역사를 이제는 청산해야 한다. 세계사를 차등의 관점이 아닌 대등의 관점에서 이해해, 평가하고 계승해 마땅한 공유재산을 늘려나가야 한다. 우리가 그렇게 하는 데 앞장서기를 간절하게 바라고 교육의 혁신을 제안한다. 균형 잡힌 시각으로 인류 문명의 유산을 이해하고 새로운 창조를 위한 원천을 찾는 교육을 해야 한다. 그 가운데 대학 교양교육을 바로잡는 것이 가장 긴요한 과제이다.

공자뿐만 아니라 老子나 釋迦도 세계인일 만하다. 동아시아 또는 아시아 전체의 후대의 학자들 가운데도 세계인 유자격자를 여럿 찾아내 인류 전체를 위해 기여할 수 있게 해야 한다. 세계사의 파행적 진행을 바로잡아야 한다. 가만두면 저절로 그렇게 되는 것은 아니다. 연구하고 평가해서 가치가 발현될 수 있게 해야 한다.

세계인이게 한다는 것은 보편적인 가치를 확인하고 이어받자는 말이다. 삶의 자세를 되돌아보고, 생각의 틀을 마련하고, 이치를 탐구할 때 도움이 되는 바 있어 계속 되돌아보자는 것이다. 이미 있어온 자산을 새롭게 이용하는 것이 창조이다. 자산은 많을수록 좋은데 지나치게 엄격하게 감정해 닥치는 대로 불합격시켜 쓰레기통에 버리는 것은 어리석다. 유럽문명권에서는 웬만한 유산은 모두 찾아내

갈고 다듬어 가치를 보태 세계에 내놓고 자랑한다. 동아시아에서는 유산 버리기를 일삼는 것은 열등의식이나 패배의식 탓이다. 유럽문명권이 세계 자체이거나 세계의 중심이고, 우리는 그 주변에 밀려나 있는 초라한 존재라는 그릇된 생각을 이제 버려야 한다. 세계에는 고정된 중심이 없고, 역사 발전의 주동자는 교체된다.

어느 쪽의 유산이 그 자체로 더 낫다고 하기는 어렵다. 그러나 유용성은 가릴 수 있다. 유럽문명권의 유산에도 소중한 것들이 많지만, 거의 다 써먹어 새삼스러운 약효가 남아 있지 않다. 뒤늦게 열심히 공부해도 얻을 것이 별반 없다. 이미 해놓은 연구를 받아들여 찬사를 보태는 것은 연구가 아니다.

동아시아의 유산은 근대에 들어서면서 돌보지 않고 버려두어 새롭게 활용할 수 있는 가치가 많이 남아 있다. 유럽문명권의 유산은 근대를 이룩하는 데 긴요하게 쓰였고, 동아시아의 유산은 근대를 극복하고 다음 시대를 이룩하는 지침으로 활용할 수 있다. 부당하게 폐기된 설계도를 찾아내 새로운 집을 짓는 데 쓸 수 있다. 이 일을 누구나 할 수 있지만 멀리 있는 이들보다 우리가 더 잘 한다.

대상과 방법

공자를 앞에다 내놓았지만 공자만 다루자는 것은 아니다. 儒·佛·道를 함께 든다. 儒·佛·道는 옛 사람들이 三敎라고 하던 유가·불가·도가의 학문이다. 그 셋을 원천이 되는 저술을 들어 고찰하면서 생각의 틀로서 어떤 의의가 있는지 말하고자 한다.

왜 셋을 함께 드는가? 崔致源이 <鸞郎碑序>에서 이 나라의 玄妙之道가 그 셋을 다 포함한다고 했듯이 儒·佛·道는 일찍부터 우리 생각 속에 깊이 들어와 있다. 동아시아의 공유재산이 되고 우리 사상으로서 큰 구실을 했으니 연원을 되돌아보아야 한다.

그 셋은 다 필요하고, 함께 있어야 한다. 셋 가운데 어느 하나를 절대화하고 다른 둘은 배척하면 편협해진다. 어느 하나를 종교의 교리로 삼아 보편적인 사고를 할 수 없게 하는 것을 바라지 않는다. 지금부터 전개하는 논의가 특정 종교 옹호론으로 오해될 여지를 아주 없앤다.

儒·佛·道는 크게 보면 세 가지 공통된 내용이 있다. (가) 나날이 살아가는 자세를 말한다. (나) 이치를 탐구하고 논의하는 데 필요한 생각의 틀을 제공한다. (다) 사람이 지닌 근본적인 고민을 해결하는 방안을 말한다.

이 셋에 관해 어느 정도의 관심을 보였는가는 서로 다르다. 유가는 (가)에 큰 비중을 두고, (다)는 상대적으로 소홀하게 여겨 특별한 방책을 제시하지 않았다. 불가는 (가)는 버려두고, (다)로 나아가는 깨달음의 길을 힘써 말해주려고 했다. 도가는 그 둘의 중간 정도의 위치에 서서 (가)나 (다)보다는 (나)에 대해서 더 많은 관심을 보였다.

(나)는 셋을 함께 논의할 수 있는 공통된 영역이며, 재평가해서 이어받아야 할 소중한 유산이다. 유가에서 말하는 (가) 나날이 살아가는 자세는 오늘날 와서 그대로 통용되지 못할 점이 많아 지속적인 가치를 가진다고 하기 어렵다. 불가에서 말한 (다) 사람이 지닌 근본적인 고민을 해결하는 방안은 종교관이 다르면 받아들일 수 없다. 그러나 (나)는 지속적인 의의를 지닌다. 이치를 탐구하고 논의하는 데 필요한 생각의 틀을 제공하는 구실을 계속해서 한다.

(가)와 (나)는 사상의 내용이라면, (다)는 방법이다. 내용은 상대적

인 의의를 지니고 시대적인 한계가 있게 마련이지만, 방법은 언제나 새로울 수 있다. 지금 우리에게 절실하게 필요한 것은 방법이다. 창조적인 사고를 스스로 할 수 있는 방법을 얻는 것이 긴요하다.

유·불·도가의 사상의 전폭을 다루는 것은 무리이다. 으뜸이 되는 고전 하나씩만 들기로 하고, 유가의 『論語』, 불가의 『金剛經』, 도가의 『老子』를 선택한다. 孔子(기원전 551-479)의 말을 기록한 『論語』는 유가사상의 경전이다. 『金剛經』은 불교의 기본경전 가운데 하나이며 선종에서 특히 중요시한다. 기원후 150년 또는 20년 이전에 성립되었으리라고 추정되며, 402년부터 412년 사이에 鳩摩羅什이 한역한 것을 널리 이용한다. 『老子』의 저자로 알려진 老子는 공자가 예를 물었다고 한 말이 있으나 확실하지 않고, 기원전 400년경에 생존한 것으로 추정된다.

이 셋은 저술의 성격이나 이루어진 시기는 상당히 다르지만, 유·불·도가의 기본경전 노릇을 하는 점이 일치해 함께 다루면서 견주어 살필 만하다. 전모를 고찰하자는 것은 아니다. 생각의 틀을 말해주는 대목만 골라서 논의하면서 과거형이 아닌 현재형을 사용해 우리 자신이 지금 하는 말로 삼기로 한다.

이 세 저작에 관한 연구는 엄청나게 많다. 그래도 문제점이 많아 논란이 계속된다. 기존연구를 들어 논란을 시비하기로 한다면 일생을 허비하고서도 얻은 바가 많지 않을 수 있다. 번거로운 절차를 벗어던지고 그냥 책을 읽으면서 생각하기로 한다. 독서의 즐거움을 맛보고 발상의 자유를 누리고자 한다.

진부한 설명, 안이한 교훈에서 벗어나 신선한 발상을 얻어야 한다고 다짐한다. 갑갑함을 떨쳐버리고 신명난 이야기를 하자. 복고주의에 안주하고자 하는 유혹을 물리치고 미래를 향한 창조의 길을 열고자 한다. 고인의 슬기를 새롭게 받아들여 다시 만드는 오늘날의 노력이 남달라야 그럴 수 있다.

고전을 읽어야 한다고 한다. 고전을 버려두고 오늘날 것만 찾아 생각이 천박해지고 가치관이 혼란되었다고 개탄한다. 고전 읽기를 가장 중요한 공부로 삼아야 한다. 이런 주장에 호응하면서 고전 읽기의 방법을 바꾸어야 한다고 주장한다.

고전을 아득히 우러러보고 존경심을 더 키우면서 우리는 초라하다고 하려고 고전을 읽는 것은 아니다. 그런 짓은 그만두어야 한다. 젊은 학생들이 싫어하는 것이 당연하다. 쓴 약을 억지로 먹이듯이 고전 읽기를 강요하면 역효과가 커질 따름이다. 쉽게 친해 속마음을 주고받는 친구라고 여길 수 있어야 고전을 가까이 할 수 있다.

부담스럽게 여기지 말고 고전을 가까이 하라고 훈계하기만 하면 할 일을 다 하는 것은 아니다. 스스로 모범을 보여야 말할 자격이 있다. 교육은 말로 한다. 말을 잘 하면 교육을 잘 하는 것이 아니다. 실행이 따라 말이 말 값을 해야 교육이 이루어진다. 여기서 내가 하는 것을 보고 학생들은 각자 자기 좋은 대로 다른 작업을 해보라고 하는 것이 가르치는 방법이다.

빠지면서 읽기에서 따지면서 읽기로, 따지면서 읽기에서 쓰면서 읽기로 나아가야 한다. 토론의 과정을 거쳐 내 생각을 얻어내는 것이 읽기의 도달점이다. 고전은 그렇게 할 수 있는 가능성을 특히 많이 지녔기에 거듭 읽히는 책이다. 오랫동안 많은 독자가 읽고 싶은 대로 읽어 자기 것을 만든 생각의 원천을 제공하는 책을 지금 나는 내 나름대로의 창조를 위해 활용한다. 이 얼마나 신나는 일인가!

『論語』에 길을 물어

『논어』에는 '學'에 대한 말이 많다. '學'을 첫 글자로 하고, "學하고 때때로 익히면 이 또한 즐겁지 않는가"(學而時習之 不亦說乎, <學而>)라고 했다. "내 일찍 종일토록 먹지 않고 밤 내내 자지 않고 생각해보아도 무익하고, 學만한 것이 없다"(吾嘗終日不食 終夜不寢 以思 無益 不如學也, <衛靈公>)고 해서 學을 대단하게 여겼다.

'學'을 무엇이라고 할 것인가? '배움'이기도 하고, '공부'이기도 하다. '배움'은 스승에게서 얻는다. '공부'는 스스로 한다. 둘 가운데 하나를 택하라면 '공부'가 좋다. 공부에는 스승에게서 얻는 것도 포함되지만, 배움에는 스스로 얻는 것이 포함되지 않기 때문이다.

'학'을 학문이라고 하는 것이 한층 적극적인 해석이다. '학문'은 '학'에 '問'이 붙은 말이다. 한문으로 글을 쓸 때에는 '학'일 수도 있고 '학문'일 수도 있었다. 우리말로 말을 할 때에는 단어를 이루는 글자가 두 자는 되어야 하므로 '문'이 붙는다.

'학문' 두 자를 각기 이해하고, '문'의 의미를 다시 찾는 새로운 해석도 가능하다. 공부하고 탐구해서 얻은 바를 묻고 대답해 검증하는 행위까지 학문에 포함한다고 할 수 있다. 학문이라는 말이 지금은 이렇게 쓰인다. 학자라는 사람들이 하는 전문적인 행위를 학문이라고 한다.

그렇게까지 따지는 것은 지나치다. 전후의 사정을 고려해서 적절한 규정을 내리는 것이 마땅하다. 『논어』에서 말한 '學'이란 학문의 기초가 되는 공부이다. 학문이라고 하면 의미가 너무 확대되니 공부라고 하기로 하자. 우리 자신이 공부하는 자세와 방법을 되돌아보기 위해 『논어』와 대화를 하자.

"내 일찍 종일토록 먹지 않고 밤 내내 자지 않고 생각해보아도 무익하고, 學만한 것이 없다"라고 한 구절을 다시 보자. 앞에서 한 말이 무슨 뜻인가? 먹지 않고 자지 않고 생각해도 무익했다는 것은 공부가 아닌 다른 일 예컨대 돈을 번다거나 출세를 한다거나 하는 것들은 공부만 못하다는 말일 수 있다. 딴 맘먹지 말고 공부하라는 말로 이해된다.

공부하지 않고 생각을 하는 것은 올바른 탐구의 방법이 아니라는 말로도 이해된다. 다른 스승들과 비교해보면 이런 뜻이 드러난다. 예수는 기도하라고 하고, 석가는 명상하라고 했는데, 공자는 공부하라고 했다. 먹지 않고 자지 않고 기도하거나 명상하지 말고 먹고 자면서 공부하라고 공자는 말했다는 새로운 해석이 가능하다.

공부는 누가 하는가? 모든 사람이 한다고 하지 않았다. "실행하고 남은 힘이 있으면 글공부를 한다"(行有餘力, 則以學文, <學而>)고 한 말에서 공부할 사람의 자격을 규정했다고 할 수 있다. 행실에서 모범을 보이는 사람은 공부를 하는 선비가 될 수 있다고 했다. "선비가 도에 뜻을 두고 험한 옷 거친 밥을 부끄럽게 여기는 사람은 더불어 이야기할 상대가 아니다."(士志於道 而恥惡衣惡食者 未足與議也, <里仁>) 일단 공부의 길에 들어선 선비는 어떠한 어려움이라도 이겨내야 한다고 했다.

공부가 무엇인지 깊이 이해하기 위해 더 나아가보자. 공부만 하고 생각은 하지 말라는 것인가? 아니다. "공부하면서 생각하지 않으면 막히고, 생각하면서 공부하지 않으면 위태롭다"(學而不思則罔 思而不學則殆, <爲政>)라고 했다. 공부는 스승에게 배워서 하는 것이라면 생각은 자기 스스로 하는 것이다. 공부는 대상으로 향하고, 생각은 자기 자신에게로 되돌아온다. 공부가 지닌 두 가지 한계를 생각으로 시정해야 한다고 했다.

"아침에 道를 들으면 저녁에 죽어도 좋다."(朝聞道 夕死 可矣, <里仁>), "아는 것은 좋아하는 것만 못하고, 좋아하는 것은 즐기는 것만 못하다."(知之者 不如好之者 好之者 不如樂之者, <雍也>). 이 두 말은 상반된다. 공부의 양면을 말했다고 보면 합치될 수 있다.

공부의 내용은 道이다. 도는 듣는다고 했다. 스승이 말해주는 도를 듣는 것이 공부이다. 도를 들으면 죽어도 좋다고 했다. 안다고 한 것은 들어 알기보다 스스로 아는 쪽이다. 스스로 알아야 좋아할 수 있고, 즐거워할 수 있다. 아침에 도를 듣고 저녁에 죽는 것보다 스스로 알아 즐거워하는 것이 더욱 바람직하다. 들어 알지 않고 깨달아 알아야 즐겁다.

공부에는 올바른 것도 그릇된 것도 있다. 옳고 그른 것을 두 가지 기준에서 판별했다. 옛적의 공부와 지금의 공부 가운데 옛적은 옳고 지금은 그르다고 했다. 군자의 공부와 소인의 공부 가운데 군자는 옳고 소인은 그르다고 했다.

그 이유가 무엇인가? 자기 충실이 올바른 길이고 남들의 평가를 기대하는 것은 그릇되다. "옛적에 공부하는 사람은 자기를 위하고, 지금의 공부하는 사람은 타인을 위한다." (古之學者 爲己 今之學者 爲人, <憲問>) "(원하는 바를) 군자는 자기에게서 구하고, 소인은 타인에게서 구한다."(君子 求諸己 小人 求諸人, <衛靈公>)

자기를 위하거나 자기에게서 구한다는 것은 자기 충실이다. 타인을 위한다거나 타인에게서 구한다는 것은 자기 기만이다. 타인의 평가나 인정을 바라고 그 덕분에 명리를 얻으려고 하는 태도이다.

자기 충실을 하려면 헛된 마음을 바로잡아야 한다. 자기를 극복해야 한다. "자기를 이겨내고 禮로 돌아가는 것이 인의 실행이다"(克己復禮 爲仁, <顔淵>)

자기에게 충실해 마음을 바로잡는 길은 기본적으로 하나이지만 각기 다르게 추구할 수 있다.(性相近也 習相遠也, <陽貨>) 올바른 행실이 각기 다를 수 있다는 것을 군자는 인정한다. 소인은 그렇지 못해 모두 같아져야 한다고 한다. "군자는 화합하면서 같지 않고, 소인은 같으면서 불화한다."(君子 和而不同 小人 同而不和, <子路>) 같지 않아도 화합하는 것이 바람직한 공부의 길이고 삶의 태도이다. 같아야 한다고 불화하는 것은 소인의 짓이다.

"군자는 그릇이 아니다"(君子 不器, <爲政>)라는 말에 많은 것이 함축되어 있다. "소인은 그릇이다"라고 하는 대조법은 너무나도 명백하니 생략되어 있다. 그릇이란 생김과 크기가 일정해 어느 한 가지에 쓰인다. 기능적인 지식을 일컫는 말이다. 생김과 크기가 정해져 있지 않아 어디에도 적용되는 포괄적이고 총체적인 공부를 하는 것이 군자의 길이다.

그러나 생각이 다양해야 한다고 한 것은 아니다. "나의 도는 하나로 일관한다"(吾道 一以貫之, <里仁>)고 해서, 모든 것을 하나의 원리로 일관되게 포괄해야 한다고 말했다. 일관된다는 것은 가치관을 분명하게 해서 흔들림이 없어야 한다는 뜻이다. 가치관을 분명하게 하려면 "반드시 이름을 바르게 해야 하느니라"(必也正名乎, <子路>)라고 했다.

이 대목에 나오는 '正名'에 언어 사용에 관한 유가의 견해가 집약되어 있다. 이름을 바르게 해야 가치관이 분명해진다고 하는 데 그치지 않고 사물과 이름의 관계, 이름 사용의 방법 등을 규정한다. 사물에는 반드시 바른 이름이 있다고 하고, 바른 이름을 찾으면 직설법으로 말할 수 있으므로 우회적인 표현은 필요하지 않다고 한다.

이름에 관한 견해는 말에 관한 것으로 연결된다. "덕이 있는 사람은 반드시 말이 있지만, 말이 있는 사람은 반드시 덕이 있는 것은 아니다"(有德者必有言 有言者 不必有德, <憲問>) 이 대목에서 보이는 '必言'은 正名의 실현이다. 正名의 경지에 이르러 가치관을 바르게 한 사람은 '名'을 '言'으로 나타내게 마련이다. 그러나 '名'은 본체이고 '言'은 활용이므로, 必言이면 正名인 것은 아니다. 공부하지 않고 덕이 없으면서 말 잘 하는 것은 경계할 일이다. "말을 교묘하게 하고 얼굴을 꾸미는 자가 어진 경우는 드물다"(巧言令色 鮮矣仁, <學而>)고 했다.

말과 사연, 표현과 내용의 관계를 좀 더 분명하게 할 필요가 있다. 하나는 '質'이라고 하고 또 하나는 '文'이라고 하고, "질이 문을 이기면 촌뜨기이고, 문이 질을 이기면 글쟁이이며, 질과 문이 함께 빛나야 군자다"(質勝文則野 文勝質則史 文質彬彬 然後君子, <雍也>)고 했다. 촌뜨기는 세련된 표현을 하지 못한다. '史'는 국가의 기록을 관장하는 사람인데, 역사가가 아니고 글쟁이이다. 글은 잘 써도 내용이 없다. 그 어느 쪽도 아니고, 말과 사연, 표현과 내용을 함께 잘 갖추는 것이 군자의 길이다.

『논어』를 읽어 얻은 바를 정리해보았지만 어수선하다. 그 이유는 우선 『논어』 자체에 있다. 이 말 저 말 닥치는 대로 한 것들을 순서와 체계를 잡아 온통 바꾸어놓기 어렵다. 이해 방법에도 잘못이 있다. 『논어』를 다른 책들과 견주어보아야 문제점과 특징이 무엇인지 밝혀진다.

『金剛經』에서 말하기를

『금강경』 서두에서 여래에게 제자가 물었다. "선남자 · 선여인이 아뇩다라라삼막삼보리의 마음을 내려면 마땅히 어떻게 머물러야 하며, 어떻게 마음이 항복하게 해야 합니까?"(善男子善女人 發阿耨多羅羅三藐三菩提心 應云何佳 云何降伏其心, <善現起請分>) 우선 질문을 차근차근 따져보자.

"선남자 · 선여인"은 착한 마음을 지닌 훌륭한 사람이다. 불도를 닦고자 하고, 닦을 수 있는 사람이다. 『논어』에서 말한 '군자'와 견주어보자. 이제 비교고찰을 시작한다. 비교의 대상들 사이의 거리가 멀면 밝혀지는 사실의 폭이 넓다.

선하다는 것은 예사 사람이 가질 수 있는 특징이다. 지체와 관련이 없는 마음가짐이다. "실행하고 남은 힘이 있으면" 군자가 되는 공부를 한다고 한 조건이 없다. 군자는 소인과 구별되는데, 선남자 · 선여인에게는 그런 상대어가 없다. 선남자만 말하지 않고, 선여인도 들어, 남자뿐만 아니라 여자도 불도를 닦을 자격이 있다고 한다. 상하평등과 남녀평등을 함께 말하니 놀랍다.

선남자 · 선여인은 '아뇩다라라삼막삼보리의 마음'을 지니는 것이 마땅하다고 한다. 그것은 다를 말로 '菩薩乘' 또는 '無上正等覺'이라고 한다. 깨달은 마음이라는 말이다. 깨달으면 '無量無邊功德'이 있다고 한다. 이런 이치를 갖추면 菩薩이 된다고 한다.

출발점에 선 선남자 · 선여인은 예사 사람과 그리 다르지 않아 군자보다 낮다고 하겠지만, 보살이 된다는 도달점은 군자가 되는 것보다 월등하게 높다. 출발은 쉽고 도달은 어렵다고 하는 것과 중간 수준의 목표를 정하는 것 가운데 어느 쪽이 바람직한지 쉽사리 판정할 수 없다. 무엇을 해야 하는가가 문제이다.

'無上正等'이라는 수식어가 붙은 '覺'은 『논어』에서 말한 공부의 내용인 道와 많이 다르다. 추구하고 탐구하는 자세를 말한 점은 같으나 學이 아닌 覺을 말했다. 마음을 바르게 하는 방법을 알고 실현하는 것이 覺이다. 스승에게 의지하지 말고 스스로 깨달아야 한다는 점을 더욱 강조했다. 스승이 하는 말에 매이면 그릇된다고 거듭 일렀다.

"마음이 항복하게" 한다는 것은 "자기를 이긴다"는 것과 상통한다. 목표로 하는 바를 이루려면 마음을 그대로 두지 않고 규제하고 제어해야 한다고 이쪽에서도 말한다. 그러나 자기를 이기고 "禮로 돌아간다"고 한 것과는 많이 다르다.

『논어』에서는 道의 실행이 禮이다. 道가 본체라면 禮는 활용이다. 『금강경』에도 그 둘과 상통하는 것이 있다. 道와 상통하는 것은 法 또는 佛法이다. 깨달음의 내용을 이렇게 일컫는다. 禮와 상통하는 것은 布施이다. 깨달음은 그 자체로 끝나지 않고 다른 사람들을 위해 봉사하는 보시로 실현된다.

道는 분명히 있는 것이지만 法은 있지 않다고 부인한다. 법을 말하고서 말하지 않았다고 한다. "나는 아뇩다라라삼막삼보리에 관해서 조그마한 法이라도 얻은 것이 없으므로, 이것을 아뇩다라라삼막삼보리라고 부른다."(我於耨多羅羅三藐三菩提 乃至無有少法可得 是名耨多羅羅三藐三菩提, <無法可得分>) "이른바 佛法이라는 것은 즉 佛法이 아니다".(所謂佛法者 卽非佛法, <依法出生分>) "여래가 말한 法

은 취할 수 없고, 말할 수 없으며, 非法이며 非非法이다".(如來所說法 皆不可取 不可說 非法 非非法, <無得無說分>) 이렇게 말하는 이유가 무엇인가?

"무릇 相이 있는 것은 다 허망하나니, 모든 相이 相이 아님을 알아보면 바로 여래를 보느니라"(凡所有相 皆是虛妄 若見諸相非相 卽見如來, <如理實見分>)고 하는 것이 깨달음의 내용이고 法이기 때문이다. "여래가 설한 法은 實도 없고 虛도 없다"(如來所說法 此法無實無虛, <離相寂滅分>)고 하지 않았는가. 法을 法이라고 하면 實이 있으므로 法이 아니다. 實이 없다고만 하면 虛에 머무르니 그것도 法이 아니다.

법의 실현인 보시를 들어 말하면 논의가 진전된다. "마땅히 머무른 바가 없이 보시를 행할지니, 이른바 색에 머무르지 않는 보시이고, 소리 · 향기 · 맛 · 촉각에 머무르지 않고 보시하라"(應無所住 行於布施 所謂不住色普施 不住聲香味觸味法普施, <妙行無住分>)고 했다. 보시는 이유나 조건을 따지지 않고 결과에 대한 기대를 버려야 한다. "마땅히 머무르는 곳이 없으면서 마음을 내라"(應無所住 而生其心, <莊嚴淨土分>)는 것이 모든 실천 행위를 위한 지침이다.

"모든 相이 相이 아님을 보면 바로 여래를 보느니라"(若見諸相非相 卽見如來)고 한 말을 다시 주목하자. 이것을 "아침에 道를 들으면 저녁에 죽어도 좋다"고 하는 것과 견주어보자. 視相이 아니고 見相이며, 聽道가 아니고 聞道인 것은 당연하다. 육안으로 보는 視가 아닌 심안으로 보는 見을 해야만 감각적으로 드러난 것 이면까지 꿰뚫어 실상을 알 수 있다. 視는 '보다'이고, 見은 '알아보다'이다. 肉耳나 心耳는 없는 말이지만 지어내서 말할 수 있다. 道는 육이로 聽할 수 없고, 심이로 聞해야 한다. 聽은 '듣다'이고, 聞은 '알아듣다'이다.

진리는 감각 기관으로 인식할 수 없고 내면의 이해를 갖추어야 인식된다고 한 점은 같다.

그러면서 '聞道'와 '見相'은 몇 가지 점에서 중요한 차이가 있다. 聞道의 聞은 말해주는 사람이 있어서 듣는다는 뜻이다. 스승에게서 전수받는다는 것이다. 聞道의 道는 스승이 이해하고 정립한 진리이다. 見相의 見은 자기 스스로 보는 것이다. 등장인물이 하나뿐이다. 見相의 相은 자기 스스로 보는 대상이다. 자력으로 볼 수 있어야 본다. 공부와 깨달음의 차이가 있다. 공부는 가르침을 받아 하고, 깨달음은 스스로 얻는다.

聞道와 見相이 또 다른 점은 언어 사용 여부이다. 聞道는 도에 관해서 하는 말을 듣는다는 뜻이다. 말을 매개로 하지 않고 도 자체를 바로 듣는 것은 불가능하다. 見相에는 말이 필요하지 않다. 相은 말이 아니고 모습이다. 見相한 것을 다른 사람에게 전달할 때 그 사람도 볼 수 있으면 손가락으로 가리키기만 하면 된다. 그러나 그 사람은 보지 못하면 말로 전달해야 한다. 본 것을 말로 전달하려고 하면 언제나 말이 부족하고 빗나갈 수 있다.

聞道는 말을 정확하게 구사하고 정확하게 알아들어야 가능하다. 그래서 正名을 내세웠다. 말을 함부로 바꾸지 말아야 진리가 전달된다. 그런데 見相한 바를 전달하는 말은 경우에 따라 달라져야 한다. 말의 일관성보다 전달의 효과가 더욱 소중하다. 더구나 見相이 일정한 모습을 보는 것이 아니고, "모든 相이 相이 아님을 보면 바로 여래를 보느니라"(若見諸相非相 卽見如來)라고 했다. "이다"라고 말하지 말고 "아니다"라고 말해야 한다.

이름을 바르게 해야 가치관이 분명해지는 것은 아니다. 이름에 매이면 실상을 보지 못한다. 사물에는 반드시 바른 이름이 있다는 것은 잘못이다. “여래가 설하는 세계는 세계가 아니므로 세계라고 이름 짓는다”(如來說世界 非世界 是名世界, <如法受持分>)고 했다. 이름은 사물과 어긋나므로 이름을 버려야 실상을 안다. 바른 이름이란 없기 때문에 직설법을 버리고 우회적인 표현을 해야 한다. 말이라는 방편을 경우에 따라 다르게 써야 한다.

그러면 석가여래는 왜 말을 많이 했는가? 석가여래가 한 말을 기록한 것이 경전인데, 경전의 내용이 모두 허위인가? 이런 의문이 제기된다. 이에 대한 해답이 “내가 설한 法은 뗏목에다 견줄 것이니, 法도 마땅히 버려야 하거늘 하물며 非法이야”(知我說法 如筏喩者 法尙應捨 何況非法, <正信希有分>)라고 하는 것이다. 뗏목은 물을 건널 때 필요하다. 물을 건너고 나면 뗏목을 버려야 한다. 뗏목에서 떠나가지 못하면 물을 건넌 보람이 없다. 法이라고 하는 실체도 버려야 하거늘 뗏목에 지나지 않는 언어표현은 非法에 지나지 않으니 말할 나위가 없다.

正名과는 반대가 되는 이런 언어관을 무어라고 하는지 『금강경』에는 말이 없다. 이름 짓는 것이 허망하다고 여겨 이름 짓지 않은 것이 당연하다. 正名은 正名이라고 해야 正名이다. 그 반대의 언어관은 이름이 없어야 그 반대이다. 그러나 經이 아닌 論이나 疏에서는 이치를 따져야 하니 이름 짓는 것이 불가피해서 ‘假名’이라고 했다.

“空이라고 말해도 되지 않고 空이 아니라고 해도 되지 않아, 둘 다 말하기 어려우므로 다만 가명으로 말한다”(空則不可說 非空不可說 共不共叵說 但以假名說)라고 龍樹의 『中論』에서 말했다. “모든 언설은 假名에 지나지 않아 實性과 떨어지지 않을 수 없다”(諸言說唯是

假名 故於實性 不得不絶)고 元曉는 『大乘起信論疏』에서 말했다. 假名은 말한 그대로는 진실이 아니고, 진실을 일러주기 위한 방편에 지나지 않는다.

『老子』를 불러와야

『노자』는 서두에서 많은 말을 해서 읽기 부담스럽다. 아주 어려운 책이라는 인상을 주지만, 차근차근 따져보면 이해하는 길이 열린다. 그 자체로 논란을 벌이느라고 누적된 의문이 앞의 둘과 비교하면 쉽사리 풀린다. 그 덕분에 앞의 둘도 더 잘 알 수 있게 된다. 삼자대면이 진상 해명에 아주 유익하다.

"道를 道라고 할 수 있는 것은 常道가 아니고, 名을 名이라고 할 수 있는 것은 常名이 아니다. 無名은 천지의 시작이고, 有名은 만물의 어머니다. 그러므로 常無로 그 妙를 觀하려고 하고, 常有로 그 끝을 觀하려고 한다. 이 둘은 같은 데서 나왔으면서 이름이 다르다. 같게 말하면 玄이라고 한다. 玄하고 또 玄하니 衆妙의 문이다." (道可道 非常道 名可名 非常名 無名 天地之始 有名 萬物之母 故常無欲以觀其妙 常有欲以觀其徼 此兩者 同出而異名 同謂之玄 玄之又玄 衆妙之門, 제1장)

서두가 이렇다. 먼저 道와 名에 관해 말한다. 道는 진리의 내용이라면 名은 그것을 지칭하는 이름이다. 道를 道라고 할 수 있는 것은 常道가 아니라고 한다. 무슨 뜻인가? "道를 道라고 할 수 있는 것은 道가 아니다"라는 말을 강조하기 위해서 뒤의 道에 "常" 자를 붙였다고 생각된다. 常道는 변하지 않는 참된 道라는 말이다. 道를 道라고 할 수 있는 것은 道 같이 생각되지만 진정한 道는 아니다. 道는 道라는 말로 포착되지 않는다는 말로 이해된다.

名에 관해서도 같은 말을 한다. 名이라고 할 수 있는 것은 제대로 된 名이 아니다. 道를 道라고 할 수 있는 것은 道가 아니니 "道라고 할 수 있는" 것을 名으로 나타낸다고 해서 진정한 名이 될 수 없다. 당연한 말을 덧붙인 이유는 名에 대한 고찰이 그것대로 긴요하기 때문이다.

"無名은 천지의 시작이고, 有名은 만물의 어머니다"는 그 다음 대목에서는 두 가지 名에 관해 말한다. 천지의 시작은 무엇이라고 이름 지을 수 없으니 無名이지만, 천지의 시작이 한층 구체화된 그 다음 단계의 만물 생성은 有名이라고 할 수 있다. 常無로 그 妙를 觀하려고 하고, 常有로 그 끝을 觀하려고 한다고 한 대목까지 들면 무엇을 말하는지 한층 분명해진다. 모든 현상의 근본은 無이나 常無이니 無名이다. 그 말단은 有나 常有이니 有名이다.

이 견해를 正名이나 假名에 관한 견해와 견주어보자. 正名이나 假名에 관한 견해에서는 名을 한 가지로만 말하는데, 여기서는 두 가지로 말한다. 無名은 假名과, 常有는 正名과 상통하는 것 같다. 名은 실상과 어긋나게 마련이고 名 때문에 인식이 그릇되므로 假名을 사용해야 한다고 하는 것과 같은 이유에서 無名을 택한다. 常有를 확고하게 하는 것이 正名이라고 할 수 있다.

假名論과 正名論이 각기 극단으로 치닫는 잘못을 無名有名論을 내세워 시정하고 중도를 제시한다. 실상에는 이름 지을 수 없는 면과 이름 지을 수 있는 면이 둘 다 있다고 해서 양극단으로 치닫지 않도록 한다. 궁극의 실상은 이름 지을 수 없다고 해서 좌절하지 말고, 이름 지을 수 있는 실상의 말단을 이름 짓는 데 몰두해 궁극을 망각하지 말아야 한다. 이것이 올바르고 가능한 탐구의 길이다.

無名과 有名을 별개의 것으로 생각하지 말아야 한다고 일러주려고 그 둘은 같은 데서 나왔으면서 이름이 다르다고 한다. 그러면서 같게 말하면 玄이라고 한다. 玄하고 또 玄하니 衆妙의 문이라는 말을 덧붙인다. 玄, 玄하고 또 玄한 것, 衆妙의 문이 無名과 有名의 관계에 관한 말인가? 아니다. 無名 쪽을 일컫는 말이다. 無名有名論이 無名論으로 기울어진다. 無名의 천지에 관한 탐구가 궁극적인 과제이고, 有名의 만물은 그리 긴요하지 않다고 한다.

천지가 無名인 것을 어떻게 아는가? 탐구의 방법은 무엇이고, 누가 탐구할 수 있는가? "常無로 그 妙를 觀하려고 하고, 常有로 그 끝을 觀하려고 한다"고 한다. "虛에 이르기를 지극히 하고, 靜을 지키기를 돈독하게 하면 萬物이 함께 일어나니, 나는 이로써 돌아감을 觀한다."(致虛極 守靜篤 萬物竝作 吾以觀復, 제16장) 양쪽에 다 있는 觀이 인식 방법이다.

觀은 聞道의 聞과 다르다. 자기 스스로 觀할 따름이고 누구에게서 들어서 공부하는 것은 아니다. "上士는 聞道하면 부지런히 실행하고, 中士는 聞道하면 긴가민가하고, 下士는 聞道하면 크게 웃는다"(上士聞道 勤而行之 中士聞道 若存若亡 下士聞道 大笑之, 제41장)고 한 말도 있다. "聞道하면"이라는 것은 "觀한 바를 알려주면"이라는 말이다. 觀한 바를 알려주면 알 수 있는 것은 아니다. 스스로 알아내야 한다고 한다.

"下士는 聞道하면 크게 웃는다"는 것은 우습게 여겨 배격한다는 말이다. 생각이 모자라는 下士만 그러는 것이 아니다. 성인도 聞道의 공부는 버려야 한다고 한다. "學을 그만두면 근심이 없다"(絶學 無憂,

제20장)고 한다. 헛된 공부를 해서 근심을 만들지 말아야 한다는 말이다.

觀은 시각적 인식을 나타내는 말이라는 점에서 見과 상통한다. 그러나 見은 見相이라고 해서 뚜렷한 대상이 있는데, 觀하는 행위는 경우에 따라 다르다. "그 妙를 觀하다"고 하는 '觀妙', "그 끝을 觀하다"고 하는 '觀徼'(관요), "돌아감을 觀한다"고 하는 '觀復'(관복)이 각기 가능해 觀의 다양한 모습을 말해준다. 그 핵심은 무엇인가? 자기 마음을 바르게 가지는 것이다. "虛에 이르기를 지극히 하고, 靜을 지키기를 돈독하게 하는" 마음가짐에서 觀이 이루어진다.

"視해도 見할 수 없으므로 夷라고 부르고, 聽해도 聞할 수 없으므로 希라고 부른다"(視之不見 名曰夷 聽之不聞 名曰希, 제14장)고 했다. "視해도 見할 수 없고, 聽해도 聞할 수 없는 것은 당연하다. 그러므로 視나 聽과는 다른 見이나 聞의 방법을 제시해야 한다. 그 과제는 버려두고 '夷'니 '希'니 하는 말을 썼다. 夷나 希는 아주 작아 분별하기 어려운 것들이다. 視나 聽으로는 알 수 없다는 이유를 들어 見이나 聞의 방법마저 부인했다.

"이목구비를 막고, 외계와 연결되는 문을 닫고, 날카로운 기운을 누그러뜨리고, 얽힘을 풀고, 빛을 부드럽게 하고, 티끌과 함께 하는 것을 玄同이라고 한다"(塞其兌 閉其門 挫其銳 解其紛 和其光 同其塵 是謂玄同, 제56장). '玄同'이라는 것으로 '觀'을 다시 일컬으면서 특성을 더욱 분명하게 한다. 이목구비를 막고, 외계와 연결되는 문을 닫아 玄이라고 일컬은 형체 없는 인식 대상과 일치되는 同이라는 인식태도가 觀이다.

'聞道'는 실행 가능한 방법이다. 聞道하면서 공부하라는 것은 따를 수 있는 충고이다. '見諸相非相'도 누구나 할 수 있다. 그러나 觀이라고도 하고 玄同이라고도 한 것은 아득히 높은 견지이다. 실현 가능한 구체적인 방법을 갖추지 않아서 아무나 할 수 없다. 이것이 불만이라고 하지 않을 수 없다.

觀을 해서 道가 무엇인지 아는 사람은 '聖人'이다. 성인은 '上士'보다도 월등한 위치에 있다. 성인은 이미 알아낸 것을 말하고 어떻게 해서 알아냈는지, 다른 사람도 그렇게 하면 알아낼 수 있는지 말하지는 않는다. "常無로 그 妙를 觀하려고 하고"는 觀해서 이미 常無에 이른 과거의 일을 미래의 희망으로 바꾸어놓았다. "성인은 無爲의 일에 처해 不言의 가르침을 행한다"(聖人 處無爲之事 行不言之敎, 제2장)라고 해도 소용없다. 성인이 예사 사람과 다른 점을 말할 따름이고, 예사 사람이 성인처럼 될 수 있는 방법을 말하지 않았다.

성인은 무엇이든지 다 잘 알고, 백성을 잘 다스릴 사람이다. 성인과는 거리가 먼 무자격자가 백성을 다스리는 잘못을 지적하면서 성인을 추켜세웠다. 君子는 예사 사람과 그리 많이 다르지 않다. 소인이 아닌 군자가 되기 위해 누구나 노력할 일이다. 선남자・선여인은 '善'자가 붙어 있는 예사 사람이다. 그런데 성인은 예사 사람과 전혀 다르다.

성인은 정치를 맡고자 하지만 그럴 수 없다. 그러면 무엇을 하는가? 무엇이 커다란 이치를 깨달은 보람인가? 뒤떨어진 사람들을 위해 교화에 힘쓰는 것도 아니고 아무 보상도 바라지 않고, 남을 도우는 보시를 하는 것과는 더욱 거리가 멀다. 자기 자신의 근심을 없애는 것이 고작이다. 일인칭을 두 번 되풀이해 "내 몸이 없으면 내게 어찌 근심이 있으리오"(吾無身 吾有何患, 제13장)라고 한다. 예사 사람이라도 성인을 본받아 근심을 없애도록 한다. 그것은 仁에 미치지 못하고, 布施보다 많이 모자라는 소극적인 기여이다.

"아는 사람은 말하지 않고, 말하는 사람은 알지 못한다"(知者不言 言者不知, 제56장)고 한다. 『논어』에서 "덕이 있는 사람은 반드시 말이 있다"(有德者 必有言)고 한 것과 아주 다르다. 덕이 있든 아는 것이 있든 말로 해서 세상 사람들을 깨우쳐주어야 하는 것이 당연한데, 말하지 않는 것은 무슨 까닭인가? 말은 앎에 이르지 못해 세상을 오도한다고 여기기 때문일 것이다. 無名의 도리를 無言으로 실행하는 것이 성인이 해야 할 일이다.

그러나 『노자』에는 말이 많다. 말이 길고 복잡하다. 『논어』나 『금강경』에서처럼 문답을 전개하지 않고 저자 혼자 떠든다. 無名에 관한 말을 有名으로 전개하기를 거듭해서 한다. 자기가 정치를 맡지 못한 불만을 토로했다고 여겨지는 대목도 있고, 현실의 움직임을 총체적으로 보고 거대한 실천 과제를 제시하기도 한다.

"옛적에 하나를 얻었다 함은, 하늘은 하나를 얻어 맑고, 땅은 하나를 얻어 편안하고 신은 하나를 얻어 영험하고, 골짜기는 하나를 얻어 차고, 만물은 하나를 얻어 살고, 임금은 하나를 얻어 천하를 바르게 한다"(昔之得一者 天得一以淸 地得一以寧 神得一以靈 谷得一以盈 萬物得一以生 侯王得一以爲天下貞, 제39장)고 한 말을 보자. 근원에서 말단까지 모든 것에 일관된 원리가 있다. 모든 개별적인 것들을 하나로 모아 이해할 수 있다.

"군자는 그릇이 아니다"라고 하는 말로 일컬은 포괄적인 사고형태보다 더 큰 것을 나타냈다. "모든 相이 相이 아님을 알아본다"고 한 데는 없는 실질적인 내용을 갖추었다. 없음을 말해 있음을 부인하지 않고 있음의 양상을 여러 등급에서 말하니 쓰임새가 더 크다. 양상이니 등급이니 하는 것을 몇 가지로 다시 논한다.

"道는 1을 낳고, 1은 2를 낳고, 2는 3을 낳고, 3은 만물을 낳으며, 만물은 陰을 품고 陽을 껴안아, 氣로 和를 이룬다"(道生一 一生二 二生三 三生 萬物 萬物負陰而抱陽 沖氣以爲和, 제42장)고 한 말을 보자. 道는 0이라고 하면, 0에서 1, 1에서 2, 2에서 3, 3에서 ∞로 나아가는 분화와 확대의 과정을 말한다고 할 수 있다. 그 가운데 2인 陰陽이 특별한 의의가 있다고 하고, 다시 "氣로써 和를 이룬다"고 해서 0과 1의 관계를 말한다. 0·1·2·∞의 관계를 문제 삼을 수 있는 틀을 여럿 제공한다.

"천하가 모두 아름다움을 아름다움이라고 알고 있는 것은 추악함일 따름이다. 모두 착함을 착함이라고 알고 있는 것은 착하지 않음일 따름이다. 그러므로 있음과 없음이 相生하고, 어려움과 쉬움이 相成하고, 높음과 낮음이 相傾하고, 음과 소리가 相和하고, 앞뒤가 相隨한다."(天下皆知美之爲美 斯惡已 皆知善之爲善 斯不善已 故有無相生 難易相成 高下相傾 音聲相和 前後相隨, 제2장)

이 대목에서는 더 많은 것을 말한다. 2인 陰陽의 상대적인 관계를 여러 측면에서 파악한다. 있고 없음, 어렵고 쉬움, 높고 낮음, 앞뒤는 서로 어긋나면서 相生하고, 相成하고, 相傾하고, 相隨한다고 한다. 生克論의 원천을 이루는 사고이다.

비교논의

『論語』·『金剛經』·『老子』에 관한 논의는 너무 많아 새로운 말을 할 수 없을 것 같았다. 진부한 설명, 안이한 교훈에서 벗어나 신선한 발상을 얻어야 한다고 다짐하고서도 과연 그럴 수 있을까 의심했다. 그러나 전인미답의 경지가 그냥 남아 있는 것을 발견하고 신명나게 달렸다. 그래서 얻은 결과를 몇 가지로 간추리고 견주어 살피자.

진실을 탐구하는 것을 공통된 목표로 삼았다. 누가 진실을 탐구하는가? 불가에서는 善男子·善女人이라고 한 예사 사람이 菩薩의 깨달음을 얻으려고 발심한다고 했다. 선남자·선여인은 요즈음 선남선녀라고 하는 말이다. 유가에서는 君子라고 했다. 군자는 행실이 바르고 사사로운 이해관계에 사로잡히지 않는 것이 小人과 다르다고 했다. 도가에서는 높은 경지에 이른 聖人이라야 알 것을 제대로 안다고 했다.

누구나 진실을 탐구할 수 있다는 점을 분명하게 하는 데 불가가 으뜸이다. 선남자·선여인은 생각을 바르게 하고자 하는 것 외에 다른 전제 조건이 없다. 신분이나 능력을 묻지 않는다. 남자와 함께 여자도 들었으니 놀랍다고 하지 않을 수 없다. 군자는 예사 사람과 다르고, 성인은 더욱 거리가 멀다. 특별한 사람이라야 진실을 탐구할 수 있다고 오판해 웬만하면 그만두게 한다면 큰 잘못이다.

그러나 보살의 경지에 이르러야 한다는 목표는 아득하다. 누구나 발심을 하자고 해놓고 목표는 너무 멀리 잡은 것은 불교가 종교이기 때문이다. 유가의 군자나 도가의 성인이 이른 자리는 그처럼 멀지 않아 다가갈 수 있을 것 같다. 여러 말을 한 줄로 늘어놓아, 선남선녀가 군자로, 군자에서 성인으로, 성인에서 보살로 나아간다면 무리한 연결이라고 하겠으나, 낮은 데서 높은 데로 나아가는 단계를 어떻게 하든지 제시해야 한다.

진실을 알아내는 인식의 방법에 관해서 유가는 聞道, 불가는 見相,

도가는 觀妙를 든 것도 주목할 만하다. 聞·見·觀은 동사이다. 동사로 인식 행위를 말했다. 道·相·妙는 목적어가 되는 명사이다. 목적어가 되는 명사로 인식 대상을 말했다.

聞은 듣는다는 말이지만 聽은 아니다. 見은 본다는 말이지만 視는 아니다. 聽은 듣다이고, 聞은 '알아듣다'이다. 視는 '보다'이고 見은 '알아보다'이다. '보다'는 肉眼의 소관이고, '알아보다'는 心眼의 소관이다. 肉耳와 心耳라는 말도 사용할 수 있다. 聞道의 道는 다른 사람이 말로 전해주는 진실이다. 見相의 相은 스스로 보고 알아야 하는 사물이다.

觀은 시각에 의한 판단을 뜻하는 말인데, 見보다 한층 내면적이고 복합적이다. 觀의 대상이 妙라고 한 것이 그 때문이다. 妙는 인식 대상이 헤아리기 어려울 만큼 복잡하게 얽혀 있는 양상이라고 할 수 있다.

이 셋을 비교해 평가하고, 계승해 발전시켜야 할 것을 가려내는 작업은 그 자체만으로 하지 말고, 다른 사항과 함께 하는 것이 마땅하다. 다른 사항이란 이름 지어 말한다는 뜻의 '名'에 관한 견해이다. 유가는 正名, 불가는 假名, 도가는 無名을 내세워 차이를 분명하게 했다.

正名·假名·無名은 인식과 표현의 방법으로 보편적인 의의가 있다. 각기 '…論'이라는 말을 붙이기로 하자. 세 이론을 비교해 고찰하면서 논의를 진전시키기로 하자.

正命論은 인식 대상의 고정성과 그것을 전하는 언어의 능력을 함께 인정하는 긍정론이다. 假名論은 인식 대상의 고정성과 그것을 전하는 언어의 능력을 함께 불신하는 부정론이다. 有名無名論은 그 중간에서 양면을 아우르고 있다.

無名論만 들면 假名論과 같은 것 같다. 그러나 無名과 有名을 함께 인정해 無名論이 有名論이기도 하다. 有名論은 正名論과 상통한다. 假名論과 無名論에서 각기 하는 일을 無名有名論에서 한다.

正名論·假名論·無名有名論은 공존 가능한가? 어느 것은 버리고 어느 것은 택해야 하는가? 상극의 관계를 가지는가, 상생의 관계를 가지는가? 용도가 다르다고 보면 공존 가능하고 서로 필요로 한다. 正名論에서 이름을 바르게 하자는 것은 人倫이다. 인륜을 분명하게 해서 가치관이 흔들리지 않도록 하자는 것이 正名論의 실질적인 내용이다. 聞道를 할 때 正名을 틀리지 않게 바로 알아듣고 그대로 받아들여야 한다. 그렇게 해서 난세를 바로잡고 질서를 회복하는 것이 최대의 과제이다.

假名論에서 말하고자 한 것은 천지만물이나 생로병사의 근본이치이다. 자연물이든 생명체이든 고정된 실체가 없이 계속 변하므로 고정된 이름을 거부해야 한다. 임시로 지어낸 가짜 이름을 방편으로 삼아 진정한 인식과 표현의 길을 열고자 했다. 見相은 見非相이어야 한다는 상반된 말로 진실을 나타낸다. 그래야 집착을 버리고 번뇌를 떨쳐야 하는 시급한 과제가 해결 가능하다.

無名有名論도 그런 구실을 한다. 난세를 바로잡는 방안을 말하기도 하고 마음을 편안하게 하자고도 한다. 그러나 그 어느 쪽도 앞의 둘보다 미지근하다. 효용을 두고 말하면 많이 뒤떨어진다. 그러나 인식의 대상과 방법에서는 양쪽을 포괄하는 의의가 있다. 無名인 것과 有名인 것을 함께 인정하고 연관관계를 말한다. 이치와 현상, 근본과 말단을 無名과 有名에서 함께 나타낸다. 거기다 더 보태서 혼돈과 질서, 인식되지 못한 것과 인식된 것의 양면을 어느 하나도 배제하지 않고 동시에 포괄하려면 無名有名論이 필요하다.

그런데 無名・有名論의 '觀妙'는 正名論의 '聞道'나 假名論의 '見相'보다 한층 모호하다. 觀妙를 '玄同'이라고 할 때에는 더욱 그렇다. 聖人이 아닌 예사 사람은 과연 그렇게 할 수 있는지 의심스럽다. 성인은 아득히 먼 곳에 있어 가까이 갈 수 있는 길이 없는 듯하다. 觀妙나 玄同의 인식론에 문제가 있어 성인이라야 그렇게 할 수 있다고 여기도록 한다.

누구나 일상적으로 사용할 수 있는 인식의 방법을 다시 마련해야 한다. 인식의 결과에서 출발해서 거기까지 이른 과정을 찾아내면 새로운 작업이 가능하다. "있음과 없음이 相生한다"는 것을 출발점으로 삼아보자. 있음에 대한 경험적 인식에서 있음의 부정인 없음을 알아차린다. 없음에서 있음을 알아차린다.

일차적인 인식에서 이차적인 인식으로, 표면 인식에서 이면 인식으로 나아간다. 그것이 視에서 見으로, 聽에서 聞으로 이행하는 과정이다. 視를 부정해야 見이 되고, 聽을 부정해야 聞이 된다. "이목구비를 막고, 외계와 연결되는 문을 닫고"라는 것이 바로 이 말이다.

그러나 거기서 끝날 수 없다. 그 반대의 과정도 겪어야 한다. 이목구비 막은 것을 떼고, 외계와 연결되는 문을 열어야 한다. 見을 부정하고 視로 돌아가고, 聞을 부정하고 聽을 확인해야 한다. 구체적인 사실과 일반화되는 원리가 서로 배척하면서 하나가 되는 과정을 거쳐야 한다. 이차적인 인식을 거부하고 일차적인 인식으로 되돌아가는 삼차적인 인식을 해야 한다.

부정을 부정하고 다시 부정하는 운동을 거듭해야 있음이 없음이고, 없음이 있음인 줄 안다. 있음과 없음이 상생한다는 것을 안다. 있음과 없음은 상생하면서 또한 상극한다. 상극한다는 것은 없는 말이기 때문에 보태 넣어야 한다. 상생에 치우친 견해를 바로잡아 상생이 상극이게 해야 한다.

이러한 인식은 무엇이라고 불러야 하는가? 생극 인식론이다. 생극 인식론이라야 聞道·見相·觀妙의 인식론을 포괄하면서 넘어선다고 할 수 있다. 생극의 인식론은 현상과 원리, 표면과 이면, 긍정과 부정, 질서와 혼돈, 아직 알지 못한 것과 이미 안 것을 함께 관장한다.

그러고 보니 無名有名論이 생극론이다. 無名이 有名이고 有名이 無名이라는 것이 생극론의 명제이다. 생극론의 명제로 나타낼 수 있는 것은 有名에 지나지 않고 나타낼 수 없는 無名이 아직 남아 있어 無名이 有名이고 有名이 無名이라는 것은 더 큰 생극론이다.

생극론의 원천인 無名有名論을 후대에 전개된 생극론을 보태 다시 만들어 이런 결과를 얻었다. 그래서 원천을 고치자는 것은 아니다. 오늘날의 생극론을 더욱 풍부하게 할 수 있게 된 것이 논의의 성과이다. 이것이 고전에서 필요한 내용을 선택하고, 보충하고, 수정하는 고금학문 합동작전의 좋은 본보기이다. 고금 합동이라고 했지만 그 혜택을 고인은 보지 못하고 금인만 보니 불공평하다. 후인이 나보다 더욱 복되다고 질투할 일은 아니다.

토 론

❑ 문: 서두에서 대학 교양교육의 의의를 강조한 것은 무슨 까닭인가?

❑ 답: 경희대학교 수원분교에서 열린 대학 교양교육에 관한 학술 회의에서 발표하려고 쓴 글을 다듬어 이용했기 때문이다. 고전읽기를 힘써 한다면서 고전 숭배하기나 하고 마는 풍조를 나무라고, 구체적인 본보기를 보여 올바른 방향을 제시하고자 했다.

❑ 문: 반응이 어떠했는가?

❑ 답: 열심히 듣고서, 강의를 실제로 해보았는가 하고 물었다. 나는 대학 교양과목을 맡지 않고, 담당자를 위한 강의를 하고 있다고 했다.

❑ 문: 학생들이 한문을 모르는데 본보기를 보인 이런 강의를 어떻게 할 수 있는가?

❑ 답: 한문 공부와 내용 검토를 함께 하는 것이 흥미를 끌고 소득이 많은 방법이라고 생각한다. 『논어』·『금강경』·『노자』를 읽어 나가면서 오늘의 강의에서 다룬 내용을 말할 수 있다. 학생들이 자기 나름대로 읽고 다른 생각을 하라고 할 수 있다.

❑ 문: 正名論·假名論·無名有名論이 맞고 틀렸다고 하지 말고, 생각의 단계라고 하면 어떤가?

❑ 답: 좋은 착상이다. 생각의 단계일 수도 있고, 국면일 수도 있다. 어느 하나를 택해서 자기 견해를 제시한다면 목표로 한 교육이 이루어진다. 학생들이 자기 견해를 발표하게 하고 토론하는 수업을 한 학기 내내 하는 것이 바람직하다. 대학 교양과목을 강의한다면 그렇게 해야 한다.

❑ 문: 너무 많은 것을 요구하지 않는가? 실현 가능한 목표인가?

❑ 답: 『논어』·『금강경』·『노자』가 대단한 고전이라고 여겨 우러러 보지만 말고 대등한 위치에서 읽고 자기 나름대로 생각할 수 있어야 한다고 했다. 말만 해서는 소용없으니 내가 생각한 바를 제시했다. "듣고보니, 나도 할 수 있는 생각이다"고 하면 성공이다. 과연 그런가?

❑ 문: 과연 그렇기는 하지만, 특별한 위치에 있어서 할 수 있는 생각이다. 『노자』에서 말한 성인이 觀妙해서 얻은 생각이라고 할 수 있다.

❑ 답: 관묘는 동의할 수 없는 방법이다. 성인이라야 높은 식견을 가진다는 것은 잘못이다. 말을 틀리게 했다.

❑ 문: 왜 그런가?

❑ 답: 누구나 높은 식견을 가질 수 있다는 것을 무시해서 잘못이다. 내가 발표한 것과 같은 생각을 누구나 하도록 하는 것이 교육의 방법이다. 『노자』의 성인은 교육에 관심이 없고 혼자 잘났다고 한다.

❑ 문: 누구나 높은 식견을 가질 수 있는가?

❑ 답: 그렇다. "나는 알 수 없다, 할 수 없다"는 망상이 식견을 가리고 있다. 누구나 불성을 가졌는데 번뇌망상이 가리고 있어 그런 줄 모른다고 한 것이 맞는 말이다. 불교는 깨달음에 이르는 길을 열어주려고 애쓰는데 『노자』는 성인이 따로 있다고 하니 불만이다. 『논어』에는 성인이라는 말이 없다. 공자를 성인이라고 한 것은 후대의 평가이다. 그런데 『노자』의 저자는 자기가 성인으로 알도록 했다.

❑ 문: 『논어』에서 "述而不作"을 말한 것을 어떻게 평가하는가?

❑ 답: 공자가 실제로 별로 한 일이 없는 것을 솔직히 시인한 말이라고 보면 길게 시비할 것 없다. 공자는 述而不作해서 성인다운 자세를 보였는데 뒤의 사람들은 자기 말을 함부로 지어내니 용서할 수 없다고 나무라는 것은 잘못이다. 聞道 · 正名 · 述而不作이 합쳐져서 발전을 부정하고 자유를 막는다. 나는 그 점에 대해서 크게 반발하고 다른 길을 찾았다.

❑ 문: 전통 사상을 버리고 서양 사상을 택하는 것이 적극적인 해결책이 아닌가?

❑ 답: 서양 사상에서 발전과 자유를 받아들이면 해결책이 생기는 것은 아니다. 그것을 가져와 자기의 발전과 자유를 위한 사상으로 만들지 못하고, 발전과 자유를 추구한다는 이유에서 서양 사상을 숭상하고 마는 것을 흔히 볼 수 있다. 마음속에 길이 남아 있는 聞道 · 正名 · 述而不作을 청산하지 못하고, 들어야 할 도, 바르게 해야 할 이름, 함부로 지어내지는 말고 존중해서 풀이해야 할 대상이 서양에 있다고 여기기 때문이다. 聞道 · 正名 · 述而不作과 천여 년 싸워온 우리 내부의 노력을 이어받아 자기 혁신을 해야 한다.

❑ 문: 자기 혁신을 어떻게 해야 하는가?

❑ 답: 無名有名論이 혁신의 원천이고, 假名論이 혁신을 위한 비판에서 큰 기여를 한다고 했다. 그 둘을 가져와 正名論을 내부에서 뒤집어엎은 氣철학의 생극론이 깊은 인식과 체험을 가지고 재창조해야 할 본론이다. 오늘의 강의에서는 서론을 확인하느라고 본론은 펴지 못했다.

❑ 문: 오늘의 강의에서 無名을 有名으로 바꾸는 작업을 실제로

한 것이 아닌가?

❑ 답: 有名 내부의 논란을 문제 삼는 데 그쳤다. 옛적 有名으로 오늘날의 有名을 만드는 방법이 이번 학기 과제이다. 無名의 영역에 어떻게 들어설 것인가는 다음 학기 강의 "표면에서 내면으로"에서 본격적으로 거론한다.

❑ 문: 正名論·假名論·無名有名論에 해당하는 것들이 서양에도 있는가?

❑ 답: 여러 문명권에 두루 있을 것으로 생각되지만 찾아보지 못했다. 공부가 부족한 탓이다. 오랫동안 연구해온 영역과 거리가 먼 것은 멀리 보아 대강 알기만 한다. 다음다음 학기에 "비교연구의 방법"을 강의할 때에도 문학사와 관련된 주제라야 많은 준비를 해서 자세하게 다룰 수 있는 것이 당연하다. 내가 거론하다가 마는 주제는 다음 연구자가 자기 것으로 해서 넓고 깊게 탐구하기를 바란다. 正名論·假名論·無名有名論을 여러 문명권의 상응한 견해들과 비교해 연구하는 것이 좋은 일거리이다.

❑ 문: 正名論·假名論·無名有名論이 어디든지 있다면 무슨 특별한 의의가 있는가? 보편성만 남고 특수성은 없어지는 것이 아닌가?

❑ 답: 다른 문명권에 동일한 양상으로 있지는 않을 것이다. 正名論·假名論·無名有名論은 분명하게 짝을 이루는 용어를 가지고 간략하면서 깊이 있는 논의를 펼치는 특수성을 지녀, 유사한 착상을 찾아내 정리하는 데 유용하게 쓰이고, 인류 전체의 보편적인 사고를 발전시키는 데 남다른 기여를 할 것으로 생각한다. 보편성을 키

우는 데 기여하는 특수성을 갖추는 학문을 해야 한다. 보편성을 그냥 키우는 방법은 없다. 보편성을 키우지 못하는 특수성은 소중하지 않다.

제8강 文·史·哲 통합론의 전통

문제 제기

문학연구의 역사는 근대학문의 역사보다 선행한다. 문학을 어떻게 이해할 것인가 하는 논의가 문학에 대한 근대적인 연구가 시작되기 전에 이미 심각하게 제기되고 광범위하게 전개되었다. 학문을 한다고 특별하게 표방하지 않은 중세학문의 문학연구에서, 작업의 영역과 방법을 엄밀하게 규정한 근대학문의 문학연구보다 오히려 더욱 높이 평가해야 할 업적을 적지 않게 이룩했다. 세계 전체에서 널리 인정될 수 있는 그런 사실이 동아시아 한문문명권에서, 그 가운데서도 한국에서 특히 명확하게 확인된다.

중세에 이루어진 문학론은 성격이 일정하지 않고, 갈래 구분도 불분명하다. 창작경험, 표현 형식, 작품이나 작가에 관한 비평, 문학의 변천이나 사상에 관한 고찰, 미학이나 철학에 관한 논의 등이 다양한 방식의 글쓰기를 통해서 산발적으로 나타났다. 오늘날의 연구자들은 그 가운데 자기 관심사와 합치되는 자료만 선별해 문학사, 비평사, 문학사상사, 미학사 등에 관한 전문적인 연구에 활용하고 있는데, 여기서는 그 모두를 포괄한다.

그 모든 문학론이 학문 역사의 관점에서 보면 어떤 특징과 내용을 가지고 있는지 살펴, 근대학문을 극복하고 다음 시대의 학문을 하는데 필요한 지침을 찾아내는 것이 이 글의 목표이다. 학문사라고 하는 또 하나의 전문영역을 마련하겠다는 것은 아니다. 학문사는 영역이 아니고 관점이다. 근대학문은 문학창작과 다른 글쓰기 방식을 사용하고, 문학·사학·철학의 구분을 명확하게 해야 한다고 하는 전제를 재검토한다. 중세학문에서는 학문과 창작, 문학과 사학과 철학이 서로 겹치던 미분화가 오히려 바람직한 형태의 통합이었음을 밝혀, 세 학문의 상관관계에 관해서 통설과는 반대가 되는 주장을 펴는 근거로 삼고자 한다.

구체적인 논의에 들어가기 전에 용어를 분명하게 할 필요가 있다. 어느 것은 배제하지 않기 위해서 연구대상은 '문학론'이라고 총칭한다. 연구대상에서 문학을 다룬 내용은 '이해'라고 한다. '문학론'에 나타난 문학의 '이해'를 학문사의 관점에서 총괄해서 그 특징을 규정할 때에는 '학문'이라는 말을 쓴다. '학문'에는 '근대학문'과는 다른 '중세학문'도 있고 '근대 극복의 학문'도 있다는 것을 용어사용에서부터 분명하게 하고자 한다. 한국의 '문학론'에 나타난 문학 '이해'를 총괄해서 다른 나라의 경우와 비교할 때에는 '한국학문'이라는 말을 사용한다.

한국에서 문학론이 어떻게 전개되었는가에 관해서 『한국문학사상사시론』(지식산업사, 1978, 제2판 1998)에서 한 차례 개관하고, 『한국의 문학사와 철학사』(지식산업사, 1996)에서는 특히 긴요한 사례를 재론해 연구의 심화를 시도했다. (제목의 끝말을 따서, 앞의 책은

『시론』, 뒤의 책은 『학사』라고 약칭한다.) 이제 다시 문학은 그 자체로 이해해야 하는가 아니면 역사나 철학과 함께 이해해야 하는가 하는 문제를 제기해 논의의 확대를 꾀한다.

문학연구는 다음 네 가지 경우로 나누어질 수 있다.

(1) 문학 자체의 이해

(2) 문학의 시대적 변천에 관한 역사적 이해

(3) 문학 성립 근거에 관한 철학적 이해

(4) 문학 자체의 이해, 역사적 이해, 철학적 이해의 통합

이 네 가지의 경우를 대표적인 사례를 하나씩 들어 구체적으로 고찰하면서, 서로 비교해서 평가하기로 한다. 사례는 모두 위의 두 책에서 이미 다룬 것들이지만, 해석하고 논의하는 작업은 여기서 새롭게 전개한다.

문학 자체의 이해

뛰어난 시인이면서 최초의 비평서 『破閑集』을 지은 李仁老는 문학론 전개에서 커다란 기여를 했다. 『破閑集』에서 神駿과 林椿의 시에 관해서 고찰한 대목을 예로 들어보자. (『학사』, 111-114면에서 이 자료를 들고 고찰하고, 이인로의 托物論을 이규보의 觸物論과 비교하는 데 이용했다.) 문학작품을 그 자체로 이해한 좋은 본보기가 거기 있다.

神駿이라는 사람이 유학을 버리고 승려가 되어 시골로 다니다가 꾀꼬리를 보고 "진홍빛 머리털과 노란 옷이 곱다고 스스로 자랑하면서, 붉은 담 푸른 나무를 향해 울어야 마땅한데, 어째서 거친 마을 쓸쓸한 곳에 떨어져, 수풀을 사이에 두고 두세 마디 소리를 전하느

냐"(自矜絳觜黃衣麗 宜向紅墻綠樹鳴 何事荒村寥落地 隔林時送兩三聲)고 했다. 시인 林椿 또한 실의에 빠져 유랑하다가 꾀꼬리 소리를 듣고 "농가에서 오디가 익고 보리가 빽빽해지려는데, 푸른 나무에서 처음으로 꾀꼬리 소리를 들으니, 서울에서 꽃 아래 놀던 나그네를 알아보기라도 하는 듯이, 은근히 백 번이나 울고 쉬지 않는구나"(田家椹熟麥將稠 綠樹初聞黃栗留 似識洛陽花下客 殷勤百囀未曾休)라고 했다.

이 시 두 편을 들고 고금 시인의 "托物寓意"가 대부분 이와 같다고 했다. 두 사람의 시는 재주가 있어도 쓰이지 못하고 나그네가 되어 떠돌아다니는 심정을 나타낸다 했다. 그래서 "詩源乎心"이라는 것을 알 수 있다고 했다.

무엇을 말했는지 몇 가지로 나누어 말할 수 있다. (가) 시 작품을 들고 그 자체의 아름다움에 관해 이해를 가지도록 했다. (나) 작자가 누구며 왜 그 시를 썼는지 밝혔다. 神駿과 林椿은 둘 다 불만을 가진 방랑자라고 했다. (다) 시의 소재는 무엇인가 설명했다. (라) 시 작품을 서로 견주어 살폈다. 두 작품이 창작 동기와 소재가 같다고 했다. (마) 시란 무엇인가 하는 일반론을 전개했다. 托物寓意와 詩源乎心이 그렇게 해서 얻은 성과이다.

(가)에서 (마)까지는 문학을 그 자체로 연구하는 통상적인 작업이다. (가)의 작품론을 기본으로 삼고, 거기다가 (나)의 작가론, (다) 소재론, (라) 작품비교론을 보태고, (마)의 일반론에까지 나아가는 것은 지금도 흔히 볼 수 있는 연구방법이다. (가)에서부터 (라)까지에서 구체적인 사례를 고찰해서 (마)와 같은 내용의 일반화된 이해를 얻는 것도 흔히 시도되는 연구이다.

그런데 (나)의 작가론에서 얻은 결과가 널리 타당하다고 말하려면 논의의 범위를 확대해야 한다. 神駿과 林椿 같은 불평객은 우연히 생겼는가 아니면 시대의 산물인가? 어떤 시대적인 조건에서 어떤 부류의 사람들이 재능이 있어도 등용되지 못하는 데 불만을 가지고 방랑자가 되었는가?

이인로는 그런 문제를 드러내지 않았지만, 자기 나름대로 할 말이 있었다. 무신란이 일어나자 문인들이 수난을 겪어 방황하기도 하고 승려가 되기도 한 것이 한탄스럽다는 것을 그 두 사람의 경우를 들어 말하고자 했다. 이인로 자신도 같은 처지여서, 승려 노릇을 하기도 했다. 신준·임춘·이인로의 경우를 예증으로 들어 무신란 때문에 실의한 문인들에 관해 고찰하는 것은 역사적인 연구이다. 문학연구는 그 자체로 완결되지 않고 역사와 연관된다.

연구를 더 진행하려면 (마)의 타당성을 그 자체로 검증하는 작업이 또한 필요하다. 그렇게 하려면 '物'이란 무엇이고, '意'란 무엇이고, '心'이란 무엇인가 하는 문제를 제기하지 않을 수 없다. 그런 문제는 이인로와 이규보의 논쟁에서 두 사람이 직접 언급하거나 의식하지 않은 가운데 심각하게 검토되었다.

이인로의 탁물론에서는 心에서 마련된 무형의 意를 형상화하기 위해서 物을 매개로 삼아야 한다고 하고, 이규보의 촉물론에서는 意가 物에 의해서 촉발되어 心에서는 원치 않아도 '興'이 일어난다고 했다. 그 가운데 어느 쪽이 타당한가는 철학에서 따져야 할 문제이다. 문학연구는 그 자체로 완결되지 못하고 다른 한편으로 철학과 연관된다.

역사적 이해

많은 작품을 써서 당대의 문학을 이끈 문인이면서 『東國通鑑』 등의 사서 편찬을 주도한 역사가이기도 한 徐居正은 『東人詩話』 및 序 형태로 쓴 여러 논설 <獨谷集序>, <泰齋集序> 등에서 문학을 역사와 관련시켜 이해하는 본보기를 보여주었다. (『시론』, 145-153면에서 이에 대해 고찰했다.) 문학하는 풍조가 달라져온 과정을 시대변천과 함께 고찰하고, 문학의 사회적인 위치와 기능에 대해서도 논의를 전개했다. 자기 시대의 문학에 대한 논의를 그처럼 확대된 시야에서 구체화했다.

과거제도가 실시된 고려 광종・현종 이후에 문사가 많이 배출되고, 뒷사람들이 따르기 어려울 정도로 풍부하고 아름다운 창작이 이루어졌다고 했다. 李齊賢이 "도학을 唱導해서 밝히자, 문장 氣習이 고풍에 가까워졌다"(唱明道學 文章氣習 庶幾近古)는 것이 획기적인 전환이라고 했다. 조선왕조를 건국할 때에는 "우리나라가 처음 일어나면서 천지의 운세가 성해서, 특이한 재주를 가진 분들이 이따금 나타났다"(我國之始興 天地運盛 異才間出)고 하고, 鄭道傳, 河崙, 趙浚, 權近 등의 "勳臣碩輔"는 "모두 웅위하고 걸출한 재주를 지니고, 우뚝한 시대를 만나 공이 뛰어나고 빛났으며, 發해서 언어나 문사가 된 것은 여유 있고 넓고 커서 治世之音이 있다"(皆以雄偉傑出之才 遭遇顯隆 功烈炳煒 其發而爲言語文辭者 春容博大 有治世之音)고 높이 평가했다.

조선초기의 문학이 모두 그처럼 자랑스럽다고 한 것은 아니다. 다른 한편에 山林의 문학이 있다 하고서, 비교하는 논의를 폈다. '勳臣碩輔'의 문학은 "그 文이 밝게 드러나는 바가 五行의 별이 하늘에서 빛을 내는 것과 같다"(其文之所著 如五緯之麗天 而燁乎其光)고 하겠으나, "불우하게 되어 산림에서 읊조리며 빈 소리에 뜻을 기탁하는 사람"(不遇而嘯咏山林 托於空言者)이라고 한 '山林處士'의 문학은 "그 문이 빛나는 바가 구슬이 산골짜기에 버려진 것과 같다"(其文之炳燿 如璧委山谷)고 할 수 있는 점이 서로 다르다고 했다. 그러나 그것은 표면상의 차이이고, "맑게만 읊는다면 그 빛이 마침내 덮이고 말지는 않나니, 한 시대의 耳目을 놀라게 하고, 없어지지 않은 명성을 남김은 마찬가지이다"(明朗而終不掩其煒矣 其所以駭一時之觀聽 而垂名於不朽 一也)고 했다.

그런 논의에 나타나 있는 서거정의 생각은 다음과 같이 정리할 수 있다.

(가) 문학은 시대변화와 함께 달라진다고 했다. 과거제 실시, 道學의 수용, 조선왕조의 건국을 문학이 달라지게 한 중요한 시대변화로 들었다.

(나) 그런 단계를 거치면서 시대가 좋아지고, 문학이 훌륭해지는 발전이 이루어진다고 했다. 문학의 시대적 변천을 고찰한 결과, 자기 시대와 그 문학이 과거 어느 때보다 자랑스럽다는 결론을 얻었다.

(다) 시대와 문학의 관계는 시대의 특징을 총괄한 개념인 '時運'이 문학을 통해 나타나는 것으로 구체화된다고 했다. 時運이 왕성한 '盛世'에는 뛰어난 문인들이 나타나고, '勳臣碩輔'로 활약하면서 '治世之音'의 문학을 자랑스럽게 이룩한다고 했다. 조선왕조의 건국기가 바로 그런 시대이라고 했다.

(라) 훈신석보와는 반대쪽의 '山林處士'의 문학이 있어, 작가군의 사회적 처지에 따라서 문학의 성격이 달라진다고 했다. 산림처사의

문학은 쓰이지 않고 알아주지 않아 공허하다. 그러나 뛰어난 작품은 누가 지었든 대등한 가치를 가진다고 했다.

(가)에서 (라)까지에 나타난 생각이 어떤 의의를 가졌는가? 서거정이 남긴 유산이 오늘날의 연구에서 어떻게 받아들이고 있는지, 받아들여야 할 가치가 있는지 따져야 대답을 얻을 수 있다. 그래서 서거정을 향한 물음이 우리 자신에게로 되돌아온다. 우리 자신을 진지하게 재검토해 전통계승을 위한 마땅한 방법을 찾도록 한다.

(가)는 문학사를 서술하거나 문학에 관한 역사적인 연구를 진행할 때 누구나 하게 되는 시대구분이다. 과거제의 실시, 道學의 수용, 조선왕조의 건국을 시대구분을 가능하게 하는 중요한 변화로 보아야 한다는 서거정의 견해는 오늘날의 연구에서도 계속 지지를 받고 있다. 그런 범위 안에 드는 연구를 더욱 정밀하게 하는 것이 지속적인 과제이다.

(나)는 타당성이 널리 인정되고 있는 관점이다. 역사적인 변화는 사실의 차원에서 고찰하는 데 그쳐야 한다는 주장보다 가치가 달라진 것까지 포함한다고 하는 쪽이 더욱 설득력을 가진다. 또한 자기 시대까지 이르는 역사는 가치의 상실인 타락으로 전개되었다고 하는 것보다 가치가 증대되는 발전으로 전개되었다고 하는 주장이 우세한 편이다.

서거정의 시대에는 聖賢의 시대가 가고 진정한 道가 사라져 역사가 타락의 길에 들어섰다는 비관론이 상당한 영향력을 가졌는데, 서거정은 거기 동조하지 않고 발전론을 제기해서 고금을 통괄해 볼 때 다수인 쪽에 섰다. 그렇지만 역사의 발전이란 무엇을 기준으로 판단해야 하는가, 발전이 일방적으로 이루어지는가 아니면 타락과 표리 또는 교체의 관계를 가지는가 하는 등의 만만치 않은 문제가 다시 제기된다. 그것은 경험이나 사실 차원에서 해결할 수 없는 역사철학의 문제여서, 역사와 철학의 합작을 요구한다.

(다)에서 시대정신을 '時運'이라고 한 견해에 대해서 오늘날의 연구자들은 충분히 검토하지 못해 찬성 또는 반대의 논의를 펼 처지가 아니며, 타당성이 더 높은 대안을 제시하는 것은 한층 어려운 일이다. 시운을 두고 시대의 성격을 갈라 말하면 '衰時'가 있고 '盛時'가 있다고 하고서, 쇠시에 대해서는 말하지 않고, 성시에는 뛰어난 인물이 다수 나타나 타고난 능력을 최대한 발휘해 역사창조에 적극적으로 나서서 높이 평가해야 할 커다란 업적을 이룩한다고 했다.

그렇다면 쇠시는 어떤 시대인가? 뛰어난 인물이 많지 않고, 있다해도 몸을 숨겨야 하므로 능력을 발휘할 수 없었던 탓에 후대를 위한 유산을 남기기는 해도 당대의 역사창조에 기여하지 못하는 시대가 쇠시일 것이다. 성시와 쇠시의 특징과 교체에 대해서 연구해야 할 문제점이 많이 남아 있어서, 역사철학의 연구과제가 더욱 확대된다.

(라)에는 세 가지 중요한 내용이 포함되어 있으므로 하나씩 구분해서 논의할 필요가 있다.

(라1) 성시라고 해서 누구나 뜻을 펴는 것은 아님을 밝히고, 성시에도 쇠시의 삶을 살아가는 패배자가 있는 이치를 말했다. 조선왕조의 건국을 주도한 세력인 훈신석보와 거기 포함되지 못한 산림처사는 그런 관계를 가졌다고 했다. 서거정 자신은 훈신석보 가운데 으뜸가는 자리를 차지하고 있어 산림처사의 처지를 이해하기 어려웠으면서, 양자의 관계와 차이점을 인식한 것은 평가해야 할 일이다.

(라2) 작가는 개인이기만 하지 않고 사회적 처지에 따라서 서로 집단을 이루어 활동한다는 원리를 제시했다. 오늘날의 연구자들은 훈신석보와 산림처사를 각기 작가집단으로 보고, 그 둘이 아닌 한 집단 '方外人'이 조선전기 작가군으로서 중요한 기능을 했다고 판단해, 관인문학・사림문학・방외인문학의 상관관계를 논의한다.

(라3) 훈신석보와 산림처사는 처지가 달라 상이한 평가를 받지만, 뛰어난 작품은 누가 지었든 대등한 가치를 가진다고 한 것은 문학의 특질과 문학의 가치를 갈라 보자는 견해이다. 문학의 특질은 사회적 처지에 따라 달라지만, 특질이 곧 가치는 아니므로, 어느 처지에서 창작한 작품이 더욱 뛰어나다고 말할 수는 없다고 했다. 그러면 가치는 무엇이며 어떻게 대등할 수 있다고 하는가? 이에 대한 더욱 심도 있는 논의는 오늘날 연구자의 과제이다.

철학적 이해

李珥는 성리학자이면서 한시와 시조를 함께 창작한 시인이기도 했다. 문학이 무엇인가 하는 문제에 대해서 깊은 관심을 가지고 거듭 논의했다. <文策>, <贈崔立之序>, <人物世藁序>, <洪恥齋仁祐遊楓岳錄跋> 등 형식과 내용이 다양한 글을 여럿 써서, 문학의 근본원리에 대한 철학적 이해의 여러 논리를 전개했다. (『시론』, 191-194면; 『학사』, 185-200면에서 이에 대해 고찰했다.) 그것들이 맞물리지만 않고 어긋나기도 해서 심각한 연구거리를 제공한다.

"道는 文의 本이고, 文은 道의 末이다"(道者文之本也 文者道之末也)고 한 것이 <文策>에서 올바른 문학에 관해서 논한 기본명제이다. 문학의 존재양상이나 기본특징이 그렇다고 한 것이다. 어떤 문학을 하는 것이 바람직한가 하는 所當然의 문제를 그런 관점에서 해결했다.

문학에는 本인 道를 얻은 문학과 그렇지 않아 末만 갖춘 문학의 두 등급이 있다고 했다. "그 本을 얻어 末이 그 가운데 있는 것은 '聖賢之文'이고, 그 末을 숭상하고 本에 힘쓰지 않은 것은 '俗儒之文'이다"(得其本而末在其中者 聖賢之文也 事其末而不業乎本者 俗儒之文也)고 했다. 本인 道가 무엇인가 하는 문제는 전적으로 道學의 소관이어서 문학에서는 대답할 수 없다. 문학은 도학에 종속되어 도학의 가르침을 그대로 받아들여야 한다고 한 것이다.

그렇게 말한 문학이란 협의의 문학이 아닌 광의의 문학이다. 일체의 글쓰기를 모두 문학이라고 했다. 일체의 '글'인 '文' 가운데 오직 '道'를 나타내는 성현지문만 훌륭하다고 했다. 유학의 경전이나 성리학을 논한 글이나, 시문이라도 성리학의 사상을 나타낸 것이라야 그 범위 안에 들어간다. 성리학과 거리를 둔 일반 시문은 도를 갖추지 못해 속유지문이라고 폄하되었으니, 대부분의 문학작품은 그 쪽에 속한다.

성현지문과 속유지문을 구분한 견해는 철학글은 우월하고 문학글은 열등하다는 것으로 이해될 수 있어서 문학이론으로서 설득력을 가지지 못한다. 문학이론을 위한 철학의 기여를 의심스럽게 한다. 철학은 불필요한 간섭자처럼 생각되어 배격하지 않을 수 없게 한다.

그런데 <贈崔立之序>에서는 이와 다른 논의를 전개했다. 문학에 관한 논의를 道에서 시작하지 않고 氣가 울려서 소리가 난다는 것을 말머리로 삼았다. 문학을 문학이라고 하는 所以然을 문학의 존재양상을 들어 해명했다. 초목에 바람이 불면 소리가 나고, 金石에 물건이 부딪치면 소리가 나듯이, 사람은 "氣가 안으로 쌓이고 밖으로 나타난 다음에야 소리가 있다"(有氣 積於內 而發於外然後 有聲焉)고 했다. 氣의 울림이 소리로 들리는 것이 어느 경우에나 같다고 했다.

사람이 내는 소리는 물체가 내는 소리와 달라서 몇 등급의 구분을 다시 해야 한다고 했다. 의미가 없는 '無用之聲'과 의미가 있는 '有用之聲'이 있다. '有用之聲' 가운데 듣기 싫은 '惡聲'과 듣기 좋은 '美聲'이 있다. '美聲' 가운데 글로 정착되지 못한 '虛聲'과 글로 정착된 '實聲'이 있다. '實聲' 가운데 도리에 어긋난 '邪者'와 도리와 합치되는 '正者'가 있다. 올바른 것 같으면서도 그릇된 '似正而邪者' 그릇된 것 같으면서도 올바른 '似邪而正者'도 있다.

이런 논의를 총괄해서 "사람이 내는 소리가 다른 사람에게 호감을 주고, 호감을 주면서 글로 정착되고, 글로 정착되면서 올바른 도리와 합치되는 것을 善鳴이라고 한다"(人之發其聲而好於人 好於人而著於文 著於文而合於正者 謂之善鳴)고 했다. 여기서는 '善鳴'이라는 말로 문학을 일컬었다. 잘 울려서 감동을 준다는 뜻이다. 이 문장은 문학에 관한 최상의 정의여서, 오늘날까지도 계속 타당성을 가진다고 할 수 있다. 문학개론서에서 반드시 소개할 만한 견해인데 무시되고 있다.

이 정의에 '有用之聲'에 해당하는 말이 없는 것은 너무나도 당연한 전제조건이기 때문이다. "好於人"이라고 말로 다시 일컬은 '美聲'은 문학과 문학이 아닌 소리를 갈라내는 실질적인 시비의 첫째 기준이다. 수용자에게 호감을 주는 아름다움을 갖추어야 문학이라고 했다. '實聲'이니 "著於文"이니 하는 말로 나타낸 또 하나의 요건 즉 글로 씌어져야 한다고 한 것은 그 다음 순위에 배치했다. 구비문학도 문학이라고 하는 경우에는 이에 동의하지 않을 수 있다.

도리와 합치된다는 요건을 세 번째로 든 것은 명확하게 분별되지 않기 때문이라고 할 수 있다. 올바른 것 같으면서 그릇되고, 그릇된 것 같으면서도 올바를 수 있다고 해서, 양자의 구분이 단순하지 않고 상대적일 수 있음을 인정했다. 올바른 도리에서 벗어나 있다고 해서 문학이 아니라고 할 수는 없다. 올바른지 그릇된지 하는 것은 문학인지 아닌지 가리는 데 쓰지 않고, 얼마나 훌륭한 문학인가를 가리는 데 써야 할 요건이어서 상대적이다. 올바른가 하는 요건을 그런 정도까지도 용인하지 않는 문학관은 있을 수 없다.

문학은 '소리'라고 하는 것을 논의의 단서로 삼고, 문학인 소리가 어떤 특징을 가졌는지 몇 단계에 걸쳐 논의하면서 해당되지 않는 것은 배제하고 해당되는 것은 선택하는 방법을 <人物世藁序>에서도 사용했다. 그러면서 문학 내부의 문제에 더 들어간 것이 <贈崔立之序>와 다르다. "소리 가운데 精하기가 말보다 더한 것은 없으며, 말 가운데도 精해서 빛나고 우뚝하며, 야비하지 않고 속되지도 않기가 文辭보다 더한 것은 없다"(聲之精者 莫大乎言 而言之精 而煥然軒然 不野不俗者 莫大乎文辭)고 했다. 다시 "시는 문사 가운데서도 영탄해 넘침이 가장 빼어난 것이다"(詩者 文辭之詠嘆淫泆 而最秀者也)고 했다.

聲·言·文辭는 한 단계씩 더욱 精한 차이가 있다고 했다. 精은 알맹이라는 뜻이어서 粗인 쭉정이와 구별된다. 言 가운데 精해서 빛나고 우뚝하며, 야비하지 않고 속되지도 않은 것이 文辭라고 해서, 精의 특징을 구체화했다. 앞의 말은 밀도가 높다는, 뒤의 말은 품격이 높다는 뜻이라고 할 수 있다. 詩는 文辭 가운데 精한 것이라는 말은 하지 않았으나 되풀이할 필요가 없어 생략했다고 보아 마땅하다. 문사 가운데 영탄해서 넘침이 으뜸인 것이 詩라고 한 데서는 精이 마음을 격앙시키는 특징을 가진다고 했다.

이러한 견해는 <文策>에서 편 지론과 맞아 들어가지 않는다. <文策>에서는 모든 글의 총칭인 文 상위에 道가 있어야 한다고 했는데, 여기서는 道에 관해서는 아무 말도 하지 않고, 言 가운데 상위에 있는 것이 文辭이고, 그 가운데 상위에 있는 것이 詩라고 했다. 양쪽에서 제시한 개념 가운데 겹치는 것을 찾아보자. 문과 문사가 공통될 것 같으나 그렇지 않다. 문은 모든 글이고, 문사는 문학이다. 文에 辭가 붙어서 글로 표현되어 있는 것을 나타냈다. 공통된 개념은 文과 言이다. 모든 글이 文이고, 모든 말이 言이다. 그 둘 다 하위에 있어 상위에 있는 것과 차등의 관계를 가진다고 했다.

그렇다면 양쪽을 합칠 수 있는가? 言·文辭·詩로 이루어진 文의 상위에 道가 있다고 하면 합칠 수 있을 것 같다. 그러나 道와 文은 本末에 의한 차등의 관계를, 詩·文辭·言은 精粗에 의한 차등의 관계를 가진다고 했다. 精粗를 가리는 일과 本末을 나누는 일은 성격이 달라서 합칠 수 없다. 精粗에서는 詩가 으뜸이고, 本末에서는 道가 으뜸이라고 하는 견해는 각기 그것대로 타당하다고 해야 한다. 그렇다면 도학론과 문학론은 별개라는 말인가? 그 둘을 통합하는 이론은 없는가? 이 의문은 누가 어떻게 해결해야 하는가?

문·사·철 통합론의 이해

洪大容은 철학자이고, 사회와 문화에 관해 다방면에 걸친 연구를 한 실학자이며, 『을병연행록』을 국문으로 써서 국문문학 발전에 크게 기여한 문인이기도 하다. 한문학의 창작과 이론에서는 朴趾源이 앞섰다 하겠으나, 한문학과 국문문학을 함께 하면서 양쪽의 문제를 서로 연결시켜 다룬 데서는 홍대용이 더욱 빛난다. 역사적 이해, 철학적 이해를 문학 자체의 이해와 통합하고, 한문학과 국문학, 한국문학과 중국문학의 관계를 다루는 데까지 이른 작업의 좋은 본보기를 홍대용에게서 볼 수 있다.

그 점을 밝혀 논하는 데 가장 중요한 자료는 <大東風謠序>이다. 그 글은 지금은 전하지 않은 어느 시조집의 서문으로 생각된다. (『시론>, 303-309면; 『학사』, 372-390면에서 이에 관해 고찰했다.) 그러니 문학 자체의 이해를 직접적인 목적으로 했지만, 문학이 무엇인가 하는 문제에 대한 철학적 고찰을 논의의 서두로 하고, 민요와 한시, 한국의 시가와 중국의 시가를 비교하면서 그 역사적인 변천에 관해서 고찰하는 광범위한 논의를 심도 있게 갖추었다. 문학 자체의 이해, 역사적 이해, 철학적 이해를 통합한 작업의 좋은 본보기로 들 수 있다.

"歌는 情을 말로 나타낸 것이다. 情이 말에서 움직이고, 말이 글을 이루면 歌라고 한다"(歌者 言其情也 情動於言 言成於文 謂之歌)고 한 첫 문장은 범속한 발언이라고 할 수 있을 듯하다. 그러나 "巧卒을 버리고, 善惡을 잊고, 自然에 의거하며 天機에서 나오는 것이 좋은 歌이다"(舍巧卒 忘善惡 依乎自然 發乎天機 歌之善也)라고 한 그 다음 문장을 읽으면 서두부터 다시 보지 않을 수 없다. 歌는 情을 말로 나타낸 것이라고 하면서 情만 들고 性情을 둘 다 들지 않은 것을 주목해야 한다. 性은 善하다고 하지만, 情은 선악을 넘어서 있다.

性에서 구현하는 道義를 버리고 天機라고 일컬어지는 情의 自然을 있는 그대로 나타내는 것이 훌륭한 노래라고 했다.

그런 주장은 기존의 통념에 대한 반론이다. 첫 문장에서 문학 일반의 특징을 말하고, 둘째 문장에서는 어떤 문학이 훌륭한가 말한 근거가 모두 氣일원론에 있어서, 理氣이원론의 문학관을 부정한다. 李珥를 위시한 많은 선인들이 전개한 理氣이원론에 입각한 문학관에서는 性情 · 道文 · 善惡의 이원론과 함께 詩歌의 이원론을 당연한 전제로 삼은 것을 모두 뒤집으면서, 詩보다 歌가 더욱 진실하다 했다. 詩는 한시이고, 歌는 우리말 노래이다. 우리말 노래는 "巧卒을 버리고, 善惡을 잊고, 自然에 의거하며 天機에서 나오는" 특성을 다 갖추고 있으나, 한시는 그렇지 못하다고 했다. 여러 특성 가운데 "巧卒을 버리고"를 앞세운 것은 표현의 완성도는 평가의 기준이 될 수 없다고 미리 말하려고 했기 때문이다.

지금까지 검토한 서두의 부분을 (가)라고 하고, 그 다음 대목은 (나)에서 (자)까지로 나누어, 글 전문의 개요를 요약하면 다음과 같다.

(가) 歌는 情을 자연스럽게 나타내는 것이 소중하다.

(나) 중국에서는 거리의 노래를 나라에서 채록한 『詩經』으로 詩敎가 아래에서 위로 전달되게 했다.

(다) 『詩經』에서 멀어진 후대의 중국 詩는 진실성을 잃었다.

(라) 우리나라에서는 歌를 낮게 평가하고, 나라에서 채록하지 않았다.

(마) 우리나라는 동방의 오랑캐이며 詩가 중국만 못하다.

(바) 우리나라의 歌는 상스럽다.

(사) 농부의 歌는 자연스러우며, 사대부의 '詩'보다 참되다.

(아) 그런 歌를 『詩經』에서처럼 채록해서 널리 이용해야 한다.

(자) 그런 일을 해서 책을 엮는다.

(나)에서 (아)까지에서 한국과 중국의 歌와 詩를 여러 기준에서 비교해서 평가했다. 그 일을 표면과 이면의 두 층위에서 전개했다. 명확하게 드러나는 차이점을 표면에 제시해서, 그것을 근거로 삼아 자기가 어떤 이면의 생각을 말하려고 하는지 독자가 알아내도록 암시하는 방법을 사용했다.

(나) : (라)에서는, 歌를 채록하는 일을 중국에서는 하고 한국에서는 하지 않았다고 했다. 그러니 중국은 훌륭하고, 한국은 그렇지 못하다고 말하려고 했다.

(다) : (마)에서는, 중국의 詩는 歌에서 멀어져 진실성을 잃었는데, 그것을 숭상하고 받아들여 한국은 동방의 오랑캐 노릇을 하고, 중국만 못한 詩를 지었다고 했다. 중국이 모범을 보인 나라이고 한국은 그 추종자인데, 중국의 모범이 얼마나 가치 있는지 의문이라고 말하려고 했다.

(바) : (사)에서는, 한국이 동방의 오랑캐라고 자처하는 사대부는 한국의 歌는 상스럽다고 하지만, 사대부의 詩보다 참되다고 했다. 문학의 진실성을 기준으로 삼으면 평가가 역전된다. 한국의 歌는 한국의 詩는 물론 중국의 詩보다도 훌륭하다고 말하려고 했다.

(나) : (아)에서는, 歌를 채록하는 일을 중국에서는 지금 할 수 없지만, 한국에는 참된 歌가 살아 있어 지금 채록할 수 있다고 했다. 한국의 歌는 중국의 歌보다 더 큰 가치를 발현하고 있다고 말하려고 했다.

(다)·(마) : (사)·(아)에서는, 문학사는 타락의 역사로 전개되어

왔으나, 타락을 시정할 발전의 길이 열려 있다고 했다. 타락하는 과정에서는 중국이 선례를 보이고 한국은 그 추종자였지만, 타락을 시정하는 발전의 역사 창조는 한국에서 주도한다고 말하려고 했다.

이 가운데 가장 중요한 대목은 (사)이다. (마)·(바)에서 거역하기 어려운 기존의 통념을 있는 그대로 보여주다가, 그것을 (사)에서 뒤집어 진실을 드러내는 새로운 견해를 구축했다. (가)에서 이미 전개한 총론을 필요에 따라서 구체화하는 작업을 정밀하게 진행해서, 반감을 누그러뜨리고 설득력을 높이는 작전을 수행했다. 그 대목은 원문을 들어 살필 필요가 있다.

(바)에서 상스럽다는 이유에서 배격된다고 한 歌에 대해서 (사)에서는 "오직 입에서 나오는 대로 노래를 이루었다고 해도 말이 진심을 나타내고, 곡조가 알맞지 못하다고 해서 天眞함이 나타나, 나무꾼의 노래나 농사꾼의 노래는 또한 自然에서 나온다"(惟其信口成腔 而言出衷 曲不安排 而天眞呈露 則樵歌農謳 亦出於自然者)고 했다. 입에서 나오는 대로 말한다든가 곡조가 알맞지 못하다든가 하는 비난은 평가기준이 잘못되었기 때문이라고 하고, 天眞과 自然이 무엇보다도 소중하다고 했다.

그 근거에서 歌와 詩의 비교론을 새롭게 전개했다. 歌는 그렇기 때문에 "사대부가 말을 이것저것 주워 모아 다듬어, 말이 옛스럽다고 하면서 天機를 깎아 없앤 것보다 도리어 낫다"(反夏勝於士大夫之點竄稿推 言則古昔 而適足以斲喪其天機"고 했다. 옛스러운 말을 써야 한다면서 이미 있는 구절을 모아서 다듬기만 해서 天機를 상실한 것이 사대부가 자랑하는 詩의 결정적인 결함이라고 했다.

그 다음에 "잘 관찰하는 사람이 자취에 구애되지 않고 뜻을 가지고 뒤집어 생각하면, 그것이 사람을 기쁘게 하고 감발하게 해서 백성을 백성답게 하고, 풍속을 마땅하게 하는 의의가 애당초 고금에 다를 바 없을 것이다"(苟善觀者 不泥於迹 而以意逆志 則其使人歡欣感發 而要歸於作民成俗之義者 初無古今之殊焉)고 한 데서는 歌를 어떻게 평가해야 하는가 하는 문제에 대한 구체적인 해답을 제시했다. '자취'라고 하는 것은 외형이고, '뜻'이라고 하는 것은 내질이다. 외형에 구애되지 않고 내질을 인식해야 기존의 평가를 뒤집을 수 있다고 했다. 歌가 사람의 마음을 움직이는 감동을 주어 백성을 백성답게 하고, 풍속을 마땅하게 하는 감화를 이룩한다는 것은 불변의 진실이라고 했다.

지금까지 고찰한 홍대용의 견해는 오늘날의 민중문학론 또는 민족문학론과 상통해서 그 연원을 이루었다고 할 수 있다. 한시보다 민요가 더욱 참되다고 민중문학론에서도 주장한다. 한국문학은 중국문학을 따르느라고 쇠퇴의 길에 들어섰다가 민족어문학의 가치를 발견하면서 독자적인 발전을 이룩했다고 하는 말을 오늘날의 민족문학론에서도 하고 있다. 홍대용이 민중문학론과 민족문학론의 연원을 마련했다고 할 수 있는데, 지금의 논자들은 그 점을 알아차리지 못하고 있다.

그러면서 홍대용과 오늘날의 논자들 사이에 상당한 차이점도 있다. 홍대용은 자기 노선이 무엇이라고 표방하지 않으면서 기존의 관념을 근저에서부터 바꾸어놓는 혁신의 논리를 치밀하게 전개했는데, 오늘날의 논자들은 민중이니 민족이니 하는 말을 앞세워 세상에 널리 인정되고 있는 주장을 되풀이한다. 홍대용은 문학론의 혁신을 새로운 철학을 다시 정립하고 역사관을 바꾸어놓는 작업과 함께 진행했는데, 오늘날에는 문학을 문학 자체로만 다루는 논자들이 철학이나 역사와 관련된 문제는 상식 수준에서 처리하려고 하며, 철학이나 역사 전공자들도 포괄적인 시야를 상실했으며 이론 창조자 노릇을 하려고 하지 않는다.

이제 홍대용에게서 배워야 한다. 이인로에게서도, 서거정에게서도, 이이에게서도 배워야 하지만, 홍대용에게서 더 많은 것을 배워야 한다. 홍대용의 이론이 오늘날의 주장과 어떻게 연결되어 있는 줄 알지 못하고, 오늘날의 논자들이 무엇을 상실했는가 짐작하지 못하고 있는 잘못부터 시정해야 배울 수 있다. 근대학문 특유의 헛된 자부심을 버리는 일부터 해야 한다.

그러나 홍대용에게로 되돌아가자는 것은 아니다. 홍대용의 이론은 미비하다. 이인로 · 서거정 · 이이가 남긴 문제를 모두 해결하면서 문학 자체의 이해, 역사적 이해, 철학적 이해를 통합하려고 했던 것은 아니다. 당대의 문학을 새롭게 이해하는 기본관점을 제시한데 그친 구상을 가져와서 오늘날까지 제기된 광범위한 문제를 두루 해결하려고 하는 것은 무리이다. 마땅히 홍대용을 능가하는 작업을 해야 하는 것이 선택의 여지가 없는 필수적인 과제이다.

그런데도 홍대용에게서 배워야 한다고 하는 것은 철학을 혁신하는 성과를 스스로 축적해야 문학론이나 역사관을 새롭게 창조할 수 있다는 점이다. 철학은 공연한 간섭꾼이니 멀리 해야 한다든가, 철학 전공자에게 맡겨두면 그만이라고 한다든가, 수입해다 써도 그만이라고 한다든가 해서는 문학에 관한 이론적 연구도 그만두어야 한다. 그 점을 재확인해야 새로운 출발이 가능하기 때문에 거듭 강조하지 않을 수 없다.

안팎의 비교

지금까지의 논의에서 나타난 문학에 관한 한국학문을 다른 나라의 경우와 비교해서 고찰해야 특징이 검증된다. 비교고찰의 대상은 일본·중국·인도로 한다. 이 셋은 아시아의 이웃 나라 가운데 특히 큰 비중을 차지하고, 자료를 직접 다룰 수 있는 두 가지 조건을 갖추었기 때문이다. 비교의 결과 서로 대조적인 성향이 뚜렷하게 드러나리라고 예상되는 것이 또한 그 세 나라를 선택한 이유이다.

일본은 문학작품을 그 자체로 이해하는 데 치우쳐 있었다. 역사적이거나 철학적 이해에는 특별한 관심을 가지지 않았다. 內野五郎의 『日本文藝研究史』(東京: 櫻楓社, 1984)에서 그 점을 확인할 수 있다. 일본에서 문학을 이해하고 자료를 다루어온 노력이 모두 "文藝研究史"에 포함된다고 하면서 그 경과를 정리해 논했다. 일본어 노래인 '歌'를 기본 대상으로 삼아, 작품을 감상하고, 문헌을 편찬하고 주석하고 고증하며, '幽玄' 등의 개념을 내세워 미의식을 살핀 내력이 상당하다.

그런데 문학을 시대 변천과 관련시켜 고찰한 유산은 별반 없다. 문학의 특질은 변하지 않는다고 여겼으며, 그런 성향이 두드러졌다. 미의식에 관한 검토가 철학으로 나아가지는 않았다. 문학이 우세하고 철학은 미약했다. 철학사를 대신하는 사상사를 오늘날 문학에서 자료를 얻어서 서술한다. 사상사에서 일본사상의 특수성을 찾아내서 자만하거나 자학하려고 한다.

중국에서는 문학의 시대적 변천에 대해서 관심을 가진 것을 敏澤의 『中國文學理論批評史』(北京: 人民文學出版社, 1982)에서 확인할 수 있다. 司馬遷 이래의 역대 史家가 문학을 다루는 것을 자기 소관사로 삼았으며, 『文心雕龍』을 비롯한 여러 문학론에서 文風과 文體가 달라져온 양상을 파악하는 데 힘썼다. 漢賦, 唐詩, 宋詞 등을 들어 시대마다 한 가지 갈래의 문학이 두드러진 위치를 차지했다는 견해가 널리 유포되어, 오늘날 서술하는 문학사의 근간을 이룬다.

철학은 문학과 깊이 얽히지 않았다. 철학을 하면서 문학을 논한 글도 많이 있지만 문학 내부의 문제로 깊이 들어가지 않았다고 보아 문학사를 서술할 때에는 돌보지 않는다. 문학사와 철학사 양쪽에 다 등장하는 인물을 찾기 어렵다. 朱熹, 王守仁, 王夫之 등 철학사의 주역이 문학사에서는 한 자리 차지하지 못한다.

인도의 문학론은 철학에 의존하고 있어서, 문학을 이루는 불변의 원리를 말하는 것이 가장 값지다고 하고, 문학의 역사적 변천에는 관심을 가지지 않았다. 연대를 밝히고 역사를 쓰는 일 자체를 인도에서는 하지 않아, 오늘날의 문학사 서술에서 직접 물려받을 유산이 마련될 수 없었다. 카네(P. V. Kane)의 『산스크리트 시학의 역사』(*History of Sanskrit Poetics*, Delhi: Montil Banarsidass, 1971)를 보자.

번역해서 이해할 수는 없는 '라사'(rasa), '리티'(riti), '드바니'(dhvani) 등을 궁극적인 원리로 삼아 모든 현상을 한꺼번에 해명하려고 하는 노력을 거듭해온 것이 인도문학론의 특징이다. 오직 보편적인 것만 추구할 가치가 있고, 본질만 소중하다고 하는 철학적인 이해에만 힘써왔다. 문학의 기법에 관해 논의할 때에도 철학론을 전개했다. 인도는 문학사도 대단하지만 철학사가 우위에 있어, 철학이 문학을 지배하다시피 했다.

한국에서는 일본에서 볼 수 있는 바와 같이 詩와 歌를 함께 논하면서, 그 둘의 대립적인 관계를 문학론의 범위를 넘어서서 다각도로 문제 삼았다. 중국의 경우와는 거리가 있어, 문학사와 철학사를 넘나들면서 양쪽에서 주역 노릇을 한 사람이 적지 않다. 인도에서처럼 문학본질론을 그것대로 전개하지 않고, 문학의 사회적인 성격과 기능에 관한 논의와 깊이 연관시켰다.

그래서 문학 자체의 이해, 역사적 이해, 철학적 이해를 통합하는 작업을 한국에서 한층 적극적으로 했다. 그 때문에 논의가 잡다하고, 미완성이 많다. 그것은 그 자체로 보면 단점이지만, 오늘날의 연구자가 분발해 새로운 관점에서 체계를 세우고 완성도를 높이도록 촉구하고 있어, 도리어 장점이다. 선조는 후손을 잘 만나야 훌륭해진다.

문·사·철학에 관한 작업을 함께 한 통합작업의 창조자가 洪大容만은 아니다. 元曉, 義天, 李奎報, 一然, 鄭道傳, 金時習, 許筠, 金萬重, 朴趾源, 丁若鏞, 崔濟愚, 申采浩, 韓龍雲 등이 더 있다. 이들 인물의 활동과 업적에 대해서 근대학문의 문·사·철학 연구에서 각기 다루어 이중 또는 삼중의 주역으로 인정하는 것은 편법에 지나지 않는다.

전공분야를 부적절하고 불필요하게 세분화한 폐단을 시정하고 통합학문을 하는 길로 나아가야, 물려받은 유산을 제대로 이해할 수 있고, 근대를 극복하고 다음 시대를 창조하는 지침을 얻을 수 있다. 후손을 잘 만나 한국의 선조가 더욱 빛나야 민족의 긍지를 키울 수 있다고 여길 것은 아니다. 인류가 더욱 행복해지도록 하는 데 기여하게 하는 것이 더욱 적극적인 의의이다.

더 나아가기

지금까지 논의를 통해서, 문학을 그 자체로 이해하기만 하는 것보다 문학 자체의 이해와 역사적 이해를 결합하는 것이, 또는 문학 자체의 이해와 철학적 이해를 결합하는 것이 더욱 바람직하고, 세 가지 이해를 통합하는 것이 가장 바람직하다는 결론을 얻을 수 있었다. 그런 통합적인 연구에서 한국이 비교대상으로 삼은 다른 나라 일본·중국·인도보다 더욱 적극적이었다는 사실도 밝혀냈다.

이 글에서 한 작업은 충분한 폭과 깊이를 가지고 진행되지 않았지만, 오늘날 한국에서 학문을 어떻게 할 것인가 판단하는 데 필요한 단서는 얻었다고 생각한다. 더욱 바람직하고, 남들보다 더 잘 할 수 있는 연구를 하는 데 힘을 기울이는 것이 당연하다. 세상을 유익하게 하는 데 능력을 발휘하는 길이 거기 있다. 그래서 다음과 같은 구상을 제시할 수 있다.

통합학문의 전통을 더욱 적극적으로 찾아내 깊이 연구해야 한다. 그렇게 하기 위해서는 광범위한 자료 조사가 선결과제이다. 찾아낸 자료를 역사적으로 연구하는 데 그치지 않고, 그 기본원리에 관한 철학적인 탐구를 아울러 해야 한다.

그런 일차적인 연구 성과를 오늘날의 문학연구 일반론을 재구성하는 데 적극 활용해야 한다. 문학연구를 문학비평이나 문학창작과 힘써 구분하는 근대학문의 관습을 반성하고, 그 셋이 다시 접근하게 하는 방안을 마련해야 한다. 문학연구와 다른 학문의 상관관계를 해명하는 데서도 새로운 대안을 제시할 수 있다. 새로운 학문을 개척하는 이론을 고금 합작으로 만드는 것이 오늘날 우리가 힘써 해야 할 일이다.

이상에서 한 것과 같은 고찰을 사학이나 철학에서도 진행해서, 문학을 통해서 확인한 한국학문의 전통이 널리 인정될 수 있는 보편적인 특징인가 확인해야 한다. 자료 조사는 공동 작업으로 진행해야 하고, 학문의 전통을 검증하는 작업도 서로 연관을 가지고 수행해야 한다. 얻어낸 결과를 가지고 오늘날의 사학연구나 철학연구를 어떻게 바꾸어놓을까 하는 과제를 문학에서처럼 진행할 필요가 있다. 문 · 사 · 철학을 관통시킨 연구 성과나 학문론을 광범위하게 찾아내서 심도 있게 재평가하는 것이 공동으로 진행해야 할 가장 중요한 과업이다.

한국학문의 전통을 계승하는 작업은 세 분야 학문을 각기 혁신하는 데 그치지 않고, 세 분야를 근접시키는 공동의 작업을 수반해야 한다. 문 · 사 · 철학을 연구대상과 연구방법 양면에서 엄밀하게 구분하는 근대학문의 편향성을 시정하고, 그 셋을 함께 다루어 통합연구를 다시 해야 한국문화연구가 더욱 광범위하고 심도 있게 이루어질 수 있다. 그런 사례를 실제로 연구해서 이론적 전망의 타당성을 입증해야 할 것이다.

역사나 철학에 대한 관심은 배제한 순수한 문학론, 문학사나 철학사와 겹치지 않은 역사서술의 고유한 작업, 문학이나 역사에 관한 논의는 받아들이지 않는 철학의 독자적인 영역은 모두 근대가 만들어낸 그릇된 환상이다. 그 때문에 세 학문이 모두 공허하게 되고, 인문학문이 불신 받게 되고, 학문을 해서 무슨 소용이 있는가 하는 근본적인 의문이 생기게 되었다. 분화에서 통합으로 나아가야 한다는 것이 이제 거역할 수 없는 요청이다. 그러나 그 방법이나 원리가 문제이다.

문・사・철학은 필요에 따라서 상대적으로 구분되는 관계여야 하는지, 하나로 통합해야 하는지, 구분과 통합의 원리는 무엇인지 다시 연구해야 한다. 그 어느 쪽에서든지, 세 분야의 상위개념인 인문학문이 단순한 연합체가 아닌 유기적인 통합체가 될 수 있게 해야 한다. 인문학문이 통합체가 되어야, 인문학문과 사회학문, 또는 인문・사회・자연학문의 근접 또는 통합을 위해 적극적인 구실을 할 수 있다.

인문・사회・자연학문을 힘써 구분하고, 인문학문 안에서 다시 문・사・철학을 나누는 것이 유럽문명권에서 선도해 이룩한 근대학문의 기본특징이다. 이제는 방향을 바꾸어 다시 출발해야 한다. 우리 학문의 통합론적 전통을 가져와 주체성과 창조력을 되살리면 되는 것은 아니다. 유럽문명권중심주의를 극복하고 여러 문명권의 대등한 관계를 회복하고, 근대학문을 넘어서서 다음 시대의 학문을 창조하는 과업을 선도하기까지 해야 한다. 우리가 그 길에서 앞서 나가면서 다른 나라의 동참을 구하려면, 한국학문을 아시아학문으로, 아시아학문을 세계학문으로 발전시키는 적극적인 방안을 내놓아야 한다.

토 론

❏ **문**: 문・사・철학을 아우르는 학문을 하면 내실을 잃고 허황되고 말 염려가 있지 않는가?

❏ **답**: 그럴 염려가 있다. 막연한 주장이나 하고 연구는 실제로 하지 못하고 말 수 있다. 그것은 건달이나 하는 짓이다. 다른 사람들에게 시키기나 하고 자기는 하지 않는 것은 더욱 잘못이다. 분명한

근거를 가진 연구를 착실하게 하는 구심점을 다지면서 동심원을 여럿 그리는 방식으로 관심을 확대하는 것이 마땅하다. 공부는 넓게 하고 연구는 좁게 시작해야 한다는 원리에 관해 강의할 예정이다. 문·사·철학 가운데 어느 하나에서 시작한 연구를 점차 확대해서 셋을 아우르는 방향으로 나아가야 한다.

❑ **문**: 이인로가 말한 '托物'은 감정이입이니 객관적 상관물이니 하는 것들과 어떤 관계가 있는가?

❑ **답**: 같은 말이고 생각이다. 번역어를 쓰지 말고 '탁물'이라는 용어를 이어받는 것이 바람직하다. 문학이론을 수입에 의존하면서 유행을 따르느라고 허덕이지 말고 이미 이룩된 성과를 이어받아 활용하는 것이 당당한 자세이고 보람 있는 노력이다.

❑ **문**: 홍대용의 견해는 김만중을 비롯한 다른 여러 사람이 우리말 노래의 가치를 평가한 것과 얼마나 다른가?

❑ **답**: 한시는 詩, 자기 나라 노래는 歌라고 하면서 둘을 비교해 논하는 작업은 동아시아 다른 나라에서도 했다. 일본에서 이룬 업적이 많아 긴밀하게 연결시켜 이해할 필요가 있다. 제기된 견해를 셋으로 나눌 수 있다. (1) 시가 소중하지만, 가도 무시하지 말아야 한다. (2) 시와 가는 각기 소중하다. (3) 인공으로 다듬는 시보다 자연스럽게 생겨나는 가가 더욱 소중하다.

김만중과 홍대용은 (3)의 견해를 함께 제시했다. 그런데 가의 자연스러움이 소중한 철학적 근거를 제시하는 일은 김만중은 하지 못하고 홍대용이 했다. 氣철학에 근거를 두고 氣에서 情이 나오고 정의 발현이 가이므로 가는 자연스러운 것을 가치로 하고 선악을 넘어선다고 했다. (1)에서 (3)까지를 일본과 공유하지만, 홍대용이 했듯이 (3)의 근거를 기철학에서 찾는 작업은 일본에서 한 것 같지 않다.

시와 가의 비교론은 글과 말, 공동문어 글쓰기와 민족어 말하기의 비교론이다. 다른 여러 문명권에서도 이에 관한 논란이 일제히 있었다. (1)에서 시작해서 (3)으로 나아간 것이 공통된 과정이라고 할 수 있다. 이에 관해 다각적인 비교연구를 할 만하다.

공동문어는 종교의 경전어여서 신과 통하는 수단을 독점하고 있다는 것이 존중해야 할 가장 큰 이유였다. 월남에 가서 한문을 버렸으면서 죽은 사람의 관에 "西方極樂"이라고 쓴 것을 보았다. 부처는 한문으로 써야 알아본다고 여겨 그렇게 했다. 이탈리아의 단테(Dante)는 라틴어 저술 『속어론』에서 "천사에게는 언어가 없다"는 획기적인 선언을 하고, 『신곡』을 이탈리아어로 썼다. 그런데 홍대용처럼 민족구어 문학의 가치를 입증하는 철학을 갖춘 사람은 더 있는지 의문이다. 힘써 찾아보아야 한다.

❏ **문**: 홍대용이 자기주장을 창작에서 실현했는가?

❏ **답**: 『을병연행록』을 국문으로 썼다. 그 속에 국문으로 지은 가도 있다. 이론 시비는 시와 가의 관계를 들어 전개하고, 실천은 산문 창작에서 했다. 이론 시비의 대상이 아닌 산문이 실천에서는 더 큰 의의를 가졌다고 할 수 있다.

❏ **문**: 다른 나라와 비교해 우리가 제일이라고 하는 것은 자아도취가 아닌가?

❑ 답: 우리가 모두 제일이라는 것은 아니다. 우리가 남들보다 무엇을 더 잘 할 수 있는지 찾아내는 연구를 하자는 것이다. 모든 특징이나 성향은 단점이기도 하고 장점이기도 한 양면성이 있다. 장점을 살릴 수 있는 조건이나 방법에 대한 연구가 긴요하다.

우리 선인들의 학문은 흔히 (가) 과감한 발상이 있지만, (나) 논의가 치밀하지 못하고 완성도가 모자란다. (가) 문・사・철학을 아우르려고 하다가, (나) 그 어느 것도 착실하게 하지 못했다고 할 수도 있다. 방향이 정해져 있는 학문을 발전시키려면 (나)의 단점이 장애가 된다. 그러나 지금은 학문을 하는 방향을 다시 찾아야 할 때이므로 (가)의 장점이 소중하다.

학문의 이론에 관한 유산이 (가) 주장하는 바를 명쾌하게 제시하기는 했으나, (나) 너무 간략해 논의가 불충분하다는 것도 함께 문제삼아야 할 특징이다. (가)의 단점이 오히려 장점이 되어 재검토하고 계승하기 쉽다. 복잡하게 전개되는 방대한 저작을 읽는 수고를 하지 않고 (가)와 바로 만날 수 있어 다행이다.

문학을 문학 자체로 이해한 일본의 업적은 우리 것보다 훨씬 많고 정밀하다. 문학에 대한 역사적 논의를 전개한 중국의 논저는 대단해 도저히 따르지 못한다. 인도에서 철학을 하면서 문학도 논한 고전의 방대한 유산은 부럽다고 하기조차도 어렵다. 개별적인 영역에서는 가난을 면하지 못하는 우리에게 문・사・철학을 아울러 새로운 발상을 과감하고 명쾌하게 전개한 유산이 있어 결함을 메우고 앞서 나갈 수 있는 가능성이 있다. 가능성의 실현 여부는 유산 자체에 의해 결정되지 않고 오늘날의 노력에 달려 있다.

❏ 문: 과감한 발상을 명쾌하게 제시할 수 있었던 이유가 무엇인가?

❏ 답: 다른 문명권의 저작과 견주어보면 한문 글쓰기의 특징이라고 할 수 있다. 한문 글쓰기는 요약 진술이고 단상을 소중하게 여긴다. 『논어』와 플라톤의 저작을 비교해보면 이런 차이점이 쉽사리 확인된다. 그런데 正名을 따르고 述而不作을 본받는 후대의 글쓰기는 인용이 많고 자기 생각이 무엇인지 분명하게 하지 않는 폐단을 보였다. 李滉과 奇大昇이 四端七情에 관해 논쟁한 것을 李珥가 평가해, 이황은 수많은 말을 허비하고서도 끝내 적실한 맛이 없으나 기대승의 논의는 대쪽을 자르는 것 같이 명확하다고 했다. 기대승의 장기란 것을 이이가 더 잘 보여주었다.

과감한 발상을 명쾌하게 제시해 철학을 창조하는 작업을 우리 선인들이 특히 잘 했다. 중국에서는 經學에 의존해 사고를 혁신하려고 할 때, 자기주장을 전개하는 論을 썼다. 일본에서는 돌보지 않는 철학의 본령에 관한 논의를 힘써 전개하면서 그렇게 했다. 민중과 깊은 유대를 가지고 구비철학을 기록철학으로 만드는 노력을 계속해서 그럴 수 있었다고 생각한다. 그 연원을 元曉에게서부터 찾을 수 있다.

이이보다 앞서서 徐敬德이 좋은 선례를 보여주었다. 기철학자들은 계속 그렇게 하면서 기존 관념과 충돌하지 않고 설득력을 높이는 방법을 강구했다. 앞에서 든 홍대용이 한 말은 분명하지 않은 듯해서 이해에 어려움이 있다. 다면적인 논의를 우회작전을 써서 했기 때문이다.

제9강 철학 유산의 계승과 재창조

두 계열의 작업

철학 유산의 계승과 재창조에 관한 논의는 이미 많이 했으므로 서론을 줄이고 바로 본론으로 들어가자. 여기서 할 일은 기존의 업적을 검토하고 새로운 방향을 찾는 것이다. 기존 업적 검토는 그 자체로 의의가 있지 않고 대안 도출을 위한 불가결한 과정이다.

19세기까지 이루어진 전통철학에 대한 20세기의 논의는 연속을 인정하지 않고 과거의 유산을 문제 삼으면서 진행되었다. 유산을 거론하는 방식을 둘로 나눌 수 있다. 둘을 견주어 살피고 무엇을 어떻게 해야 하는지 말하기로 하자.

(가)

張志淵, 『朝鮮儒教淵源』(1922)

玄相允, 『朝鮮儒學史』(1949)

정진석 · 정성철 · 김창원, 『조선철학사』(1960)

(나)

柳麟錫, <宇宙問答>(1913)

鄭寅普, <陽明學演論>(1933)

趙素昂, <素昻氣說>(1930년대 후반)

(가)는 과거의 철학을 과거의 것으로 고찰한, 철학사 알기를 위한 저술이다. (나)는 과거의 철학을 이어받아 오늘날의 것을 만들고자 하는 주장을 전개한, 철학하기의 저술이다.

대학에서 하는 전통철학 연구와 강의는 (가)를 선택하고, (나)는 배격한다. (가)의 작업을 다시 하는 저작이 계속 나타나 대학 철학과의 업적으로 평가된다. (나)의 세 저작은 연구의 대상이 되기에 미흡하다고 여겨 돌보지 않는다. (나)의 작업을 다시 하는 사람은 거의 없으며, 있다고 해도 무시된다.

그러나 (가)보다 (나)가 더 소중하다. 철학의 본령은 철학하기이다. 철학사 알기는 부차적인 영역이다. 본말이 전도된 것은 창조하는 학문이 사라지고, 기존의 지식을 정리하는 것을 본업으로 오해하고 있는 탓이다.

창조의 원리를 제공하는 것이 철학의 임무이다. 그렇지 못하면 철학이 있어야 할 이유가 없다. 철학사 알기는 역사학의 한 분야로 넘겨도 그만이다. 대학에 자리를 잡고 철학으로 벌어먹는 사람들이 생겨나 철학하기는 버려두고 철학사 알기를 주업으로 삼아 철학이 제 구실을 하지 못하게 한다. 철학 전문가들 때문에 철학이 망했다.

철학하기는 필요하지 않게 되어 철학사 알기만 하는 것은 아니다. 철학하기는 이미 옛 사람들이 다 해서 남은 것이 없기 때문에 앞으로 나아가지 못하고 과거를 더듬기나 할 수밖에 없다고 여기는 것은 더욱 그릇된 판단이다. 더 중요한 일이 있어 관심을 돌려야 한다. 일제가 국권을 침탈하고, 서양 학문이 밀어닥쳐 모든 것을 뒤집어놓는 위기의 시대에 어떻게 하면 정신을 차리고 무엇을 해야 할 것인가? 이치의 근본을 따져 이 의문에 대답하는 학문이 있어야 한다.

(가)는 차분한 어조로 객관적인 논의를 전개하니 믿을 수 있을 것 같다. 그러나 위기의식이 없다. 현실에서 물러나 있는 한가한 수작이다. (나)는 위기에 대처하는 방안을 제시한다. 자기주장을 함부로 내세우니 성급하다고 할 수 있다. 그러나 중요한 것은 어조가 아니고 내용이다. 위기의 진단과 해결 방안이 타당한지 따지지 않을 수 없다.

(가)에 관해서도 평가가 필요하고 우열을 논할 수 있다. 그러나 (나)는 더욱 적극적인 시비를 하지 않을 수 없다. 부당한 것은 버리고 타당한 것을 택해야 한다. 타당하기는 하지만 미비점이 있으면 보완해야 한다. 모두 부당하면 타당한 해답을 새로 마련해야 한다.

철학사 알기

철학사 알기를 시도한 세 저작도 상당히 다른 점이 있다. 먼저 장지연의 『조선유교연원』을 보자. 전통학문을 그대로 이은 논자가 한문으로 쓴 저작이다. 옛 사람의 관점으로 이기철학을 이해하면서, 견해차가 생긴 경우에는 어느 쪽이 정통인가 밝혔다.

理學과 氣學 또는 理氣이원론인가 氣일원론인가 하는 논란에서 이기이원론이 타당하다고 했다. “性同氣異 只此四字 包含無限道理”

(性은 같고 氣는 다르다는 이 네 자에 무한한 도리가 포함되어 있다) 라고 하고(아세아문화사 영인본, 1973, 103면), 性뿐만 아니라 氣도 같을 수 있다는 것은 부정했다. 주기론 성향의 이기이원론 내부에서 벌어진 人·物性同異 논쟁에 관해서는 人·物의 性이 같다고 하는 주장이 정통 노선이라고 했다. "初宋尤庵 以朱子答徐元聘書 爲定論 授農巖 農巖又授之陶庵 則洛論之宗旨也"(같은 책, 10면)

장지연은 자기가 지지하는 쪽이 정통이므로 타당하다고 했다. 정통 여부를 사실의 차원에서 고증할 생각은 없고, 타당성을 증명하는 방법은 필요하지 않다고 여겼다. 그것은 이기이원론 쪽의 태도이다. 기일원론 쪽에서는 자기네가 정통이라고 하지 않고 주장하는 바가 타당하다는 것을 논증의 과제로 삼았다. 장지연은 또한 지난 시기의 논란을 그 자체로 시비하기만 하고, 타당하다고 가려낸 사고형태가 어떤 지속적인 의의를 가지는지 문제 삼지 않았다. 과거를 과거로 고찰하는 데 머무르고, 새로운 시대의 철학을 하려고 하지 않았다.

현상윤은『조선유학사』에서 유학의 내력을 학문 연구의 과제로 삼고, 광범위한 자료를 모아 전후의 경과와 맥락을 정리했다. 그러면서 理氣論에 관해 서로 대립된 견해 가운데 어느 것이 정통인가 가리는 재래의 관점은 버리고, 각기 그것대로 소개하는 데 힘쓰고 검토나 평가는 되도록 삼갔다. 그래서 철학의 풍부한 유산이 있어 자랑스럽다고 생각하게 하는 한편 공연한 시비를 왜 길게 벌였는가 하는 의문을 가지지 않을 수 없게 했다. 논란이 너무 심해 그대로 넘어갈 수 없는 대목에서는, 어느 한쪽으로 치우친 극단론을 편 것은 잘못이라고 하면서 자기 나름대로의 절충론을 폈다.

人·物性 同異 논쟁에 관해서 쓴 <湖洛兩論의 槪評>을 보자. 人·

物의 性이 같다고 하는 洛論과 人·物의 性이 같다고 하는 湖論은 "性은 理와 氣의 이원적 화합물"이라는 원리의 어느 일면만 강조해 "一方에 偏하여 전체를 무시"했다고 했다.(민중서관, 1949, 319면) 理와 氣가 합쳐져 화합물을 이룬다고 한 것은 철학적으로 다듬어지지 않은 상식 수준의 이기이원론이다. 그렇게 말하고 말면 그 둘이 어떻게 합쳐지느냐를 두고 벌어진 심각한 논란이 모두 무의미해진다. 둘이 합쳐진다는 것을 부정한 기일원론은 이해할 수 없다.

현상윤은 서로 다른 사상은 그 나름대로의 의의도 있고 한계도 있어 어느 한쪽에 기울어질 것은 아니라고 하는 생각을 가졌다. 유교에 대한 총괄적인 평가를 한 총론에서도 유교는 공적도 있고 과오도 있다고 했다. 그렇게 하면 치열한 논란을 거쳐 문제가 해결될 수 없게 방해한다. 막연한 열거와 안이한 절충으로 학문의 논의를 진행하겠다고 하는 것은 무리이다. 자기는 철학을 하지 않으면서 철학사를 정리하는 것은 그 자체로 헛수고이고, 연구의 진전을 방해한다. 철학의 유산이 지닌 의의를 부정하게 만들고 새로운 창조의 가능성을 없앤다.

전통철학에서 여러 견해가 대립되어 있던 양상에 관해 논하면서, 장지연은 정통을 가려야 한다고 하고, 현상윤은 어느 한쪽에 치우치지 않고 모두 대등하게 평가해야 한다고 했다. 장지연은 전통철학의 논쟁을 연장시키고, 현상윤은 있는 그대로의 사실을 존중하고 객관화해서 고찰하고자 하는 실증주의 연구를 지향했다. 오늘날 대학 강단의 철학 교수들은 장지연과 결별하고 현상윤을 잇는다.

정진석·정성철·김창원, 『조선철학사』(1960) 이후 북쪽에서 거듭 나온 철학사류는 또 다른 견해를 보여주었다. 현상윤처럼 있는 그대로를 받아들이지 않고 잘잘못을 가리는 점이 장지연과 같으면서 관점이나 결론은 아주 다르다. 근대학문의 한 노선을 이루는 유물론과 당파성을 철학사 이해의 원리로 삼았다.

전통철학을 과학적 연구의 대상으로 삼아야 한다. 과학적 연구란 그 내용을 유물변증법으로 검토하고, 전개 과정을 사적 유물론으로 설명하는 것이다. 철학이 무엇이며 역사를 어떻게 이해해야 하는가 하는 오랜 논란이 유물변증법과 사적 유물론에서 마침내 해결되었으므로 그 둘을 받아들여 철학의 유산을 평가하고 철학사의 전개를 밝혀 논한다고 했다.

철학사는 관념론과 유물론의 투쟁으로 전개되었다. 이기이원론은 관념론이므로 배격해야 하고, 기일원론은 유물론 쪽이므로 평가해야 한다. 기일원론이라도 유물론으로 일관하지 않고 관념론의 요소가 있는 것을 가려서 비판해야 한다고 했다.

최상의 유산이라도 상대적인 의의에 대한 역사적인 평가를 하는데 그쳐야 마땅하고, 오늘날의 철학으로 삼을 이유는 없다고 여겼다. 평가의 기준은 철학의 완성판인 마르크스주의의 유물론과 얼마나 같고 다르냐 하는 것이다. 같은 것은 가치가 있고 다른 것은 가치가 없다고 했다. 마르크스주의의 유물론을 수정하거나 보충할 필요가 있어 지난 시기의 철학에서 지혜를 얻어야 한다는 생각은 하지 않았다.

마르크스주의의 유물론에서 주체철학으로 나아갔다고 하는 근래의 주장으로 철학사 서술이나 철학 유산 계승에 관한 종래의 견해를 어떻게 바꾸었는지 의문이다. 정성철, 『조선철학사 이조편』(1987)에서 자세한 연구를 다시 했으므로 살펴보기로 하자. “임성주의 인식론에는 유물론적 요소가 다분히 내포되어" 있으나(좋은 책, 1988 재간행본, 232면), "사람의 계급적 가치까지 합리화하는 봉건적이며 관념론적 윤리관"을 지녔다고 했다.(235면) 홍대용도 "봉건도덕적 규범의 보편성에 대하여 의심하지 않았"다고 했다.(306면) 달라진 것이 없다.

기일원론을 "유물론 요소"를 내포한 철학이라고 한 것은 적절하지 못한 견해이다. 氣는 물질 이상의 것이다. 생명에다 중심을 두고 물질과 정신을 아울렀다고 할 수 있다. 기일원론에 입각해 삶을 누리는 것이 善이라고 한 공적을 인식하지 못하고 윤리관을 평가했다. 19세 이후의 진보사상과 상이한 점은 비판의 대상이 되어야 한다고 하고, 근대에서 이룬 바를 넘어설 수 있는 가능성을 찾으려고 하지는 않았다.

<宇宙問答>

유인석은 장지연과 같이 理學 또는 이기이원론이 정통임을 분명하게 하고, 그것과 어긋나는 이단을 배격했다. 과거의 사실을 시비하는 것을 목적으로 하지 않고 당대의 문제를 해결하는 견해를 그 노선에서 이룩했다. 『우주문답』이라는 거창한 제목을 내걸고 새 시대의 위기와 온몸으로 대결하고자 했다.

유학의 정통을 학문으로 이어받는 데 그치지 않고 실천을 위해 일어섰다. 일본이 국권 강탈을 시작하던 1895년에 <檄告八道列邑>이라는 격문을 반포하고 의병을 일으켜 싸우다가 1910년에는 항일 의병을 통솔하는 十三道義軍都總裁에 추대되어 온 민족의 최고 지도자가 되었다. 그 3년 뒤에 투쟁 노선을 정비하는 중대한 과업을 『우주문답』을 써서 수행하고자 했다. 중요한 대목을 들고 검토하기로 하자.

> 學求道與德而有諸己也 非學則道德無可求也 求道德而有之 天下得治也… 後世正學不明 而各學者無限 皆害道德害治也… 惟五常三綱之度 學之本也 六經四子之書 學之具也 專事乎此 則道德可爲 古治可復 古治復 則餘事可無患也 (서준섭 외, 『毅菴柳麟錫의 思想, 宇宙問答』, 종로서적, 1884, 124면)
>
> 학문은 도와 덕을 구해서 자기에게 간직하는 것이다. 학문이 아니면 도덕을 구할 수 없으며, 도덕을 구해서 간직하면 천하가 열릴 것이다… 후세에 정학이 밝혀지지 않아 저마다 학자라고 일컫는 자가 무수히 많은데 모두 도덕과 정치를 해치기나 한다… 오직 오상삼강의 도가 학문의 근본이요, 육경사서가 학문의 도구이다. 여기에 전념해 도덕을 이루고 옛날의 다스림을 회복할 수 있다. 옛날의 다스림을 회복하면 나머지 일은 염려할 것이 없다.

학문의 이치는 이미 밝혀져 있다. 학문을 바르게 하면 도덕을 구해서 천하를 바로잡을 수 있다. 발전이란 인정되지 않고 복고가 소중할 따름이다. 새로운 탐구를 하는 학문은 필요하지 않다. 이미 제시되어 있는 이상을 실현하는 것 외에 다른 방안은 없다. 이런 주장을 확고하게 해서 모든 반론을 막았다.

> 正學術 以正人心之不正而一之也 夫人心 有兼性命形氣 性命

正形而氣私 以性命則形無不一 而以形氣有萬不齊也 人心之不正不一 無他 從形氣之欲性 而違性命之道也.. 以準乎道之學術 立天下之大準 則天下人心 無不準乎其所準也 (같은 책, 145면)

학술을 바로 하여 바르지 못한 백성들의 마음을 바로잡아 하나 되게 해야 한다. 무릇 사람의 마음에는 성명과 형기가 있다. 성명은 바른 것이고, 형기는 사사로운 것이다. 성명은 한결같으나, 형기는 수만 가지로 다르다. 사람의 마음이 바르지 못하고 한결같지 못한 까닭은 다름이 아니라 형기의 욕구를 좇아 성명의 도리를 어기기 때문이다… 도에 준거하는 학술로 천하의 큰 준칙을 세우면 천하의 인심이 그 준거에 어긋나지 않는다.

지난 시기 어느 때에도 실현하지 못한 이상을 수세에 몰린 위기의 시대의 해결책으로 삼으려고 한다. 높은 이상이 어떻게 실현될 수 있는지에 관해서는 말하지 않았다. 성명과 형기를 나누면 선악을 설명할 수 있다. 그러나 성명이란 실제로 무엇인가? 무엇인 줄 어떻게 알 수 있는가? 옛 성현의 가르침에 해답이 있다고, 드러내 말하지 않았으나 암암리에 전제되어 있다. 그런 가르침을 모두 불신하는 시대에 같은 말을 되풀이하면서 강도를 높인다고 설득력이 생길 수 있는 것은 아니다. 도에 준거하는 학술로 천하의 큰 준칙을 세우는 것이 어떻게 가능한가? 누가 무슨 방법으로 할 수 있는가? 이에 대해서는 말하지 않았다.

日本之奪國 以西法也 朝鮮之失國 以西法也 一天下 酷被西法之禍者 朝鮮也 朝鮮 旣以西法也 宜其有厭於西法 而乃愈益慕悅

遑遑急急求之 嗚呼孰使之然哉 抑其然也 以爲病於寒者 以寒治寒 病於熱者 以熱治熱 病於西法 當以西法治病… 爲朝鮮人病西法 而特爲經營國事 取其可取 可取者 如機械等物 有助爲國事者也 至於其國其人 雖其出病我之法者 非有相讐如日本也 或因事機而爲得相助 然亦使相助無重爲病於國 其如斯而已 所實務者益敦我倫常禮義之舊 復我元氣 至終無病也) (같은 책, 159면)

일본이 나라를 빼앗은 것도 서법으로 한 것이고, 조선이 나라를 잃은 것도 서법에 말미암음이니, 세상에서 서법의 화를 가장 가혹하게 입은 나라는 조선이다. 조선이 이미 서법 탓에 나라를 잃었으니 서법을 싫어함이 마땅한데도 오히려 더욱 서법을 사모하고 좋아해 황급히 서법을 좇아 구하니 슬프구나. 왜 이렇게 되었는지 그 이유를 알 수 없다. 이렇게 되는 것을 막기 위해서는 추위에 병든 자는 이한치한하고, 더위에 병든 자는 이열치열해야 하듯이 해야 한다. 서법에 병들었으면 당연히 서법으로 병을 다스려야 한다… 조선인은 서법을 병으로 여기되 특별히 국사를 경영함에 있어서 취할 것은 취해야 한다. 취할 만한 것은 기계 등 국사에 도움이 될 만한 물건이다. 서법을 쓰는 나라와 사람들이 비록 우리를 병들게 했더라도 일본과 같이 서로 원수가 되어서는 안 된다. 또 그 쪽의 사물이나 기계가 도움이 된다고 해도 서로 돕는 일을 자꾸 해서 나라를 병들게 하는 데까지 이르러서는 안 된다. 어느 정도에서 그쳐야 한다. 힘써 해야 할 일은 윤상예의의 구법을 더욱 돈독히 하고 우리의 원기를 회복하여 끝내 병들지 않도록 해야 하는 것이다.

西法은 기본적으로 병이면서 이용할 만한 수단으로서 의의가 있다고 했다. 서법을 지닌 쪽과 서로 돕는 관계를 가진다는 것은 서양 각국을 염두에 두고 한 말이라고 생각된다. 서양 각국의 서법을 받아들여 일본의 침략에 맞서는 힘을 가지자고 하는 당연한 주장을 했다. 그러나 무엇을 받아들여 어떻게 이용해야 하는지, 서로 돕는 방법이 어떤 것인지 말하지 않았다. 상당한 진전이 있지만 부족하다고 하지 않을 수 없다.

스스로 새 것을 만들어 서법보다 더 좋은 것을 이루어야 한다고 생각하지는 못했다. 서법과 대립되는 구법에 그런 능력이 있다고 하지 않고, 구법을 그 자체로 지켜야 한다고 했다. 전통의 혁신 가능성을 인정하지 않고, 전통을 그 자체로 숭앙하는 복고주의에 머무르고 말았다.

<陽明學演論>

정인보는 理學과는 다른 心學, 朱子學과는 다른 陽明學을 가학으로 이어받았다. 신학문은 하지 않았으나 개화된 세상에 나가 활동해, 연희전문학교 교수로 강단에 서고, 신문에 글을 발표했다. 한문과 국한혼용문을 함께 사용했다. 신문에 쓰는 글은 국한혼용문을 택했다. 『양명학연론』은 1933년에 써서 『동아일보』에 66회 연재했다.

이단으로 몰려 배격되었던 양명학을 정면에서 들고 나온 것은 시대가 변한 덕분이다. 주자학에 실망한 사람들이 양명학을 대안으로 택해 자각의 원천으로 삼고자 하는 움직임이 구체화되었다. 崔南善과 朴殷植도 그 길로 나아갔다. 정인보는 양명학을 정통으로 물려받은 실력을 발휘해 그 원론을 마련했다.

『양명학연론』은 전통철학에 관한 논의를 현대화해서 전개한 글의 좋은 본보기가 된다. 1 論述의 緣起, 2 陽明學이란 무엇인가, 3 陽明本傳, 4 大學問, 拔本塞源論, 5 陽明門徒 及 繼承한 諸賢, 6 朝鮮陽明學派, 7 후기. 이 일곱 대목으로 이루어져 자못 체계를 갖춘 것 같다. 그러나 자세하게 살피면 거의 다 참고로 알아야 할 사실을 소개하는 글이고 자기 말은 거의 없다. 自心이 소중하다고 한 것이 기본 논지인데, 글쓴 방식과 어긋난다.

<논술의 연기>에서 말했다. "수백 년 조선인의 實心 實行은 학문 영역 이외에 구차스럽게 間間 殘存하였을 뿐이요, 온 세상에 가득 찬 것은 오직 假行이요 虛學이라."(薝園鄭寅普全集, 연세대학교출판부, 1983, 2, 114면) 주자학을 비판한 말이다. 수백 년 동안 지배해온 주자학은 虛學에 지나지 않고, 假行을 부추기기나 했으므로 이제 물리쳐야 한다고 했다.

> 학문에 대한 態度ㅣ 전부터 이미 冊張에서만 힘을 얻으려고 하던 것이 더한층 늘어서, 가론 英吉利 가론 佛蘭西 가론 獨逸 가론 露西亞ㅣ 紛然並進하지만 대개는 工巧하다는 者ㅣ 幾多學者의 언설에만 표준을 세워 어떻다 무어라 함이 대개는 저 "언설"로부터의 그대로 옮겨짐이요, 實心에 비추어 何等의 合否를 商量한 것이 아니니. (같은 책, 1115면)

서양학문으로 대안을 삼는 것은 마땅하지 않다고 했다. 외국인이 하는 말을 그대로 옮기려고 하지 말고 비판해서 받아들여야 하고, 實心에 합당한 학문을 스스로 창조해야 한다고 했다. 창조적인 학문을 자기 확신에 따라 전개하기 위해서 실심이라고 한 근거를 찾아야 한다. 실심의 학문인 양명학을 이어받아야 한다고 주장했다.

> 금일 학문의 꼼꼼함, 똑똑함이 놀랄 만큼 발전되었다고 하자. 우리의 實心은 의연히 孑孑하여 누구도 돌아보는 사람이 없으매 의복은 남루하고 면목은 黧黑하여 죄 없이 비실비실하면서 골목길 으슥한 데로 넋 잃은 듯이 떠돌아다닌다. 그러면서도 차마 인간을 내어버리고 멀리 가지 못하여 때때로 얼굴을 보인다. 보이어도 누가 눈도 거들뜨는 사람이 없건만 그대로 혹 떠볼까 하고 아주 가지는 못한다. 그러다가 혹 떠보게 될 때는 어떠한 明鏡같이 획 한 번 비치며 옳다던 것도 그른 것으로, 안 해야 한다는 것도 꼭 해야 하는 것으로 가릴 수 없이 分別된다. 이것은 어디서 얻어온 것도 아니요 무엇에 因한 名利心도 아니다. (같은 책, 115-116면)

서양 학문에 대응하는 주체적인 노선을 찾는 것이 당연하다. 그러나 실심이 모든 것을 해결해준다는 착상은 너무 소박하다. "'實心'을 죽이고 '他說'을 살린다… '실심'의 시비분별로써 제지 또는 절제함이 없이 '타설'에만 倚支할 '타설'은 언제나 밖으로만 回翔하는 것이다."(같은 책, 116면) 실심에서 자설을 만들어야 한다는 것은 정당한 요구이다. 의도를 말한 서론이 정당하다고 해서 대책을 제시하는 본론이 정당하다고 할 수는 없다.

실심은 돌보지 않아 비참하게 되었다. 그러나 아주 없어지지 않아 되살릴 수 있다. 이렇게 말하려고 비유를 들고 수식을 한 대목이 상당한 감동을 줄 수 있지만, 논리적 타당성을 갖춘 것은 아니다. 실심이란 다른 '심'과 어떻게 다른가? 심은 어떤 구조로 이루어져 실심이라는 것이 있는가 말하지 않았다. 실심이 바람직한 상태로 존재한다는 것은 어떻게 입증되는가 하는 것은 근접해보지도 않은 한층 어려운 과제이다.

실심에 관한 논의를 스스로 전개하지 않고 양명학의 창시자 王陽明에게로 미루었다. 왕양명의 전개를 소개하고 학설을 설명하고, 계승자들에 관해 말해 의문에 대한 대답으로 삼으려고 했다. 그런 지식은 남들이 하는 말이 아니고, 虛學이 아니라는 증거는 무엇인가? 양명학 자체가 진실하므로 양명학에 근거를 둔 언설은 모두 타당하다는 동어반복을 하기만 했다.

<조선 양명학파>에서 양명학은 주자학의 배격으로 제대로 정착되지 못했지만 광범위한 뿌리를 내렸다고 했다. 그 이면까지 보아야 한다면서 세 가지 양명학자가 있다고 했다.(같은 책, 211) 저서나 언론에서 양명학자인 증거나 나타나 있는 사람에 崔鳴吉, 張維, 鄭齊斗 등이 있다고 했다. 양명학을 비난하면서 속으로는 양명학을 주장한 사람에 李匡師, 李令翊, 李忠翊 등이 있다고 했다. 양명학에 대해 말하지 않고 양명학의 생각을 나타낸 사람이 洪大容이라고 했다.

홍대용은 양명학과는 다른 기일원론의 이기철학인 氣學을 했다. 理學·心學과 별도로 氣學이 전개되어 전통철학의 세 흐름이 이루어진 것을 무시하고 홍대용을 심학자라로 한 것은 부당하다. 홍대용을 그렇게 이해했다면 평가하는 데 그치지 않고 이어받아야 했다. 새 시대를 이끌 새로운 학문의 원천을 왕양명에서 가져오지 말고 홍대용에게서 가져오면 더욱 발전된 논의를 할 수 있는데 그렇게

하지 않았다.

<후기>에서 결론 삼아 한 말을 들어보자. "반드시 自心으로 좇아 眞是眞非의 分別이 스스로 갈라져야 비로소 虛假圈에서 벗어나는 것이다."(같은 책, 239면) "원래 學問의 要는 自心上 獨知處로 좇아 그 念이 不正함이 없게 함에 있나니 실로 簡하다… 이 以上 一毫의 加工이 있을진대 이 곧 私僞요… 이 以外 一曲의 別路를 찾을진대 이 곧 妄邪니라."(같은 책, 240면) 서론을 되풀이했다. 주자학에 대한 비판이기는 해도 대안은 아니다. 인식의 자세를 말할 따름이고 인식의 내용을 말한 것은 아니다.

공격의 대상이 틀렸으므로 자기가 맞다. 자기가 하는 말은 이치가 자명하다. 이런 논법을 되풀이해서 사용하기만 하고, 대안이 무엇인지 말하지 않았다. 자심에서 나오는 주체적인 학문을 해야 하는 당위성을 역설하는 데 그치고 자기가 그렇게 하지는 않았다.

그 다음의 구상이 없는 것은 아니었다. 실심이나 자심에서 민족정신을 끌어내려고 했다. 1935년 <오천년간의 조선의 얼>을 써서 동아일보에 연재하다가 신문정간으로 중단되었다. '조선의 얼'이란 실심과는 거리가 먼 관념이다. 그것을 가지고 國學을 하려고 했는데, 새로운 학문을 마련할 수 있는 원리도 내용도 아니다.

<素昻氣說>

趙素昻은 중국에 망명해 임시정부에서 일하는 동안에 민족해방을 이룩하고 해방된 조국을 건설하는 지침이 되는 사상을 마련하고자 했다. 서양 근대사상 가운데 어느 것을 선택하면 해답이 있다고 여기지 않고 전통철학을 이어받아 외래 사상을 수용하고 새로운 구상을 하는 원리로 삼으려고 했다. 나라가 망하면서 중단된 사상 창조 활동을 더욱 활대해 세계 전체의 문제를 해결하는 데까지 나아가겠다고 했다.

목표로 하는 바가 "心卽物 理卽氣 철학에 則한 均智와 均權과 均富의 요구는 인간의 本願이며, 神治·貴治·民治를 經한 現 貧治 세대에의 세계사적 명령이며 세계적 최대 요망인 것이다"라고 하는 데 요약되어 있다.(<三均主義靑年同盟宣言>, 三均學會 편, 『素昻先生文集』, 횃불사, 1979, 하, 82면) "心卽物 理卽氣"는 기학의 명제이다. 기학을 발전시켜 세계사의 당면과제를 해결하는 최상의 사회체제를 이룩하는 원리를 제시하겠다고 했다. 전통철학의 세 흐름 이학·심학·기학 가운데 기학을 이어받으면서 앞에서 든 유인석이나 정인보와는 다른 관점에서 시대의 위기를 진단하고 해결하는 방안을 제시했다.

세계사는 '神治'·'貴治'·'民治'의 시대를 거쳐 이제 '貧治'에 이르렀다고 해서 무산계급의 시대가 왔다는 것을 인정하고, '智力'·'權力'·'富力'을 고르게 하는 '三均主義'를 이룩하는 것이 새 시대의 사명이라고 했다. 그러면서 그런 목표를 달성하는 방법이나 결과는 계급투쟁이 아닌 민족화합이라고 했다. 그래서 좌우익의 지론을 함께 받아들이고 함께 극복하는 제3의 노선을 제시하고자 했다. 그것이 과연 가능하고 의의 있는 일인가 하는 의문은 "心卽物 理卽氣"의 철학을 정립해서 해결하고자 했다.

그래서 이루어진 <素昻氣說>은 널리 알려지지 않았다. 한문으로 쓴 원고가 유고로 전하다가 전집을 낼 때 수록되었다. 분량이 얼마 되지 않는다.(같은 책, 상 341-342면) 그러나 전통철학을 재창조한 업적으로서 소중한 의의가 있다.

氣學을 잇는다고 제목에서 표방하고, 氣가 무엇인가 하는 문제부터 다루어서 기학 논설을 전개하는 방법을 이었다. 자가 철학을 전개하는 작업을 새롭게 전개했다. 재래의 기학에 머무르지 않고, 다른 사상을 널리 받아들였다. 유학 외에 불교와 동학, 그리고 서양의 과학사상까지 가져와서, 그것들이 서로 다르지 않다고 했다. 문화의식이 확대되어 핵심이 모호하게 되었다. 이학과 기학이 둘 다 그 나름대로의 주장을 가지고 공존할 수 있다고 했다. 그것은 논쟁을 없애면 화합할 수 있다는 논법이다.

모든 사상을 한데 가져다놓고 서로 다를 바 없다고 하는 것이 <素昻氣說>의 기본논지이다. "道亦器 器亦道 色卽空 空則色 人亦天 天亦人"(道는 器이고 器는 道이며, 色은 空이고 空은 色이며, 人은 天이고 天은 人이다)이라고 해서, 유학·불교·동학을 하나로 연결시켰다. "氣也者電子也"(氣라는 것은 電子이다), "分而爲五行四大, 展而爲九十二原子"(나누어지면 五行이고 四大이며, 펼쳐지면 92개의 원자이다)라고 해서 서양과학까지 덧보탰다. 그래서 모든 것을 받아들여 총괄적이고 총체적인 기학을 다시 만들면서, 임성주나 최한기가 보여준 기학의 의의를 약화시켰다고 하지 않을 수 없다.

> 無所造 無能造者 氣之體也 自爾而有起滅消長者 氣之相也 感相生相克之勢 覺取捨進退之機者 氣之用也
>
> 만들어지지도 않고 만들지도 않는 것이 氣의 體이다. 스스로 일어나고 없어지며, 소멸하고 성장하는 것이 氣의 相이다. 相生과 相克의 勢를 느끼고, 취사와 진퇴의 기미를 깨닫는 것이 氣의

用이다.

氣를 셋으로 구분한 것은 주목할 만한 새로운 견해이다. 體·相·用이라고 한 것들이 각기 내재된 특성, 외형화된 양상, 실제의 용도이다. 그 셋에 관한 논의를 모두 갖추어 기학을 다면화하고, 이론에서 실천에 이르는 단계를 명시한 것은 평가할 만한 시도이다. 그러나 자세하게 살피면, 논의 자체가 미비하고 빗나갔다고 하지 않을 수 없다.

"無所造 無能造者"라는 것은 氣則虛의 다른 표현인데, 그것만 體라고 할 수는 없다. 虛가 一氣이고 陰陽이어서 0이 1이고 2인 것을 모두 포괄하는 논의를 전개해야 한다. 相에서 陰陽의 작용하는 모습에 관해 말한 바도 미흡하다. 用에서 느끼고 깨달아야 할 사항으로 제시한 '相生相克'이 바로 氣 자체이다.

陰陽이 相生相克을 가진다는 말을 전면에 내세워야 하는데 그렇게 하지 못한 것은 相生에 해당하는 조화론을 표방했기 때문이다. 氣뿐만 아니라 理에도 體·相·用이 있다 하고, 天命·率性·修道를 든 것은 理學 쪽의 견해이다. 氣는 모호하게 만들어 특색을 없애고 理는 그대로 두어 뜻한 바와는 상반되게 이학으로 기울어졌다.

다루는 자료인 氣는 다양하게 포괄하고서, 그것들이 서로 충돌하지 않고 공존한다고 하는 理의 원리를 채택했다. 결국 이질적인 것들끼리 상생의 관계를 가진다고 하는 말만 하고, 상극의 관계는 논의에서 제외했다. 그 때문에 이중의 결함을 나타냈다. 한쪽에 치우쳐 있어 전체를 포괄하지 못했다. 처음 의도한 바와는 다르게 이학 쪽에 치우쳤다.

"心卽物 理卽氣"라고 한 것은 <素昻氣說>에서 한 걸음 더 나아간 명제이다. 心과 物, 理와 氣가 대등하게 열거되지 않고, 心이 物이고, 理가 氣이면, 그 둘 가운데 어느 것을 택할 것인가 하는 논란이 없어져, 心이나 理를 존중하는 우익과 物이나 氣를 존중하는 좌익이 하나가 될 수 있다고 본 것은 목표 설정이 적절하다. 그러나 心과 物, 理와 氣가 상생의 관계에 있다고 하는 것 이상의 논거가 없어 설정한 목표에 도달하지 못했다. 기학 본래의 지론에서 벗어나 방황한 것이 그 이유이다.

기학에서는 원래 心이든 物이든 氣이고, 理는 氣의 원리일 따름이라고 해서 氣 이외에 다른 것을 설정할 필요가 없다 했다. 음양으로 나누어진 氣가 상생의 관계도 가지고 상극의 관계도 가져, 生이 克이고 克이 生인 생극의 이치를 제시했다. 그 전통을 이은 생극론에서는 싸움이 화합이고, 화합이 싸움이라고 해서, 화합하기 위해서는 싸워야 하고, 싸우기 위해서는 화합해야 한다고 한다.

조소앙의 철학은 미완에 그치고 잊혀졌다. 남북 어느 곳에서도 이어받아 발전시키고자 하는 노력이 나타나지 않았다. 기본 내용인 기학을 남쪽에서는 철학의 전통을 말하는 데서 제외하는 것이 예사이고, 북쪽에서는 결격 사유가 있는 유물론이어서 과학적 유물론을 받아들이자 무용하게 되었다고 한다. 근대철학은 수입하는 것이 당연하다고 하다가 그렇지 않은 줄 알고 반성을 할 때에도 기학을 돌보지 않는다.

오늘날의 상황과 과제

오늘날에도 장지연과 같은 사고방식을 가지고 철학의 유산을 이해하는 사람들이 적지 않다. 정통을 가리는 관점에서 유학을 논하고 선현을 숭앙하는 이유가 정통을 이은 데 있다고 한다. 자기 선조에 그런 분이 있다고 하면서 현창하는 문중사업에 온갖 노력을 기울인다. 큰 행사를 다투어 벌이면서 해외까지 나간다.

그렇게 하는 것이 아주 잊는 쪽보다는 낫다고 할 수 있지만, 경계해야 할 부작용이 적지 않다. 선조 자랑으로 문벌 경쟁을 벌인다. 학문을 해야 할 사람들을 몇 푼 금전으로 동원해 시간을 빼앗고, 전체는 버려두고 부분만 보게 하고, 칭송을 일삼도록 한다. 전통철학이란 오늘날의 현실과는 동떨어진 복고주의의 온상이라는 오해를 자아낸다.

현상윤이 하던 일을 이어받아 유학사나 철학사를 다시 쓰고 개별적인 문제를 다시 검토하는 논문을 쓰는 학자들이 대학에 재직하고 대학원에서 공부를 하고 있어 다행이다. 덕분에 많은 연구가 새로 이루어졌지만, 서양철학 전공자들과 견주면 수가 너무 적고 활동이 활발하지 않아 유감이다. 불리한 여건을 타개하면서 더욱 분발할 일이다.

그러나 철학의 유산에 관한 연구를 사실의 차원에서 하는 것이 어떤 의의가 있는지 계속 의문이다. 심각한 논란이 벌어진 문제가 왜 제기되었는지 밝히고 주장의 타당성 여부를 검증하려면 논자 자신이 그 속에 뛰어들어야 한다. 소박한 관찰자의 자리를 견지하면서 실증주의 이상의 마땅한 방법이 없다고 하면, 논란의 이유와 의미가 흐려져 단순한 절충론 이상의 결론을 얻을 수 없다. 과거와 현재를 연결시키지 못해 철학을 다시 하는 발판을 얻지 못한다.

북쪽에서는 그 나름대로의 철학사 연구를 열심히 하면서 저작을 계속 내놓는다. 그 작업이 남쪽에까지 영향을 주어 비슷한 논조가 나타나기도 한다. 그러나 오늘날의 사상 창조를 위해 어떤 기여를 하는지 의문이다. 과거를 청산하면서 제한된 범위 안에서나마 평가해야 할 유산을 가려는 데 그친다. 진보사상이 유물론으로, 다시 주체사상으로 구현되어 있어 유산 계승에서 기대해야 할 것이 별반 없다고 생각한다. 결론이 이미 나 있어 새삼스러운 탐구가 필요하지 않다고 여긴다.

유인석의 주장은 찾아 읽는 일이 거의 없다. 의병장 유인석에 대한 평가에서 철학사상은 그리 큰 비중을 차지하지 않는다. 그러나 기본 발상을 그대로 잇는 사람들이 적지 않다. 理學의 가치를 계속 역설하고 모든 문제를 해결하는 방안으로 삼으려고 한다. 그것은 조상 숭앙에 지나지 않고 새 시대 창조를 위한 지침일 수 없다.

정인보는 학자로 기억되고 국학의 개척자로 평가된다. 대학에서 배운 제자들이 스승을 받들고, 재직하던 대학이 기념사업을 한다. 그러나 心學의 이치를 이어받고자 한 노력에 대해서 공감하는 것은 아니다. 과거의 사실로 설명하는 데 그치고, 문제점에 관한 논란이 벌어지지는 않으며, 후속 작업이 없다.

조소앙이 한 작업은 미비하고 세상에서 잊혀졌다. 철학의 유산을 새로운 창조를 하는 데 활용한 본보기로 들지도 않는다. 그러나 지속적인 의의가 있다. 기학이 이학이나 심학보다 한층 진전된 의의를 가지고 더 큰 일을 할 수 있다는 것을 입증한다. 전통철학을 계승해 서양 근대사상을 받아들이는 방법에 관해서 한층 개방적이고 융통성 있는 태도를 보인 것도 평가해야 한다.

현실에서 제기되는 문제가 조소앙의 사상을 되살리게 한다. 우리 사회 내부, 남북 관계, 한일관계, 한미관계에 크고 중요한 일들이 걸려 있다. 통일을 어떻게 이룩하고 통일 후의 사회를 만드는 과제 해결은 세계사의 진행 방향에 대한 통찰과 직결된다. 유럽문명권 주도의 이념과 기술이 세계를 제패한 근대를 넘어서는 다음 시대를 어떻게 예견하고 실현해야 하는가, 인류에 미래가 있는가 하는 더 큰 문제도 계속 제기된다.

그 모든 문제를 개별학문에서 나누어 감당할 수 없어 철학이 필요하다. 철학 수입을 다원화하는 것을 능사로 삼지 말고 총괄하는 철학을 해야 한다. 조소항이 시도한 바를 더욱 발전시켜야 한다. 새로운 조소앙이 나와 더 크고 분명한 작업을 해야 한다. 내가 하고 있는 생극론 정립이 그 가운데 하나일 수 있기를 바란다.

토 론

❑ 문: 불교철학은 왜 거론하지 않았는가? 한용운의 『朝鮮佛教維新論』 같은 것이 있는데.

❑ 답: 그런 저작에서 불교를 철학으로 논한 것은 아니다. 한용운 전집을 보아도 철학에 관한 논의를 체계를 갖추어 한 것은 찾기 어렵다. 불교철학사를 쓰고 불교철학을 새롭게 이룩하고자 하는 노력은 아직까지 볼 만한 성과를 이룩하지 못하고 있어 유감이다.

❑ 문: 북한에서 1960년에 『조선철학사』를 낼 때 남쪽의 철학사는 어떤 것이 있었는가?

❑ 답: 남쪽에서는 오랫동안 철학사를 내지 못했다.

❑ 문: 그 이유가 무엇인가?

❑ 답: 북쪽에서는 사회과학원을 만들어 계획적인 연구를 하고 대학 강의도 충실하게 할 때, 남쪽에서는 차질을 빚고 혼란을 겪었다. 교수들이 먹고 살기 어려워 이 대학 저 대학 강의를 나가면서 시간을 낭비했다. 학문은 수입하는 것이 마땅하다고 여겨 스스로 연구하려고 하지 않았다. 그런 폐단이 특히 철학에서 심했다. 서양철학이라야 철학이라고 여기고 우리 철학 연구는 뒷전으로 밀어냈다.

그러다가 1980년대 이후에 변화가 나타났다. 북쪽에서는 하는 연구는 같은 작업을 되풀이하면서 생기를 잃다가, 유물론에서 주체사상으로 전환한다면서 학문의 보편성에서 멀어지고 고립되는 길에 들어섰다. 남쪽에서는 학문을 할 만한 여건이 마련되고, 우리 문화에 대한 독자적인 연구에 힘쓰기 시작했다. 여러 분야에서 많은 업적이 나오고 수준이 높아졌다. 그런데 철학은 전환에 뒤떨어져 아직까지 문제가 많다.

❑ 문: 철학은 문제가 많다는 것이 무슨 말인가?

❑ 답: 수입학에 머무르고 자립학도 힘써 하지 않으며 창조학으로 나아가려고 하지 않는다.

❑ 문: 그 이유가 무엇인가?

❑ 답: 예전부터 철학을 힘써 하지 않아 그런 것은 아니다. 철학에서는 풍요에서 빈곤으로 극단적인 전환을 했다. 국권을 잃고 식민지 통치를 받을 때의 상처가 철학에서 특히 심각하게 나타난 탓이라고 생각된다. 일본은 철학의 유산이 빈약하고 서양철학 수입으로 철학을 시작한 반면에, 세부적인 사실을 밝히는 역사학은 원래 잘 해 실증사학을 근대학문의 주역으로 삼았다. 일본의 자극과 영향으로,

우리 학자들도 역사학은 열심히 하면서 오늘날의 철학은 수입으로 대치하고, 과거의 철학은 실증사학의 그리 긴요하지 않은 소관사로 삼았다.

❑ **문**: 과거의 철학을 실증사학의 소관사로 삼은 것이 왜 잘못인가?

❑ **답**: 실증사학은 가시적인 사실을 과학적인 방법으로 고증한다고 자부한다. 理氣心性에 관한 논란은 공리공론이라고 여기고, 실학이 대두해 효력을 잃었다고 한다. 철학사를 왜곡하고 철학의 의의를 부정한다. 철학의 풍요를 철학의 빈곤으로 바꾸어놓고 대단한 일을 했다고 자부한다.

❑ **문**: 왜 일본과의 비교를 자주 하는가? 잘못된 것은 일본 탓이라고 하려는 것인가?

❑ **답**: 일본은 경쟁과 협력의 가장 중요한 상대이기 때문에 비교고찰을 힘써 해야 한다. 知彼知己라는 말이 있지 않는가. 知彼로 知己를 하고, 知己로 知彼를 해야 한다. 일본은 하기 어렵고 우리가 잘하는 일이 있어야 일본에 도움을 줄 수 있다. 잘못된 것은 일본 탓이라고 하지 않고, 일본에 도움이 될 것을 잃어버려 둘이 서로 필요로 하는 우호관계를 잃는다고 개탄한다.

우리가 더 잘 해서 일본을 도울 수 있는 것은 음식·공연예술·철학이다. 김치가 유행하고 韓流가 일어나 앞의 둘은 잘 알려졌다. 그런데 일본은 잘 하지 못하는 철학을 우리가 잘 해 도움을 줄 수 있다는 것은 아는 사람이 거의 없다. 우리도 일본처럼 철학을 잘 못하는 것이 마땅하다고 한다. 일본의 실증사학과 우리의 철학창조가 동아시아 학문의 주역 노릇을 함께 하는 우호적인 관계를 가지고 세계 학계로 동반해 진출해야 한다.

❑ 문: 과거에 한문으로 쓴 철학이 한국철학인가? 우리말을 사용한 철학이라야 한국철학이 아닌가?

❑ 답: 한국에서 이룩한 한문철학은 동아시아철학이면서 한국철학이다. 공동문어를 사용한 철학을 문명권 전체의 공유물로 삼은 것이 산스크리트 · 아랍어 · 라틴어문명권에서 일제히 확인되는 공통된 현상이다. 공동문어철학을 민족어철학으로 바꾸어놓으면서 근대철학을 마련했다. 민족어철학은 표현 방식에서 자국의 것이지만, 다룬 내용에서는 문명권 전체의 유산을 인류를 위해 가공해 내놓는 보편성을 지닌다. 보편성은 철학의 생명이다.

민족어철학을 하려면 말을 바꾸면 되는 것은 아니다. 유산 상속을 철저하게 해서 질을 높여야 한다. 라이프니쯔(Leipniz)까지의 라틴어 철학을 칸트(Kant) 이후에 독일어철학으로 바꾸는 과정이 연속되고 단절은 없었다. 그런데 우리는 한문철학을 잃고 빈털터리가 되어 철학을 수입하려고 한다. 수입품을 순수한 우리말로 옮기면 우리 철학을 한다는 것은 착각이다. 철학을 쉽게 풀이하라고만 하고, 제대로 된 철학 책을 쓰라고 하는 요구는 없다.

❑ 문: 철학을 쉽게 하는 것이 왜 잘못인가?

❑ 답: 만화철학이 있을 수 있는가? 심각하게 생각하고 진지하게 따지려는 자세가 없이 독서를 하면 철학은 존재 이유가 없다. 쉬운 책이 아쉽다기보다 어려운 책이 없어 걱정이다. 외국 철학서는 원전이든 번역이든 어려워도 읽는데, 국내 저자가 지은 책은 쉽게 읽고

필요할 때 참고로 하려고 하지 힘들여 읽으려고 하지 않는다. 힘들여 읽으면 노력 이상의 소득이 있다고 보증하는 책이 여럿 나와야 한다. 철학창조의 업적이라야 그럴 수 있다.

독일의 경우를 다시 들어보자. 영국에서는 산업혁명을, 프랑스에서는 시민혁명을 하는 데 상응해 독일에서는 독서혁명을 했다고 한다. 난해한 철학서를 힘들여 읽는 운동이 자발적으로 일어나 경제나 정치에서는 후진국인 독일이 문화에서 그 둘과 대등하게 되었다. 일본의 경제, 중국의 정치에 상응하는 역량을 문화에서 키우는 것이 우리가 힘써 해야 할 일이다.

제10강 선악 판정의 근거 논란

四端七情論

李滉은 무엇을 했다고 크게 숭앙되는가? 성리학의 높은 경지에 이른 큰 스승이다. 성리학은 무엇을 하는 학문인가? 도의를 확립해 세상을 바로잡으려고 했다. 도의를 어떻게 확립하려고 했는가? 도의의 근원이 되는 착한 마음에 대한 깊은 탐구를 해서 확고부동한 결론을 얻었다.

이 정도로 입문이 되었다고 여겨지면 본론에 들어갈 수 있다. 이황은 사람이 왜 선하기도 하고 악하기도 하는가 하는 문제를 다루었다. 사람의 마음에 선한 마음도 있고 악한 마음도 있다는 것을 말하고, 그 둘은 어떤 관계에 있는지 밝혀내려고 했다. 악한 마음을 누르고 선한 마음을 키워야 세상을 바로잡는 것을 목표로 삼고 그 근본이 되는 작업을 했다.

그렇게 하는 데 두 가지 조건이 있었다. 하나는 유학의 경전을 논의의 출발점으로 삼는 것이었다. 선한 마음은 四端이라고 하고, 악한 마음은 七情이라고 하는 용어와 개념을 유학의 경전에서 가져왔다. 선한 마음과 악한 마음의 관계를 따지는 이론의 틀은 理氣철학으로 했다.

사단은 『孟子』에 나오는 惻隱·羞惡·辭讓·是非의 마음이다. 가엾게 여기고, 부끄럽게 여기고, 사양하고, 시비를 가리는 마음이다. 그 넷이 각기 仁·義·禮·智의 端이라고 했다. 端이란 단서 또는 발단을 뜻한다. 仁·義·禮·智가 넷이니 그 단서 또한 넷이다. 넷이 정해진 수이다.

칠정이란 『禮記』에서 말한 喜·怒·哀·懼·愛·惡·欲이다. 기뻐하고, 노여워하고, 슬퍼하고, 두려워하고, 사랑하고, 미워하고, 욕심내는 마음이다. 사람의 마음을 이것저것 들다가 일곱이 되었다. 일곱이 정해진 수는 아니다.

사단과 칠정은 소종래가 다르고, 수도 짝이 맞지 않아 함께 논하려고 하니 차질이 생겼다. 가장 어려운 점은 선악 구분에 문제가 있는 것이다. 사단이 착한 마음인 것은 분명하지만, 칠정은 악한 마음이라고 하기 어려워 악할 수 있는 마음이라고 했다. 착한 마음과 악할 수 있는 마음을 대조해 논하기 어렵다.

악한 마음을 지칭하는 용어는 다른 것을 가져오면 좋았을 것 같은데 두 가지 이유 때문에 그럴 수 없었다. 유학의 경전에 없는 말을 기본 용어로 사용할 수 없다. 선악을 아주 갈라놓는 것은 바람직하지 않고, 둘 사이에 겹치는 영역이 있다고 해야 했다.

선한 마음과 악한 마음의 관계를 따지는 이론의 틀인 이기철학은 유학의 경전에 근거를 두고 출발했다고 하지만 후대에 정립되었다. 논리 정연한 체계를 갖추고 천지만물의 이치를 다 밝히고자 했으나 미비점이 있어 논란이 거듭되었다. 사단과 칠정에 관한 논의는 이기

철학의 장점보다 미비점을 더 잘 보여주었다.

사단과 칠정 구분론을 이기철학으로 전개하는 것은 성리학의 핵심 과제였다. 그래야만 성리학이 목표로 하는 도의를 확립해 세상을 바로잡는 근거가 마련된다. 중국 송대의 성리학자들이 해보려고 하다가 朱熹에 이르러서도 뚜렷한 성과에 이르지 못한 미결과제이다.

이황이 그 미결과제를 맡아 나섰다. 주희의 뒤를 이어 성리학을 완성하려면 피할 수 없는 일이었다. 奇大升이 토론자로 나서서 논란이 거듭되었다. 기대승은 이황의 제자이지만 스승의 견해를 그대로 따르지 않았다. 이황이 사단과 칠정을 理氣로 논하면서 사단은 理에서, 칠정은 氣에서 나왔다고 하니 理와 氣를 분리시키는 잘못이 있다고 했다. 편지를 주고받으면서 토론을 거듭하다가 이황은 다음과 같이 결론지었다.

> 四端 則理發而氣隨之 七情 則氣發而理乘之 (李滉, <答奇明彦論四端七情第二書 改本>, 『退溪集』 권18에서)
>
> 四端은 理가 발하고 氣가 따르며, 七情은 氣가 발하고 理가 탄다.

理와 氣는 함께 작용하면서도 서로 다르다. 사단과 칠정은 理와 氣의 작용이면서 차등이 있다. 이 두 명제를 훌륭하게 구현해 모든 시비가 끝난 것 같다.

사단은 理가 발하고 氣가 따르며, 칠정은 氣가 발하고 理가 탄다. 이렇게 말하면 사단과 칠정이 둘 다 理와 氣의 작용으로 이루어지면서 무엇이 다른지 명확해진다. 사단은 理가 발하고, 칠정은 氣가 발한다. 사단은 理가 발하고 氣가 따르며, 칠정은 氣가 발하고 理가 탄다. 따르는 氣는 하인이라면, 타는 理는 주인이다.

그러나 문제가 모두 해소된 것은 아니고, 새롭게 제기된다. 理가 발한다고 했는데, 그럴 수 있는가? 理는 이치이거나 원리인데 어떻게 스스로 움직이는가? 발하는 것은 氣일 따름이라고 하는 반론이 제기된다.

더 큰 문제는 사단과 칠정을 분리시킨 것이다. 사단은 理先氣後이고, 칠정은 氣先理後이다. 理先氣後에서는 氣가 理를 따르고, 칠정은 氣先理後에서는 理가 氣를 탄다. 이렇게 되니 사단과 칠정은 만날 길이 없다. 출처가 다르고 지향점이 같지 않다.

착한 마음과 악한 마음은 출처가 다르다. 출처에 따라 지향점이 정해져 있어 서로 만나는 일은 없다. 만나지 않으니 뒤바뀌는 것은 생각할 수도 없다. 착하고 악한 것은 출처에 따라 결정된다. 출처가 선하면 선하고, 출처가 악하면 악하다.

이치가 과연 이런가? 이렇다고 해서 어떤 이득이 있는가? 이것이 커다란 문제이다. 어떤 이득이 있는가 하는 쪽부터 보자. 이득이란 도덕적 교화에 기여하는 것이다. 사단의 선한 마음을 드러내고 칠정의 악할 수 있는 마음은 눌러야 한다. 이것이 실현 가능한 말인가? 惻隱·羞惡·辭讓·是非의 마음을 내면서 살고, 喜·怒·哀·懼·愛·惡·欲은 되도록 없도록 할 수 있는가? 喜·怒·哀·懼·愛·惡·欲은 악할 수 있다는 이유에서 아예 배격해 악하지 않을 수 있는 다른 일면마저 버리라고 하는 것은 마땅한 교화가 아니다. 그릇된 목표이고 실현 가능하지도 않다.

人心道心論

李珥는 성리학 확립을 공동의 과제로 삼으면서 이황과는 견해차가 있었다. 이황이 理도 발한다고 한 데 반대하고, 이이는 발하는 것은 오직 氣라고 했다. 착한 마음이든 악한 마음이든 氣가 발해서 이루어진다는 것은 다를 바 없다. 출처는 같으면서 지향점이 다르다고 했다.

선한 마음이든 악한 마음이든 다 같은 마음이고 氣가 발해서 이루어진다고 하려면 양쪽 마음을 지칭하는 용어를 바꾸어야 한다. 사단과 칠정 대신 다른 것들을 택해야 한다. 그래서 道心과 人心을 대안으로 삼았다. 『書經』의 한 대목에서 "人心惟危 道心惟微"(인심은 위태롭고, 도심은 희미하다)라고 한 데 있는 말이다. 유학의 경전에서 가져온 용어라야 한다는 조건에 맞다. 그 대목에 朱熹가 주를 달면서 "人心人欲也 道心天理也"(인심은 인욕이고, 도심은 천리이다)라고 해서 성리학에 합당한 의미 규정을 했다.

양쪽의 개념 구분을 견주어보면, 사단과 도심은 착한 마음인 점에서 같다. 七情은 악할 수도 있고 착할 수도 있는 마음이지만, 인심은 악하기만 한 마음이다. 도심과 인심이라고 일컬어 착한 마음과 악한 마음이 양분되었다고 할 수 있으나, 개념의 차원에서는 그렇고 실상에서는 그렇지 않다. 인심이든 도심이든 心이다. 心이기에 가까운 관계를 가지고 상통한다.

사단과 칠정을 열거할 때에는 선한 마음인 사단을 먼저 들고 악한 마음인 칠정을 나중에 들지만, 인심과 도심은 그렇지 않다. 원래부터 인심을 먼저 들고 도심을 나중 들었으며, 그 순서를 바꾸지 않았다. 인심을 먼저 들어 사람이 인심을 지닌 것이 당연하다고 인정하고 도심으로 나아갈 길을 찾았다.

이황은 사단과 칠정의 문제를 편지 여러 편에서 지루하게 거론하면서 말을 거듭 바꾸었다. 그 경과에 흥미를 가진 호사가들을 위해 좋은 일거리를 제공했으나, 핵심을 명확하게 알고자 하면 짜증스럽다. 이이는 <人心道心圖說>이라는 글을 한 편 짤막하게 쓰고 도표를 그려 넣어 할 말을 다 했다. 그 가운데 특히 요긴한 대목을 최소한으로 줄여 인용해도 어떤 지론을 폈는지 알 수 있다.

> 道心… 其發也 爲道義… 人心… 其發也 爲口體… 初無二心 只發處有此二段 …知其爲人心 則精而察之 必而道心節制 而人心常聽命於道心 則人心亦爲道心矣 (李珥, <人心道心圖說>, 『栗谷全書』 권14에서)
>
> 도심은 발할 때 도의를 위하고, 인심은 발할 때 입과 몸을 위한다. 처음에는 두 마음이 없는데 발하는 단서가 둘이다. 인심인 줄 알고 자세하게 살펴 도심으로 절제해 인심은 줄곧 도심의 명령을 듣도록 하면, 인심 또한 도심이 된다.

이 대목에서는 관례를 어기고 도심을 먼저, 인심을 나중 든 것은 가치의 서열을 분명하게 하려고 했기 때문이다. 도심과 인심은 氣가 발해 생기는 마음인 점에서 같지만, 도심은 도의를 위하고, 인심은 입과 몸을 위한다고 했다. "위한다"는 것을 원문에서 "段"이라고 하고 번역에서는 "단서"라고 했다. 그 말을 동기라고 풀이해, 마음을 내는 동기가 둘이라고 할 수 있다. 지향점이라고 하는 것이 한층 적극적인 해석이다. 도심은 도의를 위하는 것을 지향점으로 해서,

인심은 입과 몸을 위하는 것을 지향점으로 해서 생겨나는 마음이라고 할 수 있다.

단서나 동기보다 지향점이 더 나은 것은 지속성을 문제 삼는 데 유리하기 때문이다. 단서나 동기는 쉽사리 버릴 수 있지만 지향점은 그렇지 않다. 도의를 위하는 것을 지향점으로 해서 생겨난 도심은 계속 도심이기만 하고, 입과 몸을 위하는 것을 지향점으로 해서 생겨난 인심 또한 계속 인심이기만 한가? 이것이 문제이다.

위의 인용구에서 이 문제를 다루었다. 처음에는 인심이었던 것이 중간에 지향점을 바꾸어 도심이 될 수 있다고 했다. "인심 또한 도심이 된다"고 한 것이 그 말이다. 지향점을 바꾼다는 것은 무슨 말인가? 낸 마음이 인심이라는 사실을 스스로 알아 잘 살펴 이해하고, 도심이 인심을 절제하고, 인심이 도심의 명령을 듣도록 하면 지향점 변화가 일어나 인심이 도심으로 바뀐다고 했다.

인심을 낼 때 도심도 함께 내서 도심이 인심을 간섭하면 그렇게 된단 말인가? 이것이 필수적인 조건이라고 하면 난점이 생긴다. 인심과 도심이 따로따로 나온다면 도심이 인심을 간섭하지 않고 두 마음이 섞여 나온다고 하는 편이 더욱 적합하다. 인심과 도심은 지향점이 달라 별개라는 지론을 지키려면, 나온 마음은 인심만이지만 입과 몸을 위하다가 도의를 위하는 쪽으로 넘어갈 수 있다고 하는 편이 더욱 합당하다.

처음에는 인심이었던 마음이 나중에는 도심으로 바뀔 수 있다면 그 반대의 경우도 있다고 인정해야 한다. 그렇게 해야 사단칠정론과 다른 인심도심론의 지론이 완성된다. 착하고 악한 것은 출발점이 아닌 도달점을 보고 판단해야 한다. 동기가 아닌 결과가 평가의 대상이다. 동기는 확인 불가능한 경우가 대부분이지만 결과는 명백하다. 이렇게 말해야 한다.

그런데 도심이 인심으로 바뀔 수 있다는 반대의 경우는 말하지 않고 중간에 물러섰다. 생각이 미치지 못한 탓인가? 지나치게 앞서 나가지 않으려고 했기 때문인가? 결과를 보고 판정해야 한다고 하면 생기는 난점을 예상하고 피한 것인가? 선악을 도달점 또는 결과를 보고 판정한다면 도의라는 기준이 너무 모호하고 자의적이다. 상황이 문제되어야 하고, 다른 사람들에게 끼친 바를 말해야 한다.

人心善惡論

尹鳳九는 이이의 학통을 이은 후계자들 사이에서 人·物性同異 논쟁이 일어났을 때 人·物性異論에 가담했다. 人·物性異論이라고 하는 것은 人·物性因氣異論이다. 사람이든 동물이든 氣의 구체적인 양상에 입각해 이해하면서 각기 다른 삶의 방식을 중요시하자고 했다. 理는 모두 하나라고 하지 말고, 氣에 따라 달라지는 양상을 주목하자고 했다.

윤봉구는 그런 관점에서 人心·道心을 재론했다. 이이의 견해를 그대로 이은 것 같으나, 주목할 만한 차이가 있다. 각론을 중요시하는 관점에서 人心을 논했다.

> 如以飮食男女言之 其爲飮食男女而生者 當於理 則此只是人心之善者 何可喚看爲道心也 若以人心之善者 便謂之道心 則人心只是惡一邊而已 其可乎哉 (尹鳳九, <心性情合人心道心圖說>, 『屛溪集』 권35)

음식이나 남녀를 예로 들어 말한다면, 음식이나 남녀를 위해 생기는 마음이 理에 합당하면 그것은 인심 가운데 선한 것이다. 어째서 도심이라고 불러야 하겠는가? 만약 인심 가운데 선한 것은 도심이라고 한다면, 인심은 다만 악한 쪽이기만 하니, 그래서 되겠는가?

이이가 "口體"라고 한 것을 "飮食男女"라고 분명하게 지적했다. 먹고 살면서 남녀관계를 가지는 것이 사람이 살아가는 구체적인 모습이다. 그런 것들을 위하는 인심은 나쁜 마음이라고 한 이이의 견해를 윤봉구는 이었다.

이이는 "도심으로 절제해 인심은 줄곧 도심의 명령을 듣도록 하면, 인심도 도심이 된다"고 했다. 윤봉구는 "음식이나 남녀를 위해 생기는 마음이 理에 합당하면 그것은 인심 가운데 선한 것이다"라고 하고, "어째서 도심이라고 불러야 하겠는가"라고 했다. 두 말은 비슷한 것 같지만 다르다.

이이는 인심이 그 자체로 선한 마음일 수 없고, 도심을 따르면 도심이 된다고 했다. 윤봉구가 인심이 "理에 합당하면"이라고 한 理는 그 자체에 있는 것이고 도심의 道에서 가져오지 않았다. 그래서 인심이 도심이 되지 않고, 그 자체로 선할 수 있다고 했다. 그것이 人·物性因氣異論의 견해이다. 인심에 선한 마음도 있고 악한 마음도 있다고 하니 人心善惡論이라고 할 수 있다.

이이는 인심이 악하고 도심은 선하다고 분명하게 말했다. 칠정이 악하기도 하고 선하기도 하다고 한 모호한 견해를 시정하고 이치를 분명하게 했다. 그런데 윤봉구는 인심은 악하기도 하고 선하기도

하다고 했다. 이이가 세운 체계를 무너뜨리고 생각을 바꾸었다.

이이는 선한 마음이 도심뿐이라고 했다. 윤봉구는 선한 마음이 인심에도 있고, 도심에도 있다고 했다. 그 둘은 사단과 칠정처럼 별개의 것이 아니고 다 같은 心이다. 양쪽의 착한 마음이 별개의 것이라고 할 수 없다. 그렇다면 인심에 선한 마음이 있는데 도심의 선한 마음이 왜 따로 있다고 해야 하는가? 둘을 합쳐 이해하는 것이 마땅하지 않는가? 이런 의문이 제기된다.

도심의 착한 마음은 도의를 지향점으로 했으니 음식이나 남녀를 지향점으로 한 인심과는 차원이 다르다. 이런 주장을 내세워 의문을 막을 수 있다. 그러나 음식이나 남녀라는 말로 집약해 나타낸 현실적인 삶을 그 자체의 도의에 맞게 영위하는 것이 마땅하지 도의를 별개의 것으로 설정할 필요가 있는가? 이런 의문을 다시 제기할 수 있다.

生殺善惡論

음식이나 남녀라는 말로 집약해 나타낸 현실적인 삶을 그 자체의 도의에 맞게 영위하는 것이 선이다. 이미 제기되어 있는 이런 견해가 任聖周, 洪大容, 朴趾源 등이 나타나 人·物性因氣同論을 이룩하자 더욱 분명해졌다. 사람이든 동물이든 氣로 이루어지고 氣의 작용인 삶을 누리는 것은 마찬가지고, 삶을 누리는 것 자체가 선이라고 했다.

그렇다면 악은 무엇인가? 칠정에서 나오는 마음은 악하다고 할 것은 아니다. 그런 견해에서 까마득하게 멀어졌다. "口體" 또는 "飮食男女"를 지향점으로 한 인심은 악하다고 할 것도 아니다. "飮食男女"를 지향점으로 한 인심은 그 자체의 도리에 합당하지 않으면 악하다고 하는 것도 받아들일 수 없는 견해이다.

道, 道理, 理 등으로 표방하는 것들과 무관하게 그냥 살아가는 예사 사람은 악하다고 하는 것은 무리한 주장이다. 선의 기준을 일방적으로 정해놓고, 그것과 맞지 않으면 악하다는 것은 용납할 수 없는 횡포이다. 사람의 마음이나 행위가 선악으로 양분되고 그 중간은 없다고 하는 것은 더욱 부당하다.

그렇다면 악은 무엇인가? 삶을 누리는 것이 선이고, 삶을 유린하는 것이 악이다. 이 견해는 生殺善惡論이라고 일컬을 수 있다. 이에 대해 박지원은 다음과 같이 말했다. 범이 사람을 나무라면서 했다는 말이다.

> 夫非己有而取之 謂之盜 殘生而害物者 謂之賊 汝之所日夜遑遑揚臂怒目 挐攫而不恥 甚者呼錢爲兄 求將殺妻 則不可不論於倫常之道矣 (朴趾源, <虎叱>, 『熱河日記』 關內程史에서)
>
> 무릇 자기 것이 아닌데 취하면 盜라고 하고, 삶을 유린하고 物을 해치면 賊이라고 한다. 너희는 밤낮 쏘다니며 팔을 걷어붙이고 눈을 부라리고 빼앗고도 부끄러워 할 줄 모른다. 심한 자는 돈을 형님이라고 한다. 장수가 되려고 아내를 죽이기도 한다. 그러니 윤리 도덕을 다시 논할 수 없다.

악은 어느 누구의 행위를 그 자체로 평가해서 판정할 것이 아니다. 다른 사람들과의 관계에서 잘못을 저지르는 것이 악이다. 다른 사람들의 재물을 탈취하는 것과 생명을 상해하는 것이 악이다. 사람은 재물이 있어야 살아가므로 재물을 탈취하는 것도 삶을 유린하는 행위이다.

"殘生而害物"이라고 한 구절에서 "殘"과 "害"는 죽이고 해친다는 말이다. "生"은 사람이고 "物"은 동물이다. 人·物性同異를 말할 때의 "人·物"과 같다. 동물을 함부로 죽이는 것도 악이라고 했다. 맹수는 먹기 위해 필요할 때 다른 동물을 죽이는데, 사람은 죽이는 것 자체를 즐기니 용서할 수 없다고 나무랐다. 더 큰 악은 사람들이 서로 죽이고 해치고 빼앗는 것이다. 완력이 강하면 그런 것만은 아니다. 권력이나 재력에서 강자인 쪽이 약자인 쪽을 괴롭힌다. 그래서 생기는 사회악이 가장 큰 악이다.

사회악에 허위의식이 추가되면 사태가 심각해진다. "심한 자는 돈을 형님이라고 한다"고 하고, "장수가 되려고 아내를 죽이기도 한다"고 한 것이 그 단적인 예이다. 여러 말로 복잡하게 설명하지 않고 극도에 이른 증상을 둘 들었다. 앞의 것에서는 재물을, 뒤의 것에서는 명예를 우상화해서 가치를 왜곡한다.

형님을 섬기는 것이나 장수가 되어 나라를 위하는 것은 도리에 합당하다. 그 자체로 보면 도심의 발로로 생각된다. 그러나 한 행위는 이어져 있는 다른 행위와의 관계에서 평가해야 한다. 한 사람의 삶은 다른 사람들의 삶과 어떻게 맺어졌는지 알아서 선악을 구분해야 한다. 그래야 허위의식이 보태져 더욱 심각한 양상을 지닌 사회악을 찾아내 나무랄 수 있다.

모아서 다시 따지기

사단칠정론·인심도심론·인심선악론·생살선악론이라고 일컬은 네 견해는 분명하게 구분되는 단계적인 차이를 가지고 사람의 선악을 논했다. 이어받아 활용하면 윤리사상사가 전개되어온 과정을 명확하게 정리할 수 있다. 어렵고 복잡한 논의를 많이 줄이고 무엇이 문제이고 문제 해결을 위해 어떤 노력이 있었는지 쉽사리 알 수 있게 한다.

그러면서 그 네 견해는 동시에 존재하는 생각의 차원이기도 하다. 그 넷 가운데 어느 하나를 주장하는 사람들이 우리 주변에 흔히 있다. 곰곰이 따지면 선악을 구분하는 이치는 그 넷으로 정립된다. 고인이 남긴 유산을 활용해 일반론을 이룩하는 것이 그런 밑천이 있는 줄 모르는 경우보다 유리하다.

오늘날 윤리사상은 수입해다 쓰는 것이 관례이다. 수입해서 나쁠 것은 없지만 우리 것은 잊고 남의 것만 아는 것은 잘못이다. 자기 것이 있어야 필요한 것을 수입해 잘 활용할 수 있다. 비교연구를 하거나 자타의 견해를 합치려고 해도 우리 것을 알아야 한다.

우리 것을 모르고 있었다고 하면 잘못이다. 위에서 거론한 네 견해에 관해 많은 기존연구가 있다. 오히려 너무 많아 헷갈리게 한다. 구슬이 서 말이라도 꿰어야 보배라는 평범한 속담이 상당한 설득력을 가지는 사례이다. 사단칠정론 원문과 논의 성과를 다 읽어나가면서 하나하나 정리하고 시비하기로 한다면, 커다란 수렁에 빠진 것 같아 인내심의 극한까지 발휘해도 살아나온다는 보장이 없다.

이 글을 쓰면서 기존연구를 검토하고 논의에 들어가는 규칙을 어겼다. 학술 논문 쓰기에서 벗어나 반칙의 자유를 누린 덕분에 신선한 발상을 얻을 수 있었다. 기존 연구 검토부터 착실하게 했다면 몇 갑절 긴 글을 쓰면서 문 밖에서 헤매고 있었을 것이다. 물불 가리지 않고 용감하게 나서서 내가 하고 싶은 대로 해서 얻을 만한 것을 얻었다.

기존 연구는 여기서 논의한 대상을 각기 따로 다루고 연결시키지 않았다. 세부로 들어가기만 하고 전모는 살피지 않았다. 과거를 과거로 논하기만 하고 오늘날의 문제를 해결하는 일반론은 생각하지 않았다. 너무 많은 것을 알고 말한 탓에 유식이 무식이다. 나는 아는 것이 적고 말을 아낀 덕분에 무식이 유식임을 입증했다.

지금까지 논의한 선악 판정에 관한 네 견해를 정리해보자.

(가) 사단칠정론에서는 선악은 출처가 다르다. 사단이라고 하는 도의의 근원 선한 마음에서 선이 나오고, 칠정이라고 하는 정감의 원천 악한 마음에서 악이 나온다고 한다.

(나) 인심도심론에서는 선악을 지향점에 따라 구분한다. 자기 몸을 위하려고 하는 마음은 악하고, 도의를 위하려고 하는 마음은 선이다. 시작과 끝이 달라져 악이 선으로 바뀔 수 있다고 한다. 그렇다면 선이 악으로 바뀔 수도 있는 것도 가능하다.

(다) 인심선악론에서 선악을 지향점에 따라 구분하고, 자기 몸을 위하려고 하는 마음은 악하다고 하는 것은 인심도심론과 같다. 그러면서 자기 몸을 위하려고 하는 마음이라도 그 자체의 도리에 합당하면 선하다고 한다.

(라) 생살선악론에서는 삶을 누리는 것 자체가 선이고 삶을 해치는 것이 악이라고 한다. 해치는 대상에 사람뿐만 아니라 다른 생명체까지 포함된다. 재물이나 명예를 획득하기 위해 사람을 해치는 폐단이 특히 크다고 한다.

활용방안 1

사단칠정론 · 인심도심론 · 인심선악론 · 살생선악론은 문학작품에 나타난다. 이 넷을 작품이해의 방법으로, 문학사 서술의 얼개로 삼아 유용하게 쓸 수 있다. 이미 시도한 작업과 연관시켜 논의를 진전시킨다.

사단칠정론은 선악이 미리 정해져 있어 평행선을 달리기나 하고 서로 얽히지는 않는다고 하므로, 서정이나 교술 작품에 나타난다. 시조는 사단에서 나왔다는 것과 칠정에서 나왔다는 것이 서로 대조가 된다. 그 둘을 本然之性의 시조와 氣質之性의 시조라고 일컫고 자세하게 고찰한 바 있다.(<시조의 이론, 그 가능성과 방향 설정>, 『우리문학과의 만남』 홍성사: 1978, 기린원: 1988) 갖가지 교훈가사도 이에 해당한다.

인심도심론은 선악을 대조해 다룬 작품에 두루 보인다. 선인과 악인의 대결로 진행되는 소설이 좋은 본보기이다. 선악 구분의 기준은 별도로 설정된 도의이다. 『조웅전』 등의 영웅소설이 모두 이런 작품이다. (<영웅소설 작품구조의 시대적 성격>, 『한국소설의 이론』, 지식산업사, 1977에서 이에 관해 고찰했다.) 대결이 가족 사이에서 벌어지면 악인이 선인의 감화로 개심해서 선인이 되었다고 한다. 『사씨남정기』나 『창선감의록』이 그 좋은 본보기이다.

인심선악론은 도의의 실현자라고 평가할 것 없는 사람들이 나날이 살아가는 모습을 그린 작품에 널리 보인다. 자기 몸을 위하려고 하는 마음이라도 그 자체의 도리에 합당하면 선하다고 하는 지론은 남녀의 결연을 다채롭고 흥미롭게 그리는 소설이 있다. 『사씨남정기』의 작가 김만중이 남긴 또 하나의 소설 『구운몽』은 이쪽이다.

『옥루몽』도 함께 들어야 할 작품이다. 여러 여성 상대역이 각기 자기 처지에 합당한 방식으로 남주인공과 결연하는 것을 그 자체로 도리에 합당하다고 할 수 있다.

생살선악론에서 삶을 누리는 것이 선이라고 하는 지론은 모든 문학갈래에 나타난다. 서정이나 교술의 생살선악론 작품은 사단칠정론에 반론을 제기한다. 기질지성의 시조라고 한 것들이나 사설시조가 그런 것들이다. 하층민이 어떻게 해서든지 살아가려고 애쓰는 모습을 그린 가사 같은 것이 또한 좋은 예이다. 삶을 누리는 것이 선이라고 하는 데 그치지 않고 삶을 유린하는 것이 악이라고 선언하고 투쟁하는 가사, 판소리, 소설, 탈춤 등도 있다.

활용방안 2

사단칠정론·인심도심론·인심선악론·살생선악론은 사람의 행위를 평가하는 데 직접 활용된다. 사람의 행위를 평가하는 여러 과제 가운데 일제강점기에 항일하거나 친일한 행적에 관한 것이 특히 긴요하다. 두 번째 예로 들어 논할 필요가 있다.

항일은 선이고, 친일은 악이라는 것에는 의문의 여지가 없지만, 항일과 친일을 갈라놓고 등급을 나누기까지 하는 것은 쉬운 일이 아니다. 평가의 척도로 삼는 선악관이 있어야 한다. 사단칠정론·인심도심론·인심선악론·살생선악론에 따라 어떤 논의가 가능한지 말해본다. 그 넷을 비교해 평가하는 좋은 기회이다.

사단칠정론을 신념으로 삼으면 항일의 동기가 가장 소중하고 투쟁의 방법이나 결과는 지엽말단에 지나지 않는다. 망국의 소식을 듣고 자결한 사람이 가장 고결하다. 의병을 일으키면서 승패는 생각하지 말아야 한다고 한 것이 옳다. 투쟁의 방법까지 생각하지 않아 장렬하게 죽은 것을 높이 평가해야 한다. 친일의 동기에서 나온 죄악이 무엇인가도 명백하게 규정할 수 있어 말이 많을 필요가 없다.

인심도심론은 더 많은 것을 생각할 수 있게 한다. 항일의 동기를 분명하게 하고 민족 지도자로 나선다고 하다가 친일로 기울어진 사람이 적지 않다. 동기가 아닌 결과를 평가의 기준으로 삼아야 한다. 드물기는 하지만 처음에는 친일을 하다가 나중에는 항일로 돌아선 사람도 있다. 결과가 어느 정도인가를 평가의 근거로 삼아야 한다. 표면상의 친일을 수단으로 삼아 실질적인 항일의 결과를 얻으려고 한 사람도 있어 사안이 복잡하다.

인심선악론은 항일도 친일도 하지 못한 만백성의 경우를 적절하게 다룰 수 있다. 항일을 위해 떨쳐나서지도 못하고, 그렇다고 해서 두드러지게 친일한 일도 없는 사람들은 어떻게 평가해야 하는가? 사단칠정론을 가지고 논하면 마음가짐을 바르게 하지 못한 잘못이 있다. 인심도심론에서는 복종을 상쇄할 만한 항거의 공적이 있는가 묻는다. 인심선악론은 일해서 밥 먹고 자식 낳아 기르면서 산 것이 그 자체의 도리에 합당하면 평가해야 한다는 수정안을 제출한다. 선악 양분론을 시정하고 그 중간도 있다고 인정하는 쪽으로 나아가는 것은 크게 평가할 일이다.

살생선악론은 삶을 누리는 것이 선이라고 하므로 밥 먹고 자식 낳아 기르면서 산 것이 그 자체를 평가해야 한다는 데 동의한다. 그러면서 어려운 조건에서 살기 위해 처절하게 애쓰는 것은 훌륭하다고 한다. "자체의 도리에 합당하면"이라고 하는 조건에는 반대한다. 자기 삶을 누리려고 다른 사람에게 피해를 주었으면 규탄해야 한다. 사람이 지켜야 할 도리를 어기지 않았다고, 양심을 속이지 않았다고 자부하면 더 물을 것 없다고 할 것은 아니다. 스스로 의도한 바가 아니라도 다른 사람에게 끼친 피해의 정도가 심각하면 친일과 상통하는 잘못을 저질렀다고 해야 한다. 같은 논리로, 삶을 유린하는 사회악에 항거하고 누구나 대등한 자격으로 삶을 누리도록 하려고 한 노력은 직접적인 항일이 아니라도 함께 평가해야 한다.

사단칠정론은 선악 판별의 대의를 분명하게 하지만 세부 사항을 다루는 데는 무리가 있다. 인심도심론은 동기에 머무르지 않고 결과를 또한 소중하게 여겨 선악 판별 대의 적용에 신축성을 가진다. 인심선악론은 선악의 극단론을 넘어설 수 있는 길을 연다. 생살선악론은 선악 판단의 근거가 다른 사람들과의 관계에 있다고 하면서 사회윤리를 폭넓게 마련한다.

토 론

❑ 문: 理는 불변인가, 변하는가?

❑ 답: 理學, 理철학, 理氣이원론 등으로 일컬어지는 쪽에서는 "理一分殊"라고 하면서 理는 하나로 고정되어 있고 氣는 여럿으로 나누어져 변한다고 한다. 氣學, 氣철학, 氣일원론 등으로 일컬어지는 쪽에서는 "氣一分殊"로 반론을 삼고 理는 다른 무엇이 아니고 氣의 원리일 따름이므로 氣가 하나이면서 여럿으로 변하는 데 따라서 理도 변한다고 한다.

❑ 문: 그 두 견해를 합칠 수는 없는가?

❑ 답: 합칠 수는 없다. 李珥가 양극단에서 벗어나는 통합론을 이루었다고 하는 것은 사실이 아니다. 하나인 理보다 여럿인 氣를 실생

활에서는 더욱 소중하게 여겨야 한다는 수정안을 理氣이원론 내부에서 제시해 이원론적 主氣論을 이룩했을 따름이다. 李滉의 이원론적 主理論과 현상 이해에서는 차이가 있으나 본체론은 동일하다. 徐敬德의 氣일원론에서 본체와 현상을 모두 氣로 이해한 것과 아주 다르다. 이기이원론과 기일원론을 두고 절충하거나 兩是兩非論을 전개하는 것은 철학을 거부하고, 철학의 의의를 부정한다는 말이다.

그러나 사람은 누구나 의식하지 못하고 설명하는 것은 더욱 어려워도, 이원론적 주리론, 이원론적 주기론, 기일원론 가운데 어느 하나를 신조로 삼고 살아간다. 철학을 거부하고 부정해도 철학을 하고 있다. 그 셋을 이황·이이·서경덕이 드러내서 말한 것을 높이 평가하고, 자세히 살필 필요가 있다.

❑ **문**: 선생님은 어느 쪽인가?

❑ **답**: 기일원론을 신조로 살아가고 학문을 한다고 거듭 밝혔다. 서경덕에서 시작해 任聖周·洪大容·朴趾源·崔漢綺로 이어져온 기철학의 생극론을 소중한 유산으로 삼아 확대하고 발전시키려고 노력하고 있다. 이원론적 주기론은 어느 정도 평가하고, 이원론적 주리론은 온통 비판하는 것이 당연하다. 불만이 있으면 막연하게 말하지 말고, 다른 쪽을 이어 발전시키는 학문을 하면서 이치를 분명하게 해서 나타내야 할 것이다.

❑ **문**: 기일원론 쪽의 살생선악론에서는 사람이 존귀하다는 것을 부정하는가?

❑ **답**: 그렇다. "천지 사이의 만물 가운데 오직 사람이 존귀하다"(天地之間 萬物之中 唯人最貴)느니 "사람은 만물의 靈長이다"느니 하

는 주장을 거부한다. 사람은 五倫이 있어 다른 생명체보다 존귀하다는 것은 말이 되지 않는다고 홍대용은 말했다. 동물이나 식물도 모두 그 나름대로의 예의가 있다. 사람은 악행을 일삼지만 동식물은 자기 삶을 누리는 선행을 할 따름이다. 악행을 하는 사람을 짐승 같다는 것은 전혀 부당하다.

사람은 동식물보다 지각이 뛰어나 우월하다는 것도 거짓말이다. 동물은 지진이 날 것을 알고 피한다. 식물이 자양분을 만드는 덕분에 사람이 생명을 이어간다. 여러 생명체의 지각이 각기 다르다는 것이 우월의 증거는 아니다. 사람은 만물보다 우월하다는 인간중심주의는 백해무익한 사상이다. 유럽에서 神중심주의에서 벗어나려고 내세운 인간중심주의가 부당하게 적용되고 확대되어 폐단을 자아낸다.

❏ **문**: 살생선악론은 생명체를 해치지 못하게 하는가? 그럴 수 있는가?

❏ **답**: 박지원이 <호질>에서 말했다. 호랑이는 살기 위해서만 죽이는데 왜 사람은 함부로 죽이는가? 호랑이는 동족을 죽이지 않는데, 왜 사람은 서로 죽이는가? 사람이 사람을 죽이는 방법이 너무 잔인하지 않는가? 이런 말을 정면에서 하면 박해를 감당할 수 없으므로 <호질>은 어디서 베껴온 글이라고 했다.

살생선악론은 말한다. 자기 삶을 위해 불가피하지 않은 살생은 하지 말아야 한다. 불교에서 나온 殺生有擇의 사상이다. 모든 생명을 존중하는 것은 輪回 사상과 상통하면서, 존중의 범위를 식물까지 확대한다. 무생물까지 포함한 만물평등을 주장하면서 사람의 횡포를 제어한다.

이것이 환경보호의 근본 이치이며, 그릇된 주장을 바로잡는다. 지구 환경과 생명의 주인인 사람이 자기 소유물을 아껴 사용해 후손과 이익을 나누어 가져야 한다는 것은 잘못이다. 사람은 만물의 하나에 지나지 않으므로 오만한 자세를 버리고 다른 모든 것들을 사랑하고 존경해야 한다.

❑ 문: 거짓말은 나쁜가? 이 물음에 대해 네 가지 선악관은 각기 어떤 대답을 하는가?

❑ 답: 사단칠정론에서 말한다면, 거짓말은 나쁜 마음의 발로이므로 나쁘다. 사람은 오륜이 있어 홀로 존귀하다고 하는 것은 오륜이 소중하다고 역설하니 거짓말이 아니다. 인심도심론을 따르면, 좋은 목표 달성을 위한 수단으로 삼는 거짓말은 나쁘지 않다. 사람이 홀로 존귀하다는 것이 거짓말이라도 오륜이 소중하다고 역설하는 데 쓰이므로 나쁘지 않다. 인심선악론에서 말한다면, 예사 사람들이 흔히 하는 사소한 거짓말은 나쁘지 않다. 거짓말이 좋고 나쁜 것을 가리는 데 오륜을 끌어오지 않아도 된다. 생살선악론으로 판단하면, 삶을 유린하는 폭거에 맞서서 삶을 지키기 위해 하는 거짓말은 정당방위이다. 오륜을 지키는 것보다 더욱 훌륭하다.

❑ 문: 선악론과 관련시켜 소설을 논했는데, <변강쇠가>는 어떻게 이해해야 하는가?

❑ 답: 사단칠정론이나 인심도심론에서 본다면 윤리도덕을 거부한 용납할 수 없는 작품이다. 인심선악론으로 검증해도 인심 가운데

악한 쪽을 보여준다. 갖가지 억압에 대해 항거하는 민중의 삶을 과장되게 그렸다는 서종문 교수의 견해를 생살선악론에 입각해 재론하면 부정할 수 없는 가치를 가진다. 표면의 웃음이 내면에서는 울음이고, 표면의 악이 내면에서는 선이다.

❑ **문**: 일본에서 민담을 이용해서 만든 아동문학 작품에 남을 해치는 천성을 가진 인물들끼리의 다툼을 그린 것이 있다. 어떻게 이해하고 평가해야 하는가?

❑ **답**: 사단칠정론과 같은 발상을 이상한 형태로 보여주었다. 악행이 천성이라고 하다니. 악인끼리의 다툼을 그린 작품은 좀처럼 없다. 일본 민담에 어쩌다가 있는 소재를 부당하게 확대해서 아동문학일 수 없는 작품을 만들었다고 생각된다. 일본문학 특유의 괴기취향으로 어린이를 해치니 걱정할 일이다.

우리 민담에는 그런 것이 없다. 선악이 상대적인 관계를 가지고 표리에서 달라져 악할 만한데 착한 행실을 말하는 것이 흔하고 흥미롭다. 민중의 슬기를 그렇게 나타낸다. 누구나 하는 철학을 하층에서 더 잘 하는 증거이다. 민담을 자료로 선악관을 재론하면 더욱 진전된 성과를 거둘 수 있을 것이다.

❑ **문**: 일제의 폭거에 맞서서 어렵게 살아간 민중의 고난은 직접적인 항일이 아니라도 함께 평가해야 한다고 했다. 가치의 등급을 무시하고 "함께"라고 얼버무려도 되는가?

❑ **답**: 민족해방투쟁의 근거이고 동력이라는 점에서 함께 평가해야 한다. 차이점보다 상호보완의 관계를 더욱 중요시해야 한다. 불

씨가 불이 되려면 인화물질이 있어야 한다. 직접적 항일이 불씨라면, 민중의 삶은 인화물질이다. 불씨가 없는데 인화물질이 저절로 타는 것은 아니지만, 인화물질이 없으면 불씨는 불이 되지 못하고 꺼지고 만다.

제11강 고금 합동작전의 전술

단서 찾기

옛날 책은 천 년 넘게 견디는데, 지금 출판되어 서점에 꽂혀 있는 것들은 백 년도 가지 못한다. 종이의 수명이 그만큼 단축되었다. 원가를 절감하면서 대량생산을 하는 기술이 상품의 효용 기간을 줄여 판매고를 늘이는 상술과 함께 발달해, 다른 모든 것과 마찬가지로 종이도 쉽사리 망가져 못쓰게 만든다.

그러나 종이의 수명과 책의 수명은 일치하지 않는다. 책에는 두 가지 수명이 있다. 종이가 견디는 한도인 외형수명과는 별도로 책 자체의 내용수명이 있다. 오늘날의 책 가운데 내용수명이 외형수명만큼이라도 긴 것이 얼마나 되는지 의문이다.

소중한 것은 외형수명이 아닌 내용수명이다. 내용수명이 길면 외형수명은 늘일 수 있다. 다시 찍어내면 외형수명이 얼마든지 연장된다. 지금 우리가 읽는 고전은 원래의 외형을 지니고 있지 않다. 백년도 가지 않는 종이에 담겨 천년 이상의 수명을 누리고 있다. 오늘날의 말로 변신해 거듭 태어나고 있다.

고전이란 내용수명이 긴 책이다. 고전을 읽고 연구해 오늘날 다시 쓰는 책은 고전일 수 없으니 내용수명이 짧은 것이 당연하다고 할 것인가? 아니다. 앞 시대의 고전을 되살려 오늘날 것으로 다시 만들어, 후세에 물려줄 새로운 고전을 이룩하는 것이 학문 일꾼들이 할 일이다. 이 시대에도 진정한 창조자가 있어야 한다.

풍요 속의 빈곤

지금 대형서점에 가보면 책이 넘치고 있다. 여러 분야의 신간이 계속 나와 정신을 차리지 못하게 한다. 우리 역사에 이런 시대가 전에 없었다. 다른 어느 나라보다도 앞선다고 할 수 있다. 그러나 잘 되고 있다고 하고 말 수는 없다.

우리나라 사람은 독서를 하지 않는다는 통계를 어디서 나온 것인지 들고 나와 걱정하고 나무라는 말을 자주 듣는다. 출판업계는 책이 팔리지 않아 죽을 지경이라고 한다. 그런데도 출판사는 줄어들지 않고 책은 계속 많이 나오는 것은 무슨 까닭인가? 책이 팔리지 않으니까 어떤 책을 내면 팔릴 수 있을까 하고 이것저것 마구 내놓는단 말인가?

아무 책이나 힘들이지 않고 내놓으면서 출혈경쟁을 하고 있는 형편이다. 컴퓨터로 글을 쓰자 활자를 뽑아 조판을 하는 과정이 없어진 덕분에 출판의 원가가 많이 절감되고 공정이 단축되었다. 누구나 소자본으로 출판사를 차릴 수 있게 되어 서적 양산을 촉진한다. 당첨을 바라고 복권을 사듯이, 베스트셀러를 노리고 아무 책이나 마구 내놓는다.

책은 많은데 좋은 책이 없다. 풍요 속의 빈곤이란 이럴 때 하는 말이다. 서점에 꽂혀 있는 책들의 출간 연도를 보자. 거의 다 한두 해 이내에 나온 것들이다. 열 살이면 원로 격이다. 수십 년을 두고 계속 팔리는 책은 찾아보기 어렵다. 베스트셀러라는 것들이 갑자기 나타났다가 곧 사라지고 바로 교체되기나 하고, 스테디셀러는 거의 없다.

책이 잘 팔리지 않는 이유는 새로운 매체가 등장한 탓이라고 한다. 영화, 텔레비전, 인터넷 등에 정신이 팔린 젊은이들이 책을 외면하는 탓에 출판이 큰 타격을 입는다고 한다. 그것은 어쩔 수 없는 일이다. 그런 매체가 주는 매력을 책에서도 갖추려고 가벼운 읽을거리를 눈에 뜨이게 치장해 내놓으면 경쟁력이 생기는 것은 아니다.

책은 책다워야 한다. 지속적인 가치를 지녀 거듭 찾을 수 있게 해야 한다. 빠지면서 읽기의 흥미를 가지고 인기 매체와 경쟁하려고 하지 말고, 따지면서 읽기의 상대로서 소중한 기여를 하고, 쓰면서 읽기를 하면 대단한 것을 창조할 수 있게 해야 한다. 지금 내놓는 책이 오늘날의 고전이 되고, 후대에도 계속 읽히면서 더 높이 평가되어야 한다.

출판업자가 계산을 잘못 해서 장기 투자를 하지 않는 탓에 좋은 책을 내놓지 않는 것은 아니다. 오래 두고 읽힐 좋은 책을 쓰는 사람이 없다. 쓰고 싶다는 생각은 하지만 어떻게 해야 하는지 알지 못한다. 풍요 속의 빈곤을 해결하는 정신의 양식을 제공하는 임무를 맡은 사람은 저자이다. 저자가 할 일을 제대로 하지 못해 책다운 책이 없다.

지금 글쓰기 방법을 가르치는 것이 대유행이고 상당한 돈벌이이다. 그런데 글을 써보지 않은 사람이 가르친다고 나선다. 격식에 맞추는 요령이나 일러주려고 한다. 불합격을 면하는 것을 목표로 할 따름이고, 어디까지 나아가야 하는지 생각할 필요는 없다고 한다. 대학에서 논문 작법 훈련을 하는 시간에도 외형을 갖추는 데 치중한다. 두고두고 읽고 따지고 넘어설 만한 지속적인 가치를 가진 글을 어떻게 하면 쓰는지 말하지 못한다.

그 비결이 무엇인가? 고금합동 작전이라고 나는 말한다. 고금합동 작전에 관해서 이미 많은 말을 했다. 여기서 간추리면서 한 걸음 더 나아간다. 옛 사람이 남긴 고전이 죽지 않고 오늘날도 살아 있게 하는 작업이 다음 시대에도 죽지 않고 살아 있을 오늘날의 고전을 쓰는 비결이다.

죽이기와 살리기

옛 책의 외형수명은 서지학에서 맡아 평가한다. 오랜 외형수명을 누리고 있는 책을 소중하게 여겨 문화재로 보존해야 하는 것이 당연하다. 내용수명은 누가 어떻게 알아낼 수 있는가? 읽고 주석하고 번역하면 밝혀지는 것은 아니다. 세부를 정밀하게 살피면 전체가 흐려진다. 더욱 소중한 것을 알아내려면, 무엇을 다루어 무슨 구실을 하고, 기존의 여러 저술과 어떤 논란을 벌였는지 찾아 논하는 데 힘써야 한다. 그러나 그 결과가 내용수명을 입증해주지는 않는다.

책에 대한 후대인의 평가를 찾아 정리하면 내용수명을 사실로 고증할 수 있으나, 오늘날까지 지속되는 가치가 밝혀지지는 않는다. 앞으로 올 시대까지 유효할 수 있는 가치를 말하는 것은 더욱 어렵다. 내용수명은 새로운 연구자가 다시 찾아내야 비로소 이어진다. 다음 세대가 새롭게 하는 작업에 따라서 가감된다.

고전 탐구의 핵심 과제는 내용수명을 찾고 늘이는 것이다. 공연히 찬사를 늘어놓거나 추상적인 문구를 써서 가치를 입증하려고 하지 말고, 오늘날 제기되는 문제를 이해하고 해결하는 데 어떻게 소용되는지 밝혀 논해야 한다. 그 작업을 더욱 발전시켜 새로운 고전을 만드는 데까지 나아가야 한다.

고전이 우리 것이니까 훌륭하고 남의 나라 것은 그렇지 못하다고 할 것은 아니다. 새로운 가치를 발견할 수 있는 고전은 우리 것으로 한정되지 않는다. 학문 연구에는 국경이 없다. 어느 나라에서 누가 산출한 것이든 새로운 가치를 발견해 활용할 수 있게 하면 훌륭한 고전이다. 그 범위를 넓히는 것이 학문 발전의 필수 요건이다.

어떤 고전에 대한 평가가 지나치거나 모자란다고 하는 진단은 무의미하다. 문화적인 창조물에 대한 평가에는 공인된 등급이 있을 수 없다. 여론 조사나 통계의 방법을 쓰면 도움이 되는 것도 아니다. 탐구하는 사람 자신이 그 책에서 무슨 가치를 발견해 자기가 하는 작업을 위해 어떤 도움을 얻는지 말하는 것만 타당하고 유효한 평가이다.

고전의 가치를 공평하게 평가한다면서 장단점을 열거하는 것은 헛수고이다. 장단점이 상쇄되어 남는 것이 없다. 대차대조표를 부지런히 만들면서 노력을 낭비하는 것은 어리석다. 단점이라고 생각되는 것을 새삼스럽게 들먹일 필요가 없다. 가치 재발견이 고전을 다시 읽는 이유이다. 가치를 고전 자체가 지니고 있어 누구나 볼 수 있는 것은 아니다. 안목을 갖추고 있고, 문제의식의 인도를 받아야 발견 가능하다.

고전의 가치를 새롭게 발견하고 기뻐한다고 핀잔할 일은 아니다.

착각하거나 과장한다고 나무라지 말아야 한다. 자기는 동의할 수 없다는 반론을 앞세워 재평가를 방해하는 것이 엄밀한 학문을 하는 태도라고 착각하지 말아야 한다. 고전 재발견으로 이룬 결과를 보고 성실하게 토론하는 것이 마땅하다.

발견한 가치를 그 자체로 논술하고 평가하고 말 것은 아니다. 출발점보다 도달점이 더욱 소중하다. 고급합작에서 얻은 바를 새로운 연구에서 실제로 활용해 좋은 결과를 내놓아야 한다. 고금합작을 방법으로 삼아 새로운 이론을 창조하는 것이 최종 목표이다.

고금합작으로 새로운 이론을 창조하려면 합작 상대를 잘 선택해야 한다. 세상에서 너무 높이 평가되어 우상화된 유산은 새롭게 활용하기 어렵다. 찬사에 동참하는 데 그쳐 소득이 없기 쉽다. 우상파괴부터 하다가 지치거나 말썽이나 일으키고 말 수 있다. 덜 알려졌거나 묻혀 있는 쪽을 찾아 재인식하면 새롭게 활용할 가치를 발견하는 감격을 쉽게 누릴 수 있다. 휘어잡아 다루는 데 힘이 적게 드는 이점도 있다. 새로운 창조는 기존의 성과를 내부에서 뒤집고 겨루어 이겨내야 가능하므로 상대를 잘 만나야 한다.

고금합작을 하는 것이 새로운 이론을 바로 창조하는 것보다 몇 가지 점에서 이롭다. 고인이 이미 얻은 바를 활용하면 수고를 줄이고 설득력을 높일 수 있다. 중요한 문제를 오랜 기간을 두고 거듭 논의하면서 얻은 결과를 축적하고 쇄신하는 것이 마땅하다. 모든 창조행위가 다 그렇다고 할 수 있다. 문학창작이라도 많이 다르지는 않다. 문학창작에서는 숨겨두는 선행 작품과의 관련을 사상창조에서는 드러내 논하는 것이 차이점이다.

고금합작을 하면 원전의 뜻을 오해했다는 비판을 들을 수 있다.

그 때문에 구설수에 오르지 않으려면 고금합작을 슬기롭게 해야 한다. 자기가 새롭게 전개되는 논의로 넘어오는 경계가 표 나지 않도록 앞뒤를 잘 잇는 기술이 필요하다. 얻은 결과가 논자의 것이라고 하면 건방지다는 나무람을 들을 염려가 있거든 고인의 생각을 풀이했을 따름이라고 하고, 실수가 있었다면 능력이 부족한 탓이라고 변명하는 작전이 필요하다.

유격전 전술

孔子가 述而不作한다고 한 말을 儒家에서 이어, 옛 것을 존중하라고 하고 새 것을 지어내지 못하게 한 것은 잘못이다. 보수주의나 복고주의를 키워 창조하는 학문이 자라나지 못하게 했다. 그러나 결별을 대응으로 삼을 것은 아니다. 아무 근거 없이 새 것을 조작하지 않는 신중한 태도를 가지라고 충고했다고 보면 도움 되는 바 있다.

신중한 태도를 가지고 탐구하고 창조한 결과를 글로 써서 나타내면서, 누구나 알아볼 수 있는 표면에서는 述而不作을 한다고 표방하는 것이 좋은 방법이다. 제대로 따질 줄 아는 사람만 도달할 수 있는 이면에서는 표면과는 다른 새로운 생각을 나타내는 것이 마땅하다. 表裏不同으로 유격전 전술을 삼자는 말이다.

兵法은 일찍 발달하고 많이 연구되어 논증 방법의 스승으로 삼아야 한다. 朴趾源은 "글을 잘 쓰는 사람이면 전쟁하는 법을 알 것이다"라고 하고, "글자는 비유하자면 사졸이고, 뜻은 비유하자면 장수이다", "제목이라는 것은 적국이고, 故事라고 하는 것은 전쟁터이며 성루이다"고 했다. 군사의 모습을 뽐내는 것을 능사로 삼지 말고 어떻게 해서든지 이겨야 한다고 했다. "韻으로 소리를 내고, 수식으로 빛을 내는 것은 악기를 울리고 깃발을 날리는 거동과 같다", "照應하는 것은 봉화대이고, 비유라는 것은 遊騎이다"고 했다. 유기란 유격전 요원이다.

박지원은 실제로 글을 쓰면서 正攻은 피하고, 側攻이나 逆攻의 작전을 구상하고 실천했다. 그 성과를 傳이라고 한 여러 작품, 『熱河日記』의 구석구석에서 풍부하게 확인할 수 있다. "수박을 겉만 핥고, 후추를 통째로 먹는" 무리는 무엇을 어떻게 말했는지 알기 어렵도록 해서 비난을 막고, 가치관의 근본을 뒤집어놓는 반역을 능청맞게 성취했다.

박지원이 말한 작전이 문학 작품뿐만 아니라 학문 논저에도 적용한다. 그러면서 약간 차이가 있다. 작품 창작에서는 어느 정도 드러나도 되는 유격전 작전을 학문 논저에서는 철저하게 비밀로 해야 한다. 풍자는 금물이고 항상 진지해야 한다. 더 어려운 일을 성과 있게 하려면 치밀하게 계획하고 노련하게 실행해야 한다.

述而不作을 표면에서 내세우고 이면에서 뒤집어엎는 유격전이 학문 논저에서는 거의 정규전 수준의 공식이다. 그렇게 해서 적을 안심시키고 옆이나 뒤에서 공경하자고 하는 것만은 아니다. 존중해야 할 전례를 충실하게 살피고 신중하게 다루어야 이면에서 뒤집는 작업이 설득력을 가진다.

세 본보기

당위론을 펴고 있는 것이 능사가 아니다. 자기는 하지 못하는 일을 다른 사람에게 시키려고 하지 말아야 한다. 내 스스로 한 작업을 본보기로 들어 논의를 진행하는 것이 마땅하다. 경험해서 깨달은 바를 일반화하는 길을 찾는다. 성격이 서로 다른 본보기를 셋 들기로 한다.

崔漢綺의 학문론에서 이 말 저 말 가져와서 <학문 후속세대의 자각과 작전>이라는 것을 이룩한다. 제12강에서 다룰 내용이다. 『三國遺事』를 다시 이해해 <융합과 창조의 원리>를 마련한다. 제13강에서 등장시킬 것이다. 여러 고전에서 필요한 내용을 가져와 만들어낸 제품에 관해 <생극론을 다시 말한다>라는 글을 쓴다. 제14강에서 할 일이다.

첫째 본보기는 고전의 일부를 가져와 고급합작의 새로운 이론을 조그마하게 만든 것이다. 일부를 가져올 때 앞뒤의 맥락을 존중하지 않아도 된다. 여기저기서 가져온 것들을 원래의 순서와는 다르게 배열해 내가 하려고 하는 말에 근접시킨다. 따지고 풀이해 자료가 스스로 말하는 것을 찾아낸다고 하면서 내 이론을 만들어낸다.

둘째 본보기는 고전 저작 전체의 특성과 가치를 다시 살펴 오늘날의 학문을 새롭게 하는 길을 찾자는 것이다. 저작의 내용을 세부적으로 검토하는 작업은 말하고자 하는 바와 직결되는 범위에서 진행하고 곁가지가 잘못 뻗어나지 않도록 주의한다. 학문하는 자세나 시각을 분명하게 하는 고급합작으로 나의 학문론을 만들어낸다.

셋째 본보기는 특정 고전의 범위를 넘어서서 여러 원천에서 가져온 유산을 연결시켜 여러 학문 분야에서 함께 소용되는 거대이론을 이룩하는 것이다. 다양한 원천에서 서로 다른 말을 가져와서 휘어잡고 가다듬어 내 말을 만든다. 착상이 새로워 생길 수 있는 반발을 기존의 부품을 이용해 완화한다. 발견의 공로를 내가 차지하지 않고 선인들에게 돌려 겸손해서 좋다는 평가를 얻고 설득력을 높인다.

아우르기

고전을 새로 읽고 다시 살리는 것은 고전을 위해서 해야 하는 일이 아니고 오늘날의 학문에 필요하기 때문이다. 우상숭배의 폐습을 버리고 새롭게 이용할 여지가 많은 고전을 선택해 과감한 시도를 해야 한다. 새롭게 제기되는 과제 해결에 실제로 기여한 성과를 평가해야 한다.

쓰면서 읽기의 방법으로 기존연구를 넘어서서 창조학의 길에 들어서고, 생애의 단계마다 학문을 어떻게 할 것인지 계획해 실천하자. 지나친 분파를 넘어서서 통합학문을 이룩하면서, 전통학문과 외래학문, 상층문화와 민중문화를 아우르는 지혜를 찾자. 상극이 상생이고 상생이 상극인 생극론으로 변증법의 결점을 보완하는 거대이론을 만들어, 인류역사를 새롭게 진단하고 바람직하게 이끌어 나가는 방안을 제시하자.

이와 같이 간추릴 수 있는 성과에 내가 하고자 하는 학문의 출발·방법·내용이 요약되어 있다. 고전에서 얻은 바를 내 스스로 모색한 바와 아울러 정리해서 말했다. 다른 사람들도 받아들일 수 있는 학문 일반론의 윤곽이 마련되었다고 생각한다. 세부를 메워나가는 작업은 각론에서 힘써 해야 하고, 각자 다르게 구체화하는 것이 바람직하다.

토 론

❑ 문: 글을 써서 내 생각을 나타내는 것이 마땅한가?

❑ 답: 남의 생각을 나타내려면 글을 쓸 필요가 없다.

❑ 문: 내 생각을 따르라고 다른 사람들에게 요구할 권리가 있는가? 잘못 인도할 수 있지 않는가?

❑ 답: 글을 읽으면 따르는 것은 아니다. 글을 써서 남들을 인도하려고 해도 되지 않는다. 읽고 따질 만하고, 쓰면서 읽기의 대상이 되는 글을 쓰면 널리 도움이 된다.

❑ 문: 남들에게 도움이 되기 위해 글을 쓰는가?

❑ 답: 내가 좋아서 쓰는 글이 그런 결과를 수반한다는 말이다. 좋아하지 않으면 글을 쓸 필요가 없다. 좋아하지 않으면서 쓴 글이 좋을 수 없다. 그 점에서 학문 글쓰기는 작품 창작과 같다. 그 둘은 글쓰기의 절차와 방법에서나 어느 정도 차이가 있을 따름이다. 고전과의 관련이 작품 창작에서는 안에 숨어 있고, 학문 연구에서는 겉에 드러나 있다. 모든 텍스트는 선행 텍스트와 관련을 가지고 만들어진다는 말이 양쪽에서 타당하면서, 관련이 한쪽에서는 수단이라고 할 수 있고, 다른 쪽에서는 목적인 것처럼 보인다.

❑ 문: 고전을 읽고 해석하는 것은 제각각이 아닌가? 『武藝圖譜』를 보고 칼 쓰는 것을 본보기로 들어보자. 같은 설명을 가지고 칼을 각기 다르게 쓰지 않는가?

❑ 답: 그렇게 하는 것이 당연하다. 고전 자체와 고전에 대한 이해는 악보와 노래의 관계라고 할 수도 있다. 무예도보가 무예가 아니듯이 악보가 노래는 아니다. 무예나 노래를 잘해야 도보나 악보가

가치 있게 된다. 도보나 악보가 그 자체로 훌륭하다고 칭송하고 말 것은 아니다. 무예나 노래는 사람이 한다. 자기 창조력을 가지고 한다. 도보나 악보를 컴퓨터에 넣으면 더 잘 할 수 있는 것은 아니다. 전통 계승은 새로운 창조에서만 가능하다고 일반화해서 말할 수 있다.

❑ 문: 고전은 무엇이고 전통은 무엇인가?

❑ 답: 고전은 전통의 하나이다. 글로 씌어져 있는 전통을 고전이라고 한다. 도보는 없이 무예가, 악보는 없이 노래가 전승되기도 한다. 그런 것은 고전이 아니다. 고전인 전통이든 고전을 수반하지 않는 전통이든 전통은 전통이다. 고전 되살리기는 전통 계승과 재창조의 일반적 원리가 특수화되어 있는 사례이다.

❑ 문: 어떤 점에서 특수한가?

❑ 답: 전통은 의식하거나 의도하지 않아도 계승될 수 있다. 음식 만들기는 배워 이어받지 못해도 입맛을 물려받았으므로 계승된다. 맛있는 음식을 만들다가 옛 사람의 지혜를 이어받는다. 고전 되살리기는 고전을 물려받고 독해할 수 있어야 가능한 점에서 특수하다. 그러나 고전으로 전수되는 것 외에 몸으로 이어받는 사고력이 있어야 창조적인 재해석이 가능한 점에서는 전통 계승의 일반적인 원리가 그대로 작용한다.

❑ 문: 입맛이나 사고력을 이어받는다는 것은 혈통을 중요시하는 사고방식이 아닌가? 혈통주의를 극복해야 한다는 주장과 배치되지 않는가?

❑ 답: 아니다. 문화의 전승은 혈통과 일치하지 않는다. 혈통과 관련이 된다고 해도 혈통은 무수히 많이 섞여 순수성이라고 할 것이 없다. 뛰어난 학자의 후손이 아주 우둔할 수 있다. 혈통은 부계로 단일하게 이어지지 않는다. 부모는 둘, 조부모는 넷, 증조부모는 여덟이다. 십대조부모는 2천 명이 넘는다. 뛰어난 학자가 10대조이면 2명 이상 분의 1의 형질을 물려주었다.

❑ 문: 혈통은 그렇고, 법통은 어떤가?

❑ 답: 불가에서는 법통을 내세운다. 법통은 혈통보다 더 큰 의의를 가진다. 법통은 스승에게서 제자로 이어진다. 승려는 자식이 없으니 혈통에서 벗어난다. 가장 나이 많은 제자가 아닌 가장 뛰어난 제자에게 법통을 전한다.

법통보다는 학통이 낫다. 학통은 전해주지 않아도 스스로 이을 수 있다. 학통보다는 전통이 낫다. 전통은 자기도 모르는 사이에 이어받을 수 있다. 새로운 창조를 가능하게 하는 원천은 전통이다.

❑ 문: 전통은 어디에 보존되어 있는가?

❑ 답: 어디라고 지적해서 말할 수 없지만, 정신과 육체가 일치하는 곳에 보존된다. 전통은 정신과 신체 활용 양면에 걸친 것이 적지 않은데 어느 한쪽에 전승된다고 할 수 없다. 정신과 신체를 갈라 이해하는 견해는 전통에 관해 알 수 없다. 理철학이 틀리고 氣철학이 옳다. 理철학에 의하면 사람의 정신은 天理가 신체에 자리를 얻어 차린 지점이다. 氣철학에서는 정신은 신체와 연결되어 있고 상대적인 특성과 능력에서 상대적인 차이나 구분이 있을 따름이다.

❏ 문: 『삼국유사』를 대단하게 여기는데, 『桓檀古記』는 어떤가?

❏ 답: 『환단고기』는 고본이 확인되지 않는다. 가장 오래 된 사본의 서지적 가치를 평가해 문화재로 지정하는 절차를 거쳐야 고전일 수 있다. 그렇더라도 오늘날 재창조해야 할 가치가 무엇인지 말하기 어렵다. 우리 민족은 커다란 나라를 만들어 지구상의 많은 지역을 지배했다고 자랑하면서 다른 민족은 그렇게 하지 말아야 한다고 주장할 수 없다.

제12강 학문 후속세대의 자각과 작전

작업의 내력

학문 후속세대를 위해 무슨 말을 해야 하는지 거듭 생각해보았다. 누구나 할 수 있는 말을 하라는 것은 아니다. 내가 꼭 해야 할 말, 내가 더 잘 할 수 있는 말을 해야 이번 행사를 알차게 하는 데 기여할 수 있다.

학문 후속세대에게 일자리를 달라. 교수 채용을 공정하게 하라. 새로운 자리를 많이 만들어라. 대학연구소에 연구교수를 두는 것이 최상의 방안이다. 교수로 취업하기 전에도 먹고살 수 있게 하라. 공부하는 동안에도 가족과 함께 살아갈 수 있는 정도의 장학금을 달라.

이런 주장을 펴는 것이 마땅하다. 그러나 학문 후속세대 당사자들이 더 잘 아는 절박한 사정을 내가 맡아서 역설할 것은 아니다. 이제 교수 생활을 마친 사람이 가세하면 힘을 보탤 수는 있지만, 시간을 소비하면서 발표를 한다고 소란을 떨 일은 아니다. 그런 내용으로 논문을 써낸다는 것은 더 우습다.

나는 누구이며 무엇을 잘 할 수 있는가? 이 질문에 대한 대답에서 논의의 출발점을 찾자. 나는 전공으로 택한 국문학을 연구하면서 학문을 어떻게 할 것인가 하는 문제를 두고 많은 논의를 해왔다. 그래서『우리학문의 길』(지식산업사, 1993);『인문학문의 사명』(서울대학교출판부, 1997);『이 땅에서 학문하기』(지식산업사, 2000)를 내놓았다. 지금은 학문의 과제, 방법, 진로 등에 대해서 광범위한 논의를 펴고 있다.

학문을 하는 방법의 하나로 고금합작을 주장한다. 그 작업을 본격적으로 거론하면서 실례를 들어 구체화하는 것이 반드시 하려고 하는 일 가운데 하나이다. 학문 후속세대가 무엇을 어떻게 해야 할 것인가 하는 문제를 고금합작의 방법으로 다루는 과제를 지금 선택한다.

학문 후속세대는 학문의 길에 들어선 젊은이이다. 의욕이 넘치지만 판단력은 부족할 수 있다. 여러 가지 어려움에 부대끼어 정신을 차리지 못할 수 있다. 그러면 어떻게 해야 하는가? 이 문제를 옛사람에게 물어 해답을 청하고, 얻은 해답을 내가 재론해서 고금합작의 결론을 내리고자 한다.

옛 사람은 崔漢綺이다. 학문에 관해서 많은 것을 말해 후진과의 합작을 준비하고 있다. 고금합작의 대상으로 최한기를 택해, 젊은 시절에 학문을 어떻게 해야 하는지 최한기가 논한 바를 내가 겪어온 바에 비추어 살피면서 내 이야기를 하고자 한다.

이미 여러 차례 말한 바와 같이 전통학문 계승의 최상의 방안이 고금합작이다. 일반이론 창조의 최고 전략도 고금합작이다. 고금합작을 해서 일반이론을 창조하는 데 유리한 것이 값진 전통이다. 그렇게 하는 데 필요한 풍부한 유산을 물려주었기 때문에 최한기를 특히 좋아한다.

고금합작을 하면 고인의 지혜와 나의 주장이 합쳐 힘이 갑절로 늘어난다. 고인이 남긴 자산을 보충하고 가공해서 쓰니 효용이 더 커진다. 공연한 시비를 줄이고 질투를 막으면서 나의 주장이 타당하다고 입증하는 이점도 있다.

최한기의 지론

최한기는 『人政』 권8에서 권1까지를 <教人門> 1에서 6까지라고 하고, 학문과 교육에 관한 논의를 폈다. 그 가운데 학문을 하는 순서를 어떻게 정하고, 연령에 따라 학문이 어떻게 달라지는지 살린 대목이 적지 않다. 다른 누구도 제공하지 않은 소중한 자료이다.

그러나 체계를 갖추고 순서를 정해 쓴 글은 아니다. 생각나는 대로 적어 모은 단상들이다. 한 데 꿰어야 보물일 수 있다. 하나하나 소개하지 않고, 일정한 순서를 갖추고 필요한 논의를 단계적으로 갖추도록 정리한다.

모든 것은 시기에 따라 변한다. 그럴 만한 이유가 있다. 운화의 기가 작용하는 속도에 따라 변화가 이루어지고 완급이 정해진다. 그것을 어기고자 해도 되지 않는다. 이것이 대원칙이다.

> 世間萬事 自有運化之氣 在前牽引在後推進 雖欲止息而不可得 又欲速不得 遲退不得… (교인문 6 <身運化同學運化>)
>
> 세상 모든 일이 운화의 기가 갖추어져 있어 앞에서 끌고 뒤에서 민다. 멈추어 쉬려고 해도 되지 않는다. 빨리 나아가려고 해도

되지 않는다. 더디게 하고 물러나려고 해도 되지 않는다.

학문도 운화의 기를 따라서 해야 하므로 무리하게 빨리 나아가려고 하지 말아야 한다.

幼少運化 勤篤幼少之學 不可行他人中年運化之學 進至中年運化 勉就中年之學 不可行他人晩年雲化之學 (교인문 6 <博略始終>)

어리거나 젊은 시절 운화의 단계에서는 어리거나 젊은 시절의 공부를 돈독하게 해야 하고, 타인의 중년 운화 학문을 하는 것은 마땅하지 않다. 중년 운화의 시기에 이르러 타인의 만년 운화의 학문을 하는 것도 마땅하지 않다.

시기별 변화의 원리를 어기고 앞질러가려고 하거나 되돌아가려고 하면 혼란이 일어난다.

一身運化 少壯衰老之限 一過而不再來 失其時則 有晩節之歎… 在衰年而始學少年之學 在老年欲行壯年之學 已實身運化之過時 未追敎運化之趨時 顚倒錯亂(교인문 6 <身運化同學運化>)

일신의 운화에서 소년·장년·쇠년·노년은 한정되어 있다. 한번 지나가면 다시 돌아오지 않는다. 때를 잃으면 나중에 한탄하게 된다… 쇠년에 소년의 학문을 시작하려고 하거나 노년에 장년의 학문을 하려고 하면, 몸이 운화하는 시기를 잃었고, 학문이 운화하는 추세를 따르지 못해 전도되고 착란된다.

몸의 운화와 운화를 탐구하는 학문은 일치한다. 몸의 운화에서 소년・장년・쇠년・노년이 구분된다. 앞 시기에 하지 못한 학문을 나중에 하려고 하는 것은 잘못이다.

불순한 동기가 있으면 빨리 나아가려고 한다. 학문의 길로 빨리 나아가 명예나 이익을 얻으려고 하면 운화의 기와 어긋나 반드시 중단하게 된다. (교인문 4 <求速間斷>) 그것은 학문을 하는 길이 아니다.

스스로 탐구하고 검증하지 않고 옛 사람을 좇아다니기를 수십 년 하고 말면 자기 인생을 낭비하고 남에게 해를 끼친다.(교인문 4 <埋沒人事>) 그런 잘못을 저지르지 말고 정도를 걸어야 한다. 열심히 해서 만족을 얻는 경지에 이르면 그만둘 수 없는 줄 알고, 큰 만족을 얻는 학문을 해야 한다.(교인문 4 <勉强>)

변화의 단계를 구분하고, 단계마다 무엇을 해야 하는지 알아야 한다. 변화는 10년을 단위로 이루어진다고 했다. 사는 형편이 어려운 경우가 많아 10년 동안 계속 뜻을 지킬 수 있는 사람이 드물지만, 난관을 극복하고 제대로 나아가면 10년 단위로 변화가 있다.(교인문 1 <教之成不成>) 학문의 시대별 발전과 생애의 시기에 따른 발전이 상응한다.

> 上古有上古學問 中古有中古學問 近古有近古學問 如人一身十歲有十世學問 二十歲有二十世學問 三十歲有三十世學問 四十歲有四十世學問 洞萬古學問爲一生學問
>
> 卽運化學問 抽一生學問爲萬古學問 亦運化學問… 見得運化老而深篤 包含極廣 洞萬古爲一生 與萬物爲一體 (교인문 5 <統

古今爲一生>)

상고에는 상고의 학문이 있고, 중고에는 중고의 학문이 있고, 근고에는 근고의 학문이 있다. 그것은 사람의 일신에도 10세에는 10세의 학문이 있고, 20세에는 20세의 학문이 있고, 30세에는 30세의 학문이 있고, 40세에는 40세의 학문이 있는 것과 같다. 만고의 학문에 통달해 일생의 학문으로 삼는 것이 운화하는 학문이다. 일생의 학문으로 미루어보아 만고의 학문을 하는 것도 운화하는 학문이다… 운화를 알아보는 바가 늙을수록 깊고 돈독해 아주 넓은 것들 포함하고, 만고를 통찰해 일생으로 삼으며, 만물과 더불어 한 몸이 된다.

학문은 시대에 따라서 변하듯이 생애의 단계에 따라서 변한다. 그 둘 다 점차 향상하는 과정이다. 향상이 계속 진행된 결과, 늙어서 하는 학문이 대단한 경지에 이르러 "만고를 통찰해 일생으로 삼고, 만물과 더불어 한 몸이 된다"는 것이 마땅하다.

그것이 어떤 경지인지 앞에서 말했다. "만고의 학문에 통달해 일생의 학문으로 삼는 것이 운화하는 학문이다" 하고, "일생의 학문으로 미루어보아 만고의 학문을 하는 것도 운화하는 학문이다"고 했다. 연구사에 통달해야 학문을 제대로 한다고 한 것은 아니다. 학문의 역사가 진행하는 방향을 자기 학문에서 실현해야 한다.

변화의 단계에서 30세가 결정적인 시기라고 했다. 40-50세가 되어서도 알려질 만한 것이 없는 사람은 30세 이전에 이룬 바가 없는 탓이라고 했다. 30세까지 준비기의 작업을 제대로 해야 그 뒤에 큰 학문을 이룬다.

학문의 시발점과 도달점은 많이 다르다는 사실에 특히 유의해야 한다. 이른 시기에는 바쁘게 내달리는 것은 도움이 되지만, 그 뒤에는 방향을 제대로 잡아야 한다.

> 早年奔走 皆爲進就之補 若至于晩年 而不得入門 前日習染 漸痼病根 害及于人 (교인문 1 <早晩入門>)
>
> 이른 시기에 바쁘게 내달리는 것은 모두 앞으로 나아가는 데 도움이 된다. 만약 늦은 시기까지 입문하지 못하면 그 전의 잘못된 습관이 원인이 되어 점차 고질병이 생겨 다른 사람들에게까지 해를 끼친다.

바쁘게 내달린다는 것은 이것저것 닥치는 대로 한다는 말이다. 방황이고 모험이다. 이른 시기에는 그렇게 해도 좋다. 향상에 도움이 된다. 그러나 중년 이후에는 방향을 찾아 입문을 제대로 해야 한다. 그렇게 하지 못하면 이른 시기의 방황이 나쁜 버릇으로 남아 벗어날 수 없는 장애가 된다는 뜻에서 고질병이라는 말을 썼다. 방황의 고질병은 자기 자신뿐만 아니라 다른 사람들에게도 해를 끼친다고 했다. 늙은이의 추태를 말하는 정도에 그치지 않고 심하게 나무랐다.

나중에는 방향을 제대로 찾는다면 이른 시기의 방황이 지속되지 않으니 문제될 것이 없다고 할 것인가? 생각이 그 정도에 멈추면 이른 시기의 방황이 앞으로 나아가는 데 도움이 된다는 말이 잘못이라고 하겠으므로 한층 더 깊이 생각해야 한다. 이른 시기의 방황은 그 뒤에 방향을 제대로 잡는 데 도움이 된다. 방황하지 않고서는 어디 길이 있는지 알지 못한다. 방향을 찾으면 방황이 무용하게 되는 것도 아니다. 방황하던 시기의 정열과 다면적인 탐색이 찾은 길을 착실하게 가도록 하는 추진력이 된다. 젊어서 겪어 자기 몸에 갖추어져 있는 운화의 의의를 그 당시에는 모르다가 중년에 이르러서 비로소 깨닫는다.

> 人自少時 行運化氣之事 而聞運化氣之教 而不識無悟 及到中年 知覺漸就 見得運化氣之實蹟 於是追念少時所聞之教 節節符合 感服特深 潛稽少年時常行事務 無非可見可知之端緒 (교인문 6 <自覺待身運化>)
>
> 사람은 소시부터 운화하는 기를 실행하고, 운화하는 기에 대한 가르침을 듣지만, 무엇인지 알아차리지 못하고 깨닫는 바가 없다. 중년에 이르면 지각이 점차 향상되어 운화하는 기의 자취를 알아보게 된다. 그러면 소시에 들은 가르침을 다시 생각하게 되어, 하나하나 과연 그렇구나 하고 깊이 감복한다. 소시에 늘 실행하던 일을 가만히 떠올려보면 보고 알도록 하는 단서가 아님이 없다.

자기 몸에 축적되어 있어 이해를 기다리고 있는 운화를 스스로 깨닫는다고 글 제목에서 말했다. 생애의 단계를 소년과 중년으로 갈랐다. 운화를 축적해 몸에 지니는 시기는 소년이고, 그것이 무엇인지 중년에 깨닫는다. 젊어서 많은 것을 겪어야 나중에 정리해서 이해하는 자료가 풍부해진다.

학문이 이루어지는 과정을 총괄해서 말할 수 있다. 20대, 30대,

40대, 50대 이후의 학문이 어떻게 다른지 구체적으로 지적한다.

人自幼少 天才聰哲 事無大小 諭之則達 爲之則進 其衝發銳氣 暗自誓心 天下事業 要當盡知 微細技術 不通非藝… 年至三十 安居靜養 參考前日所學 捨無用而取有用 所捨不無助於所取 防其害而導其利 所防反有補於所利 飜將中年運化之氣 更施成人當行之學 日用常行不可闕之事 前日所泛忽者 漸覺至道存焉… 前日求諸身而驗於物者 乃知得於物 藏於我而用於物 歷代學問沿革求弊 前日勞精搜究者 只見運化漸明 反乎五六十之年 但將平生所得之要略 活動運化之氣 對後生之各修業務者 因氣導達 穿透阻碍 惠迪條路 時或形言紙墨 以待未晤諸人 (교인문 6 <博略始終>)

사람이 어려서부터 재능이 뛰어나고 총명하다면 큰 것이든 작은 것이든 가르치면 통달하고, 실행하면 진척이 있다. 날카로운 기를 발휘해 몰래 마음속으로 다짐한다. 천하의 일을 모두 알고, 작은 기술이라도 익히지 않는 것이 없도록 하겠다고 한다… 나이 30에 이르면 편안하고 조용하게 지내면서 전에 공부한 바를 무용한 것은 버리고 유용한 것은 취하는데, 버리는 것이 취하는 것에 도움이 되지 않는 바 없지 않다. 방해가 되는 것을 막고 이익이 되는 것을 돕는데, 방해가 되는 것이 이익이 되는 것을 위해 도리어 도움이 된다. 중년 운화의 기를 발현할 단계에 이르면 다시 사람이 마땅히 해야 하고, 나날이 쓰기에 늘 갖추어 있고 빠뜨릴 수 없는 일을 하면서, 전에는 대수롭지 않게 여기던 것에 지극한 도리가 있음을 점차 깨닫는다… 전에는 자기에게서 탐구해 사물에 적용하던 것을 사물에서 얻어 자기 것으로 간직하고 있다가 사물에 적용한다. 역대 학문의 경과에서 보이는 폐단을 시정하려고 전에 힘써 탐구하던 것이 다름이 아니고 운화가 점차 밝아지는 양상임을 알게 된다. 5·60세에는 오히려 평생 얻은 바를 간추린다. 활동하고 운화하는 기로써 각기 수업하는 후생들을 만나, 기로써 인도한다. 장애물을 물리치고 조리를 갖춘 길을 가려 나아가도록 한다. 때때로 종이에다 글을 써서 밝지 못한 사람들을 기다린다.

20대에는 커다란 포부를 가지고 무엇이든지 자기 것으로 만들려고 탐색하고 시도한다. 30대에는 그 가운데 버릴 것은 버리고 취할 것은 취한다. 버리는 것이 취하는 것에 도움이 된다. 비교 평가를 할 수 있어서 그런 것만은 아니다. 버리는 것이 있어야 취하는 것이 있으므로 버리는 것의 가치도 부정적으로 관철된다. 중년이라고 한 40대에는 그런 작업을 하면서 학문의 본령에 이르러야 한다.

그 과정을 자기와 사물, 또는 자아와 세계의 관계를 들어 고찰할 수 있다. 자아가 요구하는 바를 사물에 적용하려고 하지 말고, 세계에서 얻은 바를 자아화하고 다시 세계화하는 절차를 거치는 것이 마땅하다. 과거의 연구가 지닌 폐단을 시정하려고 하는 것이 운화의 실상을 파악하는 작업임을 알아야 한다. 남들과의 시비에서 사물의 본질로 관심의 방향을 돌려야 커다란 것을 이룬다.

50대 이후에는 더 뻗어나야 마땅할 듯하지만, 이미 이룬 바를 간추린다고 했다. 간추리면 분량이 줄어들지만 쓰임새가 더 커진다. 세세한 사항은 버리고 크고 중요한 이치를 분명하게 하면서 후생을 인도한다. 활동하고 운화하는 기를 힘써 발현해 후생이 감응하게 해야 한다. 장애가 되는 것들을 물리치고, 조리를 갖춘 길을 가려 나아가도록 한다. 연구에서 교육으로 관심을 돌려, 자기 학문의 진척을 목표로 하지 않고 세상을 위한 글을 써서 아직 소견이 밝지 못한 사람들을 깨우치는 것이 만년에 해야 할 일이라고 했다.

<博略始終>이라는 제목이 무슨 뜻인지 두 가지로 풀이할 수 있다. "자세하고 간략한 것에 처음과 끝이 있다"는 말이기도 하다. "자세한 것이 시작이고 간략한 것이 끝이다"는 말이기도 하다. 앞의 뜻을 지닌 일반론을 뒤의 뜻으로 써서 초년의 학문과 만년의 학문이 어떻게 다른지 밝혔다. 자세한 것은 내용이 한정되고, 간략한 것이 넓게 적용된다.

논의의 진전

최한기가 한 말을 유용하게 쓰기 위해서는 몇 가지 보완 작업을 해야 한다. 여기저기서 이런저런 말을 하다가 생긴 미비점을 보충해야 한다. 범박한 논의를 예리하게 하기 위해 개념과 논리를 한층 분명하게 해야 한다. 과거의 지론을 오늘날의 것으로 바꾸어 효력을 연장해야 한다.

최한기가 말한 教는 공부이기도 하고 연구이기도 하다. 그 둘을 갈라 논해야 한다. 공부는 처음에는 넓게, 나중에는 좁게 한다. 연구는 처음에는 좁게, 나중에는 넓게 한다. 처음에는 많은 공부 가운데 어느 작은 부분에서 연구를 시작해서, 나중에 좁힌 공부뿐만 아니라 처음에는 넓게 공부한 것까지 연구에서 쓴다.

호기심에 들떠 이리저리 기웃거리는 것이 젊은이답다. 무엇이든지 하고 싶고 할 수 있다고 여겨 방랑을 하는 것이 좋다. 그러나 연구에 뜻을 둔다면 현명한 작전을 세우자. 처음에 넓게 공부해 많은 것을 알아야, 연구를 시작하는 곳을 결정하는 선택의 폭이 넓어진다. 처음에 신명 나고, 나중에 후회하지 않으려면 넓게 공부해야 한다.

기존 연구가 잘못된 허점이 보이고, 고쳐놓는 것이 가능하고, 그 일을 자기가 남들보다 더 잘할 수 있다고 판단되는 곳을 연구의 출발점으로 삼아야 한다. 그런 것이 어디 있는지 사방 돌아다니면서 부지런히 찾아야 한다. 무엇을 하고 있는지 알고 이루어야 할 목표를 정하면 무작정 시작한 방랑이 유용한 현지조사가 된다.

연구는 반드시 좁은 데서 시작해야 공부에 머무르지 않고 다음 단계로 나아갈 수 있다. 넓은 데 나가 놀기나 하려고 하고 좁은 데로 들어오지 않겠다고 하면 연구를 시작할 수 없어 학자가 되지는 못한다. 구경꾼으로 만족하고 선수가 되지 않겠다고 하는 것과 같다. 구경꾼에게는 학사가 최고의 학위이다. 석사나 박사가 되고서도 구경만 하겠다는 것은 시간, 노력, 경비 등 그 어느 면에서나 낭비이다.

대학원 시절은 공부에서 연구로 나아가는 전환기이다. 공부는 학사과정 때보다 더욱 넓게 하면서 연구의 폭을 좁혀야 한다. 공부는 좁게, 연구는 넓게 하려고 하면 망한다. 둘 다 넓히면 연구를 시작할 수 없다. 둘 다 좁히면 연구를 시작하기는 해도 장래가 어둡다. 공부는 넓히고 연구는 좁히는 상반된 작업을 둘 다 잘해야 한다.

최한기가 30대의 학문이라고 한 것이 박사학위를 받은 시기의 학문이다. 박사가 되면 공부보다 연구에 더욱 힘써야 한다. 박사는 스스로 연구를 해도 좋다는 면허장이다. 공부하는 과정을 끝내고 지도를 받지 않고 자기 홀로 연구를 할 수 있다는 공인된 절차이다. 연구를 어떻게 해야 하는지 제대로 알고 작전을 잘 세워 추진해야 한다.

그 뒤의 연구에서 두 가지 발전을 이룩해야 한다. 하나는 높이를 더해가는 것이고, 다른 하나는 폭을 넓히는 것이다. 그 둘은 상반되지만 불가분의 관계를 가진다. 높아지려면 넓어져야 하고, 넓어지려면 높아져야 한다. 피라미드 같은 세모뿔을 두고 생각해보자. 밑변이 넓어야 꼭짓점이 높아진다. 꼭짓점이 높으려면 밑면이 넓어야 한다.

높아지려면 사물의 이치를 꿰뚫어보는 안목을 지녀야 한다. 넓어지려면 많이 공부한 밑천이 있어야 한다. 공부에 지나지 않고 연구와는 무관한 듯이 보이던 것들이 연구에서 활용되어 폭이 넓어진다. 오래 전에 한 공부가 엉성하고 부정확하며 단순한 지식에 지나지 않아 연구에서 바로 활용하기 어려우면 연구의 폭을 확대하면서 보완하고 점검해야 한다.

높아지는 것과 넓어지는 것 가운데 어느 쪽이 더욱 바람직하다고 판단될 수 있다. 그 어느 쪽에 더욱 힘쓰는 연구를 한참 진행할 수 있다. 그러나 그 둘을 갈라놓지 말아야 한다. 둘을 함께 하는 지혜를 터득해야 학문을 제대로 할 수 있다. 그 방법이 간단하지 않으므로 구체화된 논의가 더 필요하다.

세상에는 밑변이 넓기만 한 학문을 하는 사람들도 있다. 자료를 많이 모으고 박학다식을 자랑하지만 정리를 제대로 하지 못해 두고두고 참고할 만한 업적을 내놓지 못한다. 자기가 비장한 자료의 가치를 역설하면서 세상의 무지를 개탄한다. 다른 한편으로는 밑변은 생각하지 않고 꼭짓점을 높이기만 하려는 시도도 볼 수 있다. 무리한 가정에다 위태위태한 추론을 보태 대단한 것을 이루려고 애쓰지만 허사가 된다. 실패를 인정하지 않으려고 글재주로 안개를 피우기도 한다. 그 어느 쪽의 잘못도 배격해야 한다.

똑똑하면서 어리석어야 한다. 어리석으면서 똑똑해야 한다. 똑똑하기만 한 사람은 학문의 밑변을 넓히려고 하지 않고 꼭짓점만 높이려고 한다. 어리석기만 한 사람은 밑변을 넓히는 데만 몰두하고 꼭짓점은 생각하지 않는다. 똑똑하고 또한 어리석은 것은 아주 어려운 일일 듯하다. 그러나 누구든지 그 둘 가운데 어느 한쪽 특성은 가지고 있다. 똑똑하지도 못하고 어리석지도 못한 사람은 없다. 자기가 어느 쪽에 치우쳐 있는지 판단하고 다른 쪽을 보충하기 위해 힘써야 한다.

어리석은 쪽에 치우쳐 있으면 기존연구를 따르면서 더 보태려고 한다. 똑똑하기만 하면 기존연구를 우습게 여기고 마구 나무란다. 그 둘 다 잘못되었다. 기존연구를 존중하고 평가하면서 한 걸음 더 나아가는 것이 마땅하다. 처음에는 어리석게 보이다가 똑똑하다는 것을 차차 입증해야 한다. 기존연구를 많이 칭찬하고 자기의 꼭짓점을 더 올리는 것이 좋은 작전이다.

기존연구를 극력 나무라면서 남이 틀렸으므로 내가 옳다고 하는 것은 아주 어리석다. 남이 틀렸다고 해서 내가 옳다고 입증되지는 않는다. 논란을 벌이고 있는 여러 견해 가운데 하나가 맞으면 다른 것은 틀렸다고 할 것도 아니다. 둘 다 맞을 수도 있다. 관점에 따라서 견해가 다를 수도 있다. 내가 옳다는 것을 입증하면 남이 틀렸다고 구태여 입증하지 않아도 된다. 기존의 견해를 존중하고 내 견해가 진일보한 것임을 입증하는 것이 최상의 방안이다.

어리석기만 한 사람은 귀납법을 숭상한다. 자료를 많이 모아 열거하면 자료가 스스로 해답을 말해준다고 믿는다. 그것은 밑변 넓히기에 지나지 않아 논의의 진전이 없다. 똑똑하기만 한 사람은 자기 견해를 바로 제시한다. 자기 견해를 출발점으로 삼아 연역의 논리를 전개한다. 그것은 밑변은 돌보지 않고 꼭짓점만 올리는 방식이다.

그러면 어떻게 해야 하는가? 귀납을 충분하게 진행하다가 연역이 가능한 일반론을 도출하는 것이 정답이다. 작업을 하다보면 저절로 그렇게 되는 것은 아니다. 연역이 가능한 일반론을 가설로 세워놓고 귀납적인 증명이 가능한지 탐색하는 작업을 여러 번 하면서 고치고 다듬어 최상의 것을 선택해야 한다. 그 내막은 숨겨놓고 귀납으로 일관된 작업을 하다가 일반론을 얻은 것처럼 위장하는 것이 좋은 작전이다.

이상의 논의를 최한기의 지론과 연결시켜보자. 젊은 시절에는 기존의 학문을 광범위하게 공부해서 밑변을 넓히는 데 힘써야 한다. 자기 연구를 시작할 때에는 그 가운데 일부를 그리 넓지 않은 범위 안에서 선택해 알맞은 높이의 꼭짓점을 올린다. 그래야 자기 것을 만드는 학문의 길에 들어설 수 있다. 그 뒤에 꼭짓점을 더 높이면서 밑변으로 쓸 것을 넓혀 활용하고 더 보탠다. 만년에는 꼭짓점을 한껏 높여 밑변일 수 있는 것을 모두 거론하는 것이 마땅하다.

공부는 넓게 하고 연구는 좁게 시작해 공부의 범위만큼 확대해야 한다는 지론을 펴면서, 학문을 하는 순서를 바꾸지 말아야 한다고 최한기는 역설했다. 젊어서 개설서를 쓰는 것은 적절하지 못하다. 좁게 한 연구를 확대해 넓게 보는 데까지 이르러야 할 수 있는 일을 미리 어설프게 하면 나중에 난처하게 된다. 만년까지도 작은 문제를 다루는 데 몰두하지 말아야 한다. 넓게 공부한 밑천이 없어 작업의 범위를 넓히지 못하는 것을 알고 후회해도 소용없다.

실제 작업

최한기는 1803년에 출생해서 1877년에 작고했으니 74세까지 살았다. 여기서 검토하는 『人政』의 <教人門>은 1859년에 썼으니 56세 때이다.(권오영, 『최한기의 학문과 사상』, 집문당, 1999, 51면) 주저 가운데 만년의 것이다. 아직 60이 되지는 않았지만 60대의 학문은 어째야 하는지 생각할 수 있는 나이이다.

최한기의 학문이 자기가 말한 단계를 밟아 이루어졌는지 고찰하는 것이 긴요한 과제이지만, 뜻을 이루기 어렵다. 저작이 다 남아 있지 않고, 언제 썼는지 불확실한 것이 많다. 지금까지 밝혀진 바를 근거로 대체적인 추세를 알아볼 수 있을 따름이다.(같은 책 382-384면의 연보를 이용한다.)

1830년(27세)의 『農政會要』가 첫 저술로 생각된다. 한정된 범위의 특정 문제를 택해 학문 연구를 시작했다. 1836년(33세)에 간행한 『氣測體義』에서 구체적인 문제에서 출발해 일반이론으로 나아가는 전환을 보여주고, 최한기 철학의 핵심을 갖추었다. 그 뒤의 『人政』에서는 관심의 범위를 더 넓혔다. 『人政』과 비슷한 시기에 집필한 것으로 보이는 『氣學』이 철학사상을 총괄한 저술이다. 60대 이후에도 연구와 저술을 계속 했으나 저술이 남아 있지 않다.

최한기에다 나의 경우를 보태 함께 검토하면 불경스럽다는 비판을 들을 수 있다. 그러나 고금합작을 처음부터 말했다. 합작의 상대인 고인이 말해주지 못하는 바를 오늘날의 내가 감당해야 한다. 나는 어떻게 했는지 말해야 고금합작의 이론이 타당하다는 실제적인 증거를 제시할 수 있다.

나는 최한기보다 136년 뒤인 1939년에 태어났다. 그 사이에 많은 변화가 있었다. 같은 점이라고는 없는 서로 다른 학문을 하게 된 것처럼 보일 수 있다. 그러나 자료, 과제, 글쓰기 방법 등의 차이 때문에 학문의 본질은 달라지지 않았다. 지금 검토하는 가장 긴요한 사항, 생애의 시기에 따라 적절한 학문을 하는 방식에는 기본적인 일치점이 있다.

내 자신이 해온 작업을 자세하게 말해 고금의 균형을 너무 깨는 것은 적절하지 못하다. 개요만 들어 최소한의 입증자료로 삼기로 한다.(<실제작업의 경과와 성과>, 『우리학문의 길』, 지식산업사, 제2판 1996; 『<학문에 바친 나날 되돌아보며』, 지식산업사, 2004에서 더 자세하게 말했다.) 최한기와의 비교론을 전개하면 동열에 선다는 오해를 낳을 수 있으니, 잘 알고 있어 거론하기 편한 사례를 하나 드는 정도에 그친다.

나는 대학에서 불문학을 하고 다시 국문학을 하는 동안 무엇이든지 닥치는 대로 공부했다. 외국어 독해력에서 도움을 얻었다. 두 학과의 전공분야 외에 다른 여러 나라의 문학, 동서의 철학, 불교학, 역사학 등을 공부했다. 서울대학교 도서관에서 좌익서적을 탐독해 반공법을 위반했다는 이유로 입건되어 기소유예 처분을 받기도 했다.

대학원에서 국문학을 전공한 다음 대학의 전임강사가 되고, 학위 취득과는 관계없이 스스로 계획하고 진행해 본격적인 연구를 한 첫 업적이 『서사민요연구』이다 (1970년에 계명대학 출판부에서 내고, 1979년에 증보했다.) 그 때 나이 31세였다. 경북 동북부 지방의 여러 마을을 일정한 원칙에 따라 선정해 전승되고 있는 서사민요 몇 유형을 반복해서 채록해 다각도로 분석했다. 학문에서 이루고자 하는 뜻을 작은 작업에 집약했다.

그 뒤에도 경북 동북부 지방의 현지조사를 중심과제로 삼아 구비문학 연구를 계속하다가, 구비문학에서 고전문학 전반으로 나아갔다. 국문고전문학은 물론 한문학도 연구 대상으로 삼았다. 다시 고전문학과 현대문학을 연결시켜 다루는 작업을 진행해 한국문학에 대한 총체적인 이해를 하는 『한국문학통사』를 썼다.(지식산업사에서 제1판을 1982부터 1988년까지, 제2판을 1989년, 제3판을 1994년에 내놓았다.) 제1판을 43세부터 49세까지 내놓았다. 품이 많이 드는 저술을 하는 적절한 시기를 택했다고 생각한다.

다시 한국문학에서 동아시아문학을 거쳐 세계문학으로, 문학연구에서 인문학문을 거쳐 학문 일반으로 연구 영역을 확대했다. 연구의 범위를 확대하면서 젊은 시절에 닥치는 대로 공부한 밑천을 요긴하게 활용했다. 불문학을 할 때 얻은 능력과 식견이 긴요한 구실을 했다. 철학과 사회사에 관심을 가지고 기웃거리면서 얻고 생각한 바를 절실한 필요 때문에 덧보태고 가다듬어 소중한 지침을 삼았다.

공부한 밑천을 두루 활용해 『철학사와 문학사 둘인가 하나인가』(지식산업사, 2000)와 『소설의 사회사 비교론』(지식산업사, 2001)을 내놓았다. 『세계문학사의 전개』(지식산업사, 2002)를 써서 확대해 탐구한 바를 총괄하고, 세계문학과의 관련을 살피면서 『한국문학통사』를 다시 고쳐 제4판(지식산업사, 2005)을 냈다. 理氣철학의 유산을 활용하려고 여러 단계의 노력을 하다가 生克論을 기본 이론으로 정립하는 데 이르러 꼭짓점을 한껏 높이고 밑변에 모아들인 많은 사실에 널리 적용했다.

정년퇴임한 다음에는 학문 일반론의 관점에서 한국학의 현황과 진로를 진단하고 모색하는 작업을 하고 있다. 강의와 집필을 병행한다. 강의 원고를 인터넷 홈페이지에 올리고 토론을 붙이고 다듬어 출간한다. 자료를 들어 논증을 하는 절차를 거치지 않고 문제를 크게 다루면서 전공자가 아니라도 쉽게 읽을 수 있게 쓴다.

내 경우는 두 가지 점이 특별해 일반적인 모형이 되기 어렵다고 할 수 있다. 하나는 연구의 범위를 너무 확대했다. 또 하나는 써놓은 글이 지나치다고 할 만큼 많다. 저서가 50권, 논문이 200편쯤 된다. 새로 개척해야 할 영역, 처음 다루는 과제가 계속 발견되어 정신없이 달려 나간 결과이다. 이제부터는 그런 시기가 아니니, 적절한 규모로 한정된 작업을 더욱 알차게 하는 것이 바람직하다.

학문 후속세대를 위하여

이제 막 박사학위를 받은 30대, 아직 일할 곳을 구하지 못한 사람이 후속세대의 주인공이다. 깊은 논의는 뒤로 미루고 여기서는 직접 도움이 되는 말을 간략하게 한다. 타당한 것보다 유익한 것을 더욱 존중하면서 결론을 도출한다.

모든 것이 다 그렇듯이 학문 또한 시기에 따라 달라지는 이치를 알고 활용하는 것이 최한기가 말한 핵심 사항이다. 아는 것은 자각이고 활용하는 것은 작전이다. 자각을 분명하게 해서, 혼란이 생기지 않게 해야 한다. 작전을 차질 없이 짜서 외부와의 관계를 바람직하게 만들어나가야 한다.

공부는 넓게 하고 연구는 좁게 시작하라. 그래야 학문을 시작했다고 인정받을 수 있는 업적이 산출된다. 연구가 발전해 꼭짓점을 높여나가면 밑변이 넓어져야 하므로 공부한 것을 더 많이 활용한다. 그렇게 하는 데 지장이 없도록 당장 활용하지 않는 밑천을 넉넉하게 마련하라. 공부한 모든 것을 논의의 대상으로 하는 학문은 만년에 가야 가능하다. 그 때 모든 것이 넉넉하도록 미리 준비하라.

긴 안목으로 계획을 세워 꾸준히 노력하라. 40대의 학문, 50대 이후의 학문에 착실하게 다가가라. 10년 단위의 작업을 역저로 집성하라. 전작장편이 바람직하지만 앞뒤 연결이 분명한 단편집도 좋다. 10년을 기다려주지 않는다고 생각되면 5년마다 추수를 하는 것도 생각할 일이지만 질을 떨어뜨리지는 말아야 한다. 깊이 생각하고 많이 다듬어 알찬 성과를 보여주어야 한다.

공부하면 알아주니, 알아주면 공부하겠다고 억지 부리지 말아야 한다. 시인이 시를 쓰듯이 내심에서 우러나고 그만두려고 해도 그만둘 수 없는 작업을 하라. 아무 보상도 없고 생계 해결에 도움이 되지 않아도 기어코 하겠다는 학문만 할 만한 가치가 있다. 그런 학문을 하는 일꾼만 진정한 학자이다. 겉보기에는 화려한 것 같아 사이비 학자 노릇을 하는 것은 내심 괴롭고 중간에 밀려나기 십상이니, 일찍 그만두고 더 좋은 일거리를 찾아라.

보조연구원, 강사나 비전임 강의전담자 같은 것들을 하지 않을 수는 없다. 시간을 지나치게 빼앗기고, 불평 습관이 생기는 것을 경계해야 한다. 경력이나 친분이 진출에 도움이 되지 않는 쪽으로 가고 있다. 무직자일 때뿐만 아니라 교수가 되어서도 생계를 위해 최소한의 노력을 배분하는 지혜를 얻고, 어떤 수단을 쓰든 연구에 몰두해 뛰어난 성과를 내야 한다. 범속한 논문이 많으면 너절한 사람이 된다. 오직 질이 소중하다고 다짐하라.

책상 앞에 앉아야 몰두하는 것은 아니다. 엎어지고 자빠져도 학문을 생각하는 것이 몰두이다. 몰두하면 즐겁다. 저절로 잘 된다. 학문이 즐거운 줄 모르고 하다 마는 사람들이 적지 않아 가련하다고 하지 않을 수 없다.

토 론

❑ 문: 밑변 넓히기라고 한 광범위한 공부는 얼마나 해야 하는가?

❑ 답: 넓게 하면 할수록 좋다.

❑ 문: 선생님의 경우는 어느 정도인가?

❑ 답: 두 학과에서 13년 동안 대학 공부를 하면서 여러 분야의 강의를 듣고 자유로운 독서를 할 기회가 어느 누구보다 많았다고 생각한다. 중년 이후의 학문에서 활용할 밑천을 일찍부터 많이 마련했다. 氣철학도 그 가운데 하나이다.

❑ 문: 氣철학 공부는 언제부터 하고, 어떤 계기가 있었는가?

❑ 답: 대학 다닐 때 왕성한 호기심을 가지고 닥치는 대로 공부하다가 기철학을 만났다. 불문과 2학년 때인 1959년이었다고 기억한다. 동국대학교에 재직하면서 서울대학교에 출강하는 金龍培 교수의 강의를 들었다. 『동양철학사대관』이라는 저서를 교재로 삼고, 기철학을 크게 평가하는 지론을 폈다. 이철학을 넘어선 기철학으로 변증법을 넘어설 수 있다고 했다. 기는 에너지와 같다고 보아 "E氣"

라는 글자를 만들어 썼다. 그 때 받은 감명과 충격이 내 학문의 긴요한 원천을 이룬다.

❑ 문: 다른 공부는 무엇을 했는가?

❑ 답: 元義範 선생이 종교학과에서 하는 불교 강의를 계속 들었다. 불교에 입문하고, 불교철학에 대해서 이해를 얻은 것이 그 덕분이다. 원의범 선생은 그 때는 강사였는데 나중에 인도에 가서 공부하고 동국대학교 교수가 되었다. 내가 계명대학에 재직하고 있을 때 강연을 하러 오셨다. 인사를 드리고 "선생님 강의를 들었습니다"라고 하니, 나를 잘 기억하고 있다고 하고, 내가 낸 과제물 <金剛經의 윤리관>을 지면에 발표하도록 해야 하겠다고 생각하면서 계속 가지고 있다고 했다.

❑ 문: 10년을 단위로 학문이 달라져야 한다고 한 것이 근거가 있는 견해인가?

❑ 답: 10진법은 계산 방법에 지나지 않지만, 사람 일생의 단계를 구분하게 하는 의의가 있다. 10년 단위로 삶의 방식이 달라지므로 학문 또한 새로워져야 한다.

❑ 문: 나이가 들면 사람은 한 물 가는데 학문은 새로워져야 하는가?

❑ 답: 10년을 지나고 다음 단계의 삶을 시작하는 것도 새로워지는 과정이다. 앞 시기의 삶을 그대로 이으려고 하면 후퇴하고, 다음 시기의 삶을 시작하면 진보한다. 학문 또한 그렇다. 같은 학문을 계속하려고 하면 흥미를 잃고 할 일이 없어 그만두게 된다. 시기마

다 새로운 학문을 하면 줄곧 즐겁고 할 일이 자꾸 생겨난다. 그러나 새롭게 하기만 하면 되는 것은 아니다. 정처 없는 방랑의 유혹은 이겨내야 한다. 시기마다 해야 할 일을 마땅하게 하는 데서 내밀한 즐거움을 찾아야 한다. 방랑과 탐색은 보조수단으로 삼아야 한다.

❑ **문**: 그런 사정은 생각하지 않고 꾸준히 노력해 대단한 업적을 이룬 분들도 있지 않는가?

❑ **답**: 작업의 순서나 단계를 무시하고 노력에만 기대를 걸면 힘은 많이 들고 이룬 바는 빈약하게 된다. 누구도 예외일 수 없다고 생각한다. 품이 많이 드는 역저를 쓰는 적절한 시기는 학문에 종사한 지 10년 이상 된 40대 후반이다. 힘은 줄어들고 식견은 늘어나는 교차점이 그 때이다.

그런데 학문을 하기 시작해 논문도 몇 편 내놓지 않고 개설서부터 쓰면 두고두고 후회한다. 논문만 쓰고 있다가 60대 이후에, 정년퇴임 후에 한국문학사 집필 같은 난공사를 하겠다고 하는 것은 무리이다. 많은 사람이 희망하지만 空約으로 끝나고 만다. 더러 한 것이 있어도 역부족임을 드러낸다. 젊은 사람들의 연구를 진지하게 받아들이지 못하고 낡은 수작을 길게 늘어놓는다. 50대에는 책을 쓴다면서 그리 긴요하지 않은 작업으로 힘을 탕진하는 것도 어리석다. 멀리 나다니다가 만년에 귀향하겠다고 하면 객사하고 만다.

사람의 일생에 이용할 수 있는 시간이 아주 제한되어 있다는 것을 알고 함부로 낭비하지 않고 알뜰하게 써야 한다. 시기가 지나면 새로운 작업을 하는 것이 주어진 시간을 최대한 활용하는 방안이다.

❏ 문: 전공에 충실하려면 같은 일을 계속해서 해야 하기 때문에 변화를 시도하기 어려운 것이 아닌가?

❏ 답: 형편이 그런 것이 사실이지만, 노력해서 극복해야 한다. 하던 연구나 강의도 새롭게 하고, 적절한 시기에 새로운 작업을 시작해야 한다.

❏ 문: 행운이란 무엇인가?

❏ 답: 준비하고 기대하면 오는 변화이다. 준비하지 않으면 오지 않고, 기대하지 않으면 와도 온 줄 모른다. 나는 지나온 삶이 행운의 연속이었다. 내부의 요구를 실현할 수 있게 외부의 조건을 선택하는 방식이 늘 새로웠다고 할 수 있다. 행운은 결단에서 실현된다.

❏ 문: 구체적으로 말한다면?

❏ 답: 불문학도가 한국문학으로 전공을 바꾼 것이 첫 번째 결단이고 행운이었다. 그 뒤에 구비문학에서 고전문학으로, 거기서 한국문학 전반으로, 거기서 한국문학과 세계문학의 관계 및 문학연구와 다른 학문의 관계, 거기서 한국학 또는 학문 일반론으로 작업을 확대할 때마다 행운을 실현하는 결단이 있었다. 계명대학 시절 후반과 영남대학 시절에 현대문학 교수가 되어 한국문학 전반으로 나아갈 수 있었다. 한국학대학원 시절에는 한국문학 전반을 혼자 강의하면서 문학사를 썼다. 『한국문학통사』를 40대 후반에 일단 끝낼 수 있는 행운을 얻었다. 서울대학에서는 한국문학의 각 분야를 전공하는 교수가 많아 내부의 일은 면제받고 한국문학과 세계문학의 관계 및 문학연구와 다른 학문의 관계를 소관사로 삼았다. 지금 계명대학에서는 한국학 또는 학문 일반론으로 나아간다. 행운으로 가득 찬 일생이다.

제13강 융합과 창조의 원리

논의의 방향

『三國遺事』를 들어 오늘날의 학문을 논하는 것이 이 글을 쓰는 목적이다. 어떤 방법으로 쓸 것인가? 세 가지 작전을 세울 수 있다. (가) 『삼국유사』에 관해서만 말하고, 말한 바가 오늘날의 학문에 관한 논의임을 읽는 사람이 알아차리도록 한다. (나) 『삼국유사』에 관해서 하는 말을 끝내고 오늘날의 학문에 관한 논의를 보탠다. (다) 목적을 처음부터 명시한다.

(가)라면 반발을 줄이고 설득력을 높일 수 있다. 초고를 쓸 때에는 이 작전을 따랐다. (나)에서는 무엇을 말하는지 알아차리는 독자가 늘어날 수 있다. 이 작전을 택하기로 하고 개고하다가 말았다. (다)를 택해 예상되는 반발에 맞서 논쟁을 하리라고 작정했다. 고친 결과를 여기 내놓는다.

『삼국유사』에 관한 논의는 생각하기에 따라서는 너무 많이 이루어졌다고 할 수 있다. 남은 문제가 거의 없는데 거듭 연구한다면서 하던 말이나 되풀이하는 것 같다. 그러나 전반적인 특징과 가치에 대한 파악은 아직 많이 미흡하다. 미흡한 점을 보완하면서 한 걸음 더 나아가려고 한다.

전반적인 특징과 가치는 실증적인 고찰의 대상을 넘어선다. 대상과 평가자의 관계에서 발견된다. 시간의 한계를 넘어서서 지속적인 의의를 가진다. 오늘날 학문의 그릇된 추세를 바로잡는 지침을 얻는 것이 최상의 결과이다.

역사서 · 고승전 · 설화집

『삼국유사』는 어떤 저술인가? 『三國史記』는 正史이고 『삼국유사』는 野史라고 하는데, 正統史書와 代案史書라는 하는 것이 더욱 적합하다. 야사는 비정통 또는 비공식의 사서를 모두 지칭하는 말이다. 대안사서란 정통사서에서 내세운 보편적인 원리를 대등한 수준 또는 더욱 발전된 다른 보편적인 원리로 바꾸어놓고자 한 사서이다.

동아시아의 정통사서는 司馬遷의 『史記』에서 비롯하고, 班固의 『漢書』로 이어졌다. 그 뒤에 한 왕조 또는 시대가 끝날 때마다 역사를 정리하는 관습이 확립되어 25史라고 헤아리는 것들이 이루어졌다. 한국에서는 고구려 · 백제 · 신라가 각기 편찬한 자국사를 모아 『三國史』를 만들고 고쳐서 『삼국사기』라고 했으며, 『高麗史』를 짓고, 다시 『東國通鑑』이라는 총괄사서를 마련했다. 일본에서는 『日本書紀』 이하 몇 가지 사서를 편찬하고, 나중에 『大日本史』에서 총정리하려고 했다. 월남에서 『大越史記』를 누적시켜 서술하고 개작해 『大越史記全書』라고 했다.

중국에는 정통사서만 있고 대안사서라고 할 것은 없었다. 정통사서가 역사서를 온통 지배해 다른 것은 출현하지 못했다고 생각된다. 일본이나 월남에는 대안사서라고 할 것들이 있었지만, 유교사관과 맞서는 보편주의를 갖추지 못했다. 일본의 『神皇正統記』는 장차 神道로 정립될 민간신앙의 사고방식에서 역사를 이해했다. 월남의 『嶺南摭怪』는 성격이 그리 뚜렷하지 않은 민족신앙을 바탕으로 삼았다.

유교 정통사서와 불교 대안사서의 공존은 한국에만 있었다. 유교와 불교가 이중의 보편종교 또는 보편이념 노릇을 하는 것은 다른 문명권에는 유사한 예가 발견되지 않는 동아시아문명의 특징이다. 그런데 한국에서만 두 가지 보편이념에 입각해 양립하는 역사서를 만들었다. 『삼국유사』가 있어서 그럴 수 있었다. 『삼국유사』는 일반적 가능성을 홀로 실현한 특별한 의의를 가진다.

종교에는 독자적인 성격의 종교사가 있는 것이 관례이다. 신앙의 높은 경지에 이르러 뛰어난 능력을 보인 聖者들의 생애를 들어 말하는 방식으로 종교사를 서술했다. 그런 것들을 聖者傳(hagiography)이라고 통칭하는 것이 관례이다.(<성자전>, 『문명권의 동질성과 이질성』, 지식산업사, 1999에서 여러 종교의 성자전을 비교해 고찰했다.) 여러 종교 성자들은 자기를 희생하고 진리를 추구하는 삶의 과정을 비슷하게 보여주었다. 성자전을 만들고 기록해 훌륭한 행적을 이야기하고 고귀한 삶을 숭앙하는 것도 서로 같았다.

위에서 든 여러 종교의 역사서는 대부분 성자전을 겸했다. 기독교에서는 성자들의 활약이 국가의 성립과 발전에서 커다란 의의를 가진다고 여겼다. 동아시아 밖의 불교권에서도 제왕과 성자가 함께 역사를 이룩한다고 했다. 힌두교나 이슬람의 경우에는 성자전을 별도로 마련했다. 동아시아 불교에서는 『高僧傳』이라는 이름의 책을 계속 내서 승려들의 전기를 집성했다.

고승전의 계보를 보자. 중국에서 慧皎의 『梁高僧傳』, 道宣의 『唐高僧傳』, 贊寧의 『宋高僧傳』 등을 먼저 내놓아 널리 영향을 끼쳤다. 그 뒤를 이어 한국에서는 覺訓이 『海東高僧傳』를, 일본에서는 虎關師錬이 『元亨釋書』를 이룩했다. 선종에서는 傳燈錄이라는 것들을 따로 마련해 禪僧들의 행적을 말해주는 일화를 모았다. 월남의 고승전 『禪苑集英』은 전등록을 서술하는 방식을 따랐다.

『삼국유사』는 고승전의 하나라고 할 수 있다.(정천구, <삼국유사와 중·일 불교전기문학 비교연구>, 서울대학교 박사논문, 2000에서 그 특징을 밝혔다.) 고승전에 해당하는 내용이 대부분을 차지한다. '紀異'·'興法'·'塔像'·'義解'·'神呪'·'感通'·'避隱'·'孝善'의 여덟 대목 가운데 '기이'는 불교와는 직접 관련되지 않은 역사 서술을 위한 대목이고, '홍법' 이하는 고승전이라고 할 수 있는 체제와 내용을 갖추었다. 제목을 붙인 말과 다룬 내용이 『梁高僧傳』 이래로 널리 통용되고 있는 모형과 그리 다르지 않다. '義解'는 그대로 있고, '神異'는 '神呪', '遺身'은 '避隱', '興福'은 '孝善'으로 고쳐 일렀으며, 다른 것들은 유사한 방식으로 설정한 과목이며, '譯經'이 없어진 것은 당연한 일이다.

그러면서 등장인물은 많이 다르다. 승려라야 고승전의 주인공이 될 수 있도록 하는 『梁高僧傳』 이래의 고정된 관습을 깼다. 『元亨釋書』에서처럼 속인도 함께 다루어 관심을 넓힌 것도 아니다. 僧俗의 구분을 넘어서서 승려이든 속인이든 누구든지 불교 수행에서 높은 경지에 이를 수 있다고 했다. 上下·男女의 차등도 부인하고, 속인 가운데서 하층민이, 남자뿐만 아니라 여자도 불교 수행의 높은 경지에 이를 수 있다고 했다.

속인・하층・여자가 대단한 경지에 이르렀다는 것은 교단에서는 인정하지 않은 사실이라 기록이 있을 수 없었다. 기존의 관념을 넘어서서 숨은 진실을 밝히기 위해 '鄕傳', '鄕諺', '鄕言', '鄕中古傳' 등이라는 말을 써서 스스로 밝힌 구전 또는 구전의 기록을 적극 수용했다. 이미 알려져 있는 고승들의 생애에 관해서도 민간에 전하는 다채로운 이야기를 찾아내 새로운 이해를 하도록 하는 길을 열었다. 불교와 직접 관련이 없는 사항을 다룰 때에도 같은 방법을 사용했다. 설화가 역사 이해에서 긴요한 구실을 한다는 것을 일관된 원리로 삼았다.

역사서나 성자전이 자료 부족을 보충하기 위해 구전을 이용하는 것은 어디서나 볼 수 있는 일이다. 그러나 『삼국유사』도 그 가운데 하나라고 이해하고 말 것은 아니다. 상층의 기록이 지닌 한계를 하층의 구전으로 넘어서는 노력을 적극적으로 하면서 약동하는 발상을 찾았다. 설화를 차선책으로 이용하지 않고 대안의 근거로 삼았다.

설화집은 어느 나라에든 많이 있다. 들어서 알고 있는 것을 글로 쓰기만 하면 되었다. 가치를 논할 필요가 없고, 읽어서 흥미로우면 환영을 받았다. 중국 『山海經』처럼 이른 시기에 이루어진 것은 신화를 주로 수록하다가 후대에는 전설이 기본 내용을 이루었다. 한국의 『殊異傳』도 그 가운데 하나이다. 『삼국유사』는 설화집이라고 할 수 있는 내용을 지녔으면서 예사 설화집과 다르다.

『삼국유사』는 역사서이고 고승전이고 설화집이다.(<삼국유사 설화의 기본성격>, 『삼국시대 설화의 뜻풀이』, 집문당, 1990에서 고찰한 사실이다.) 그 셋이 셋이면서 하나이게 했다. 역사서인 점에서는 『삼국사기』와 같고 다르다. 고승전인 점에서는 『해동고승전』과 공통점과 차이점을 지녔다. 설화집의 면모를 살피면 『수이전』과 상통하면서 상이하다. 별개의 글쓰기 방식으로 정착되어 있는 역사서·고승전·설화집의 경계를 넘어서서 융합으로 창조를 이루는 좋은 본보기를 보여주었다.

『삼국유사』가 『삼국사기』와 다른 역사서인 이유는 고승전이고 설화집이기 때문이다. 元曉에 관한 서술을 들어보자. 薛聰의 아버지라는 이유에서 『삼국사기』 열전 설총 대목에 언급되어 있기만 한 원효를 부당한 처우에서 해방시켜 거듭 등장시키고 크게 다루어 한 시대의 주역임을 알렸다. 민간전승에서 가져온 자료를 풍부하게 이용해 다채로운 활약상을 보여주었다. 원효 이야기에 설총을 곁들여, 원효의 소상이 설총을 돌아다보고 그 자세를 아직까지 유지한다고 했다.(권5 <元曉不羈>)

『삼국유사』가 『해동고승전』과 다른 고승전인 이유는 역사서이고 설화집이기 때문이다. 墨胡子와 阿道라는 승려가 고구려에서 신라로 와서 불법을 전한 내력에 많은 의문이 있다면서 양쪽에서 서술한 내용은 대체로 일치한다. 讚詩를 지어 기린 말도 흡사하다. 그러면서 『해동고승전』에서는 행적이 모호해 더욱 신이하다고 했다. 墨胡子와 아도가 한 사람처럼 보이는 것은 "皆以無相之法身隱現自在"(모두 상이 없는 법신이라 숨고 나타나기를 마음대로 했다)라고 찬시에서 말했다. 『삼국유사』에서는 실제 상황을 밝히고 연대를 고증하려고 애썼다. 묵호자에 이어서 아도가 다시 와서 "一善郡人毛禮 或作 毛祿"의 집에 머물렀다는 사실을 소중하게 여겨, 봄기운이 "先著毛郎

宅裏梅(모례네 집 뒤 매화에다 먼저 손을 대었네)라고 노래했다. (권 3 <阿道基羅>)

『삼국유사』가 『수이전』과 다른 설화집인 이유는 역사서이고 고승전이기 때문이다. 善德女王과 志鬼 이야기는 양쪽에 다 수록되어 있는데, 관점이 아주 다르다. 『수이전』에서는 지귀가 선덕여왕을 사모해 이름이 명시되지 않은 절에 온다는 말을 듣고 탑 아래서 기다리는 동안 그만 잠이 들었다가 깨어보니 선덕여왕이 가슴에 팔찌를 두고 갔다. 충격이 너무 커서 심중에 불이 붙어 불귀신이 되었다고 했다. 『삼국유사』에서는 그 사건을 다루면서 이루지 못한 사랑 대신에 스님이 행한 이적을 주제로 삼았다. 惠空 스님이 靈廟寺 금당 좌우에 새끼를 두르도록 해서, 선덕여왕이 그 절에 행차하자 지귀의 심중에서 붙은 불로 탑이 다 탈 때 무사하도록 했다고 했다. (권4 <二惠同塵>)

역사서 · 고승전 · 설화집은 별개의 영역이다. 그 셋 특히 앞의 둘을 정형화한 글쓰기 방식이 중국에서 확립되어 동아시아 전역에 정착되었다. 그런데 『삼국유사』는 그런 관례를 어기고 셋을 한꺼번에 다 갖추고 셋이 하나이게 했다. 외래문화의 여러 가닥을 합치는 방식이다. 문화의 영역 구분을 거부하고 통괄적인 이해를 하는 길을 열었다. 이질적인 것들이 한 자리에 모여 상생이 상극이고 상극이 상생인 관계를 가지면 역동적인 창조가 시작된다.

외래문화와 고유문화

고조선에 관한 서술을 시작하면서 "昔在 桓因"이라고 한 데 "謂帝釋也"라는 주석을 달았다.(권1 <古朝鮮>) 환인의 아들 桓雄이 이 세상에 내려와 아들 壇君을 낳았다고 했으니, 환인은 단군의 할아버지인 天神이다. 제석은 브라만교에서 받아들인 불교의 천신이다. 민족신화와 불교신화가 일치한다고 하면서 둘을 함께 인정했다. 민족신화가 먼저 있고 불교신화는 나중에 들어왔을 것이다. 불교신화를 수용해 민족신화와 같다고 하는 방식으로 외래문화가 민족문화가 되고, 민족문화가 보편적인 의의를 가지게 했다.

불교에서는 하늘과 땅 사이의 공간적인 거리뿐만 아니라 과거와 현재 사이의 시간적 거리 또한 크게 생각해 불교신화에 공간 축과 시간 축이 있다. 과거의 부처 가섭불이 불법을 펴던 신성한 자리가 신라에 있고 그 곳에 다시 절을 지었다고 하면서 자기 나라에서 불교의 정통을 이어나간다고 했다. ("月城東 龍宮南 有迦葉佛宴坐石 其地則前佛時伽藍之墟也", 권3 <迦葉佛 宴座席>, "黃龍寺 乃釋迦與迦葉佛講演之地 宴坐石猶在", 권3 <黃龍寺丈六>, "此庵址乃迦葉佛時坐寺基也", 권5 <朗智乘雲 普賢樹>)

외래문화와 고유문화가 만나는 모습을 전설에서 말할 때에는 구체적이고 흥미로운 사연을 갖추었다. 말하는 범위가 아주 넓은 신화는 양쪽이 합치된다고만 했으나, 불교가 들어와 정착하는 과정을 다루는 전설에서는 대립과 화합이 함께 나타났다. 『삼국유사』에 기록된 바와 현지의 구전이 같으면서 다르다.

신라의 승려 慈藏에게 중국 太和池의 "神人"이 나타나 "黃龍寺護法龍 是吾長子 受梵王之命 來護是寺"라고 했다.(권3 <黃龍寺 九層塔>) 자장은 通度寺를 세우고 "太和龍"이 바친 "木鴨", "枕", "釋尊田衣"(석가의 가사)를 그 절에 보관했다고 했다.(권4 <慈藏定律>) 태화지의 "신인"을 "용"이라고 했다. 태화지의 용이 불법을 상징하는 것들을 주어 모셔두고 받들게 했다.

그런데 지금도 들을 수 있는 구전에서는 자장이 통도사를 세울 때 九龍池라는 못에 있는 아홉 마리 용을 물리쳤다고 한다. 용들과 자장이 승패를 나누기로 하고, 용들이 비를 따라도 자장에게는 햇빛이 비추었다. 자장이 못의 물을 말리니 용들이 견디지 못해 날아가다가 떨어져 죽고 눈 먼 용 한 마리만 남아 그 못을 지킨다고 한다.(『한국구비문학대계』 8-9, 한국정신문화연구원, 1983, 916-917면) 재래신앙의 용은 패퇴되고 불교의 용이 들어와 숭앙되었다. 고유문화가 불교에 밀려난 내력을 그렇게 말했다.

寶壤스님과 이무기의 관계를 다룬 이야기는 그것과 같고 다른 점이 있다. 보양이 중국에서 돌아올 때 西海 龍王이 용궁으로 초청해 불경을 염송하게 하고 "金羅袈裟" 한 벌을 주고 "璃目"이라는 아들더러 "侍奉"이 되어 따라가라고 했다. 용왕이 불법을 받들고 불교의 보물을 지니고 있다가 전해준다는 것은 같다. 외래의 용이 신라로 온 것은 같으면서, 이무기라고 해석되는 "璃目"이 승려의 시봉 노릇을 한다고 하니 격이 낮아졌다. 보양과 이목이 雲門寺에서 함께 지낸 내력을 다음 대목에서 다음과 같이 말했다.

> 璃目常在寺側小潭 陰騭法化 忽一年亢旱 田蔬焦槁 壤勅璃目行雨 一境告足 天帝將誅不職 璃目急告於師 師藏於床下 俄有天使到庭 請出璃目 師指庭前梨木 梨目萎摧 龍撫之蘇 (一云 師呪之而生) (권4 <寶壤梨木>)

이목이 항상 절 옆의 작은 못에 있으면서 몰래 불법의 교화를 도왔는데, 어느 해는 갑자기 큰 가물이 들어 밭의 채소가 마르고

> 탔다. 보양이 이목을 시켜 비를 내려 온 경내가 흡족해 하고 했다. 천제는 [이목이] 직분을 남용했다고 죽이려고 했다. 이목이 스님에게 위급함을 알리니, 스님이 마루 밑에 숨겼다. 조금 있으니 天使가 뜰에 이르러 이목을 내놓으라고 청하므로 스님이 뜰 앞의 梨木을 가리키자 梨木에 벼락을 치고는 하늘로 올라갔다. 梨木이 꺾여 시들자 용이 어루만지니 살아났다.(또는 스님이 주문을 외자 살아났다고도 한다.)

"璃目"은 "이무기"의 한자 표기이다. "璃目"과 "梨木"은 발음이 같아 스님이 천사에게 거짓말을 한 것은 아니다. 우리말은 모르고 한문만 아는 다른 나라 사람은 이해할 수 없는 내용이다. 이것은 한문으로 쓰기 전에 우리말 이야기가 먼저 있었다는 증거이다.

흔히 못된 이무기라고 하는 것이 재래의 용이다. 이무기는 비를 내리는 구실을 하고, 죽은 나무를 살려낼 수 있다. 죽은 나무를 살릴 때 스님이 주문을 외웠다고도 한 것은 둘이 도술 시합을 했다는 말이다. 스님보다 이무기가 더 큰 능력을 가졌다.

『동국여지승람』에서 "李木淵 在雲門寺南 俗傳 有神物 祈雨有驗"이라는 기록이 있다.(권26 靑道郡 山川) 이무기 신앙이 실재했음을 입증한다. 보양은 운문사에 와서 그 근처의 이무기 신앙을 부정하지 못하고 불교에다 수용하려고 했던 것으로 생각된다. 서해용궁에서 데려온 용왕의 아들 이무기가 바로 현지에서 숭앙되는 이무기라고 해야 그럴 수 있었을 것이다.

현지의 구전에서는 위에서 든 이야기 다음의 후일담이 있다. 상좌가 밤에 나갔다가 몸이 싸늘해져서 돌아오는 것을 보고 스님이 뒤따라 살피니 못에 들어가 요동을 치면서 용이 되려고 했다. 상좌는 자기 비밀을 스님이 알아차려 화가 나서 꼬리로 바위를 치고 멀리 날아가버렸다. 그런 일이 있었던 절은 운문사 옆의 大悲寺라고 하고, 大悲池가 있어 증거가 있다고 했다. 대비사 뒤에 있는 億山의 높은 바위를 꼬리로 쳐서 꼭대기가 둘로 갈라져 있다 한다. 가버린 곳은 밀양군 산내면 호박소라고 하고, 아직도 거기 있다고 한다.(밀양 쪽에서 조사한 자료가 『한국구비문학대계』 8-7, 한국정신문화연구원, 1983, 134-137면, 341-345면, 『한국구비문학대계』 8-8, 한국정신문화연구원, 1983, 510-518면에 보고되어 있다.)

一然은 운문사에 있었으니 현지의 구전을 알고 기록했다고 보아 마땅하다. 보양이 이무기 신앙을 인정하고 수용한 사실을 기록에 올리면서 이무기가 비를 내리고 죽은 나무를 살려내고 하는 것 같은 생생하고 흥미로운 사건을 구전에서 받아들였다고 보아 마땅하다. 스님과 이무기가 서로 다른 생각을 가지고 능력 시합을 하면서도 서로를 존중해 함께 지내는 것까지만 말하고, 결별하고 말았다는 후일담은 바라지 않은 바이므로 생략했다고 생각한다.

자장 이야기에서는 외래의 용이 황룡사를 수호하고 재래의 용은 쫓겨나 죽었다. 보양 이야기에서는 외래의 용과 재래의 용이 둘이 아니고 하나라고 했다. 자장과 보양은 생각이 달라서 그런 차이가 나타났을 것이다. 일연은 『삼국유사』를 역사서로 썼으므로 그 어느 쪽을 선택할 수 없고 둘 다 기록해야 했다. 그러나 자장 때문에 재래의 용이 쫓겨나 죽었다는 것은 말하지 않았다. 그런 전설이 있는 줄 몰라서 놓쳤다고 생각되지는 않는다. 바람직하지 않다고 여겨, 말하고 싶지 않았을 것이다.

보양 이야기에서 외래의 용이 바로 재래의 용이라고 한 것은 일연이 바라는 바였겠는데 마침 운문사에 머무르고 있는 덕분에 생동하는 구전을 만나 자세하고 설득력 있게 말할 수 있었다. 구전이 기록보다 더 소중한 자료임을 입증하는 좋은 사례이다. 그러나 구전을 다 받아들이지는 않았다. 스님과 이무기가 결별했다는 결말은 생략했다. 다른 결말로 대치할 수 없어 스님과 이무기의 관계가 그 뒤에 어떻게 되었는지 말하지 않았다.

상층과 하층

廣德은 신을 삼아서 생계를 이어나가는 미천한 인물이고 아내는 芬皇寺의 종인데, 서방정토로 가고 싶은 간절한 소망을 나타내는 <願往生歌>를 지어 불렀다고 했다. 그러면서 또한 광덕은 불도를 열심히 닦는 승려였다고 하고, 아내는 관음보살의 화신이었다고 하며, 두 사람은 십여 년 동안 동거하면서 잠자리를 같이 한 적이 없다고 했다.(권5 <廣德 嚴莊>) 그 두 가지는 서로 상반된 말이지만, 동시에 성립될 수 있다. 미천한 사람이라도 불도의 높은 경지에 이를 수 있기 때문에 그럴 수 있고, 보살이 중생을 제도하려면 가장 낮은 자리로 내려와야 하기 때문에 그럴 수도 있다.

남의 집에서 종노릇을 하면서 고된 노동에 시달리던 郁面은 염불하고 합장하지 못하도록 하기 위해서 주인이 두 손바닥을 노끈으로 꿰서 말뚝에다 매어두기까지 하는 고난을 겪었다. 그런데도 하늘에서 들려오는 소리가 시키는 대로 佛堂에 들어갔더니 자기도 모르게 천장을 뚫고 올라가 부처가 되어 찬란한 빛을 발했다고 했다.(권5 <郁面婢念佛西昇>) 이 이야기 또한 이중의 의미를 지니고 있다. 상하·남녀의 지체 구분에서 가장 낮은 위치에 있는 계집종이라도 불도를 열심히 닦으면 부처가 될 수 있다는 이야기이기도 하고, 그런 자리에서 고난을 겪는 것이 부처가 세상을 구하는 길이라는 말이기도 하다.

부처나 보살 또는 승려가 비속한 모습을 하고 있어 불법은 숭고하며 아득하게 먼 곳에 있다는 그릇된 생각을 깨는 설화가 적지 않다.(『삼국시대 설화의 뜻풀이』, 서울: 집문당, 1991에서 이에 대해 고찰했다.) 孝昭王이 승려들을 공양하는데 누추한 모습을 한 승려가 동참하기를 청하자 왕에게 공양을 받았다고 말하지 말라고 하니, 그 승려는 釋迦如來를 공양했다는 말은 하지 말라고 응대했다고 했다.(권5 <眞身受供>) 惠空은 天眞公이라는 사람에게 고용살이하는 노파의 아들인데, 어려서 천진공의 종기가 낫게 하는 이적을 보였다. 출가해 승려가 되어서는 미친 듯 크게 취해서 삼태기를 지고 거리에서 노래 부르고 춤추었다.(권5 <二惠同塵>)

元曉에 관한 이야기는 여기저기 다채로운 내용을 갖추어 수록되어 있다. 모든 것이 있는 것은 아니다.(<원효설화의 변모와 사상 논쟁>, 『한국의 문학사와 철학사』, 지식산업사, 1997에서 원효 설화의 전모를 고찰하려고 했다. 오대혁, 『원효설화의 미학』, 불교춘추사, 1999에서 더 많은 것을 말하고 자료를 모아 역주했다.) 중국에 가다가 무덤에서 잠을 자고 깨어나 깨달은 바 있어 되돌아오게 된 경위는 몇몇 중국 문헌에만 전한다. 『宗鏡錄』에서는 시체가 썩은 물을 마셨다고 하고, 『宋高僧傳』에서는 무덤에서 잠을 잤다고 하고, 『指月錄』에서는 해골에 고인 물을 마셨다고 했다. 『삼국유사』에는 그런 것들이 보이지 않아 결격사유가 있는 것 같다.

그러나 설화가 주는 흥미보다 사실 여부를 더욱 중요시했다고 보면 이해가 된다. 원효가 중국에 가다가 되돌아온 일이 있었던 것은 말하고, 그 이유를 고구려에 난리가 났기 때문이라고 하고(권3 <前後所藏舍利>), 국경 수비대에 잡혀 첩자로 오인되었기 때문이라고도 했다.(권4 <義湘傳教>) 그 둘은 함께 인정될 수 있는 사실이다.

『삼국유사』에 수록된 원효 이야기에는 원효가 민중과 가까운 관계를 가졌다고 한 것이 적지 않다. 그런 것들은 모두 기존의 기록에는 없어 『삼국유사』를 지을 때 특별한 관심을 가지고 모아들였다고 생각된다. 원효가 실제로 그런 사람인 데다가 일연이 자기 견해를 보태, 지식인과 민중이 하나가 되고 민중이 지식인보다 앞서기조차 하는 관계 양상을 나타냈다.(김상현, 『역사로 읽는 원효』, 고려원, 1994; 고영섭, 『원효』, 한길사, 1997에서 설화 이전의 실제 원효를 되찾으려고 무척 어려운 작업을 했다.) 그것이 『삼국유사』의 중심 주제라고 할 수 있다.

민중과의 가까운 관계는 두 가지 방식으로 이루어졌다. 하나는 원효가 스스로 민중에게 다가간 것이다. 이 경우에는 전하는 말이 사실로 인정될 수 있다. 또 하나는 원효의 행적을 민중의 관점에서 이해한 것이다. 이 경우에는 그런 행적이 실제로 있었다고 인정하기는 어렵지만, 원효를 민중의 관점에서 이해한 것은 인정하고 평가해야 할 사실이다.

> 偶得優人舞弄大瓠 其狀瑰奇 因其形製爲道具 以華嚴經一切無旱人一道出生死命 名曰無旱 仍作歌流于世 嘗持此千村萬落且歌且舞 化詠而歸 使桑樞瓮牖玃猴之輩 皆識佛陀之號 咸作南無之

稱 曉之化大矣哉 (권4 <元曉不羈>)

광대들이 놀리는 큰 박을 얻어, 그 괴이한 모양대로 도구를 만들고, 『華嚴經』에서 "일체 無导人은 한 길로 생사에서 벗어난다"고 한 말을 따서 무애라고 하고, 노래를 지어 세상에 돌아다니고, 늘 그것을 가지고 千村萬落에서 노래 부르면서 교화하고 음영하면서 다녔다. 가난하고 무지한 무리까지 모두 부처의 이름을 알고, 나무아미타불을 부르게 된 데는 원효의 교화가 컸다.

원효가 민중에게 다가간 이야기의 대표적인 예이다. 승려이기를 그만두고 속인이 된 원효는 광대의 지위로까지 내려갔다. 다른 승려들과 함께 사원에 앉아 불경을 읽고 풀이하는 대신에 바가지탈을 쓰고 노래를 부르면서 가난한 사람들이 사는 마을을 찾아다니면서 순회공연을 했다. 그렇게 하면서 깨달음의 길이 어디 있는지 찾고 알렸다. 지위를 낮추고 방법을 바꾸었으므로 공감의 영역을 넓혀 불교의 진리를 새롭게 구현할 수 있었다.

원효는 미천한 사람들에게 다가가고, 일상생활을 소중하게 여겼다. 거기서 한 걸음 더 나아가 미천한 사람들이 보살의 위치에 있고, 일상생활 자체가 보살행이라고 했다. 그런 깨달음을 갖춘 민중불교를 일으키고 펴나가는 데 앞장서서, 불법이 따로 없다는 것을 보여주고 고승이기를 거부했으므로 원효는 가장 높은 경지에 이른 고승이라고 인정되고, 많은 사람의 숭앙을 모았다.

昔義湘法師 自唐來還 聞大悲眞身住此海邊崛內… 齋戒七日 浮座具晨水上 龍天八部侍從 引入崛內 參禮空中 水出精念珠一

貫級之 湘領受而退 東海龍亦獻如意寶珠一顆 師捧出…

後有元曉法師 繼踵而來 欲求瞻禮 初至於南郊 水田中有一白衣女人刈稻 師戲請其禾 女以稻荒戲答之 又行至橋下 一女洗月水帛 師乞水 女酌其穢獻之 師覆棄之 更酌川水而飮之 (권3 <洛山二大聖…>)

옛날 의상법사가 당나라에서 돌아와, 관음보살의 眞身이 이 해변 굴 안에 있다는 말을 들었다… 재계한 지 7일 만에 앉는 자리를 새벽 물 위에 띄웠더니, 용의 무리와 天使 무리 등 8부 시종들이 굴속으로 인도했다. 공중을 향해 참례하니 수정염주 한 꾸러미를 물에서 내주어, 의상이 그것을 받아 나왔다. 동해용이 또한 여의보주 한 알을 바쳐 법사가 받아 나왔다…

그 다음에 원효가 뒤따라가서 예배하려고 했다. 처음에 남쪽 교외에 이르니, 논 가운데서 어떤 흰 옷 입은 여인이 벼를 베고 있었다. 원효법사가 희롱삼아 벼를 달라고 하니, 여인은 벼가 맺히지 않았다고 희롱삼아 대답했다. 다시 다리 아래 이르니, 어떤 여인이 개짐을 빨고 있었다. 법사가 물을 달라고 하니, 여인은 그 더러운 물을 떠 주었다. 법사는 엎질러버리고 다시 냇물을 떠서 마셨다.

이 이야기는 의상과 원효가 진리를 추구하는 방식의 차이를 말해준다. 의상과 원효는 생각이 어긋나 서로 다른 관음을 만났다. 의상의 관음은 아득히 먼 곳에서 모습을 잘 드러내지 않는 신이한 존재이다. 원효가 만난 관음은 벼를 베기도 하고 개짐을 빨고 있기도 하는 허름한 여인이어서, 경배를 하는 대신에 戱言을 나누었다.

의상은 관음을 멀리서만 바라보고 예배의 대상으로 삼고, 원효는 보살이 떠주는 물이 개짐을 빨아 더럽다고 여기고 마시지 않고 버렸다. 의상처럼 접근해서는 관음이 있는 높은 곳까지 올라갈 수 없지만, 원효가 만난 관음은 자세를 최대한 낮추었다. 그러나 깨달음이 모자란 탓에 분별심이 아직 남아 있어 만남이 헛되게 했다.

의상이 추구한 진리는 멀리 있어 숭고하기만 하고, 원효는 비속하고 일상적인 삶 자체에 진리가 있다고 여겼다. 귀족불교와 민중불교의 노선이 그렇게 갈라졌다. 의상의 귀족불교는 완성을 향해 다가가려면 부단한 노력이 있어야 했다. 원효의 민중불교는 만족스러운 경지에 이르렀는가 하면 그런 것은 아니다.

과부가 낳은 아이이고, 열두 살이 되도록 말을 못하고 기어다는 蛇福과의 만남에서(권4『蛇福不言』) 원효의 모자라는 점이 잘 나타났다. '蛇福'은 '뱀아이'이다. 뱀처럼 기어 다니는 아이라는 말이다. 그런 사복이 자기 어머니 장사를 원효와 함께 지내자고 해서 다음과 같은 일이 벌어졌다.

> 臨尸祝曰 莫生兮其死也苦 莫死兮其生也苦 福曰 詞煩 更之曰 死生苦兮
>
> 시신 앞에 나아가 고축했다. "나지 말라 죽기 괴롭다. 죽지 말라 나기 괴롭다." 사복이 말했다. "사연이 번다하다." 고쳐 말했다. "죽고 나기 괴롭다."

원효가 말이 많은 것은 깨달음이 부족하기 때문이다. 수많은 저작을 남겨 그렇다는 것을 널리 알렸다. 사복은 글을 쓰지 않고 행적조차 남기지 않았다. 어떻게 살다 갔는지 모를 무명인사가 고승으로 널리 알려진 원효보다 더 높은 경지에 있었다. 낮은 것이 높은 것이고, 높은 것이 낮은 것이다. 무명의 민중은 가장 낮은 처지에 있어 가장 높은 경지에서 살아간다고 할 수 있다.

의상과 원효, 사복과 원효에 관한 이야기는 사실 여부가 문제될 필요가 없다. 진리를 추구하는 방식에서 원효는 그 둘과 어떻게 달랐던지 알려주는 상징적 표현을 정확하게 선택한 설화여서 소중하다. 원효 스스로 그렇게 했다는 것은 아니고, 원효에 대한 민중의 이해를 나타냈다. 원효가 대단하다고 하지만 모자라는 점이 있다고 지적하려면 아주 높은 경지에 있어야 하는데, 그것이 바로 가장 낮은 위치에 있는 민중의 지혜이다.

다시 살피기

대단한 권위를 가진 견해가 확고하게 정착되어 널리 영향을 끼치면, 그 자체로는 아무리 훌륭해도 폐단을 자아낸다. 그냥 따르기나 해서는 원래 지니고 있던 가치마저 상실하고 역사 발전의 장애가 된다. 반발하고 거부하는 장외경기를 벌이는 것이 마땅한 대책일 수 없다. 비판을 하는 데 그치지도 말고, 한층 수준 높은 대안을 제시하는 데까지 나아가야 한다. 『삼국유사』가 그 좋은 선례를 보여주었다.

학문이 분화하면서 글쓰기 방식이 고착되었다. 역사서 · 고승전 · 설화집이 각기 그 나름대로의 특징을 가지고 정착된 것이 당연한 일이다. 『삼국유사』는 그 셋을 합쳐 그 셋이 각기 지닌 한계를 넘어서는 대안을 만들어 새로운 인식과 사고를 열었다. 융합에 의한 창조의 본보기가 오늘날 학문을 위해 소중한 의의를 가져, 지나친 분화를 넘어서서 통합학문을 이룰 수 있게 하는 지침이 된다.

그 작업을 외래문화와 고유문화의 융합과 함께 이룩했다. 보편적인 의의를 가진 외래문화를 받아들여 고유문화와 합쳐, 민족문화를 수준 높게 재창조해 세계문화가 될 수 있게 하는 소망을『삼국유사』에서 실현했다. 그런 방향과 방법을 오늘날 우리가 해야 할 일에서 받아들여야 한다. 압도적인 우세를 자랑하면서 밀어닥치는 서양문화에 민족문화가 당당하게 맞서서 역량을 키워, 인류 전체가 나아갈 길을 제시하는 창조학을 하는 지혜를 가다듬어야 한다.

외래문화와 고유문화의 융합은 상층문화와 하층문화의 융합과 함께 이루어졌다. 상층 지식인이 하층민에게 다가가 일체를 이루고자 하면서, 활기에 찬 삶에서 이어온 신명풀이를 함께 체험하면서 사상 창조의 비약을『삼국유사』에서 보여주었다. 원효가 그렇게 해서 이룬 바를 다채롭게 말해주면서, 자기를 덜 낮추어 부족한 점이 있다고 했다.

『삼국유사』에서 융합되는 것들은 자체의 특징을 잃어버리지 않는다. 갈등이 화합이고 화합이 갈등이고, 여럿이 하나이고 하나가 여럿인 生克의 관계를 가지고 있다. 생극론을 학문으로 구현하는 좋은 본보기를 보여주어 거듭 재평가하게 한다.

그러면서 상극보다는 상생, 갈등보다는 화합, 여럿보다는 하나를 더욱 중요시하는 특징이 있어 그 점을 융합이라는 용어로 지칭했다. 불교의 견지에서 세상을 보아 그런 성향을 지녔다고 할 수 있다. 그 점이 불만이라면 가까이 있던 李奎報를 불러들여 보완을 요청할 수 있다.

지금까지 전개한 논의는 『삼국유사』에 대한 과대평가라는 비판을 만날 수 있다. 앞뒤가 잘 연결되지 않고 논리가 부족하며 완성도가 모자라는 엉성한 책을 두고 해석이 지나치다고 나무랄 수 있다. 그러나 그런 결점이 바로 장점이어서 기존의 논리를 타파하고 새로운 사고를 할 수 있게 한다.

『삼국유사』는 말이 어긋나 충격을 주는 禪詩를 자료 열거 방식의 산문으로 썼다고 할 수 있다. 그래서 논리를 따르면서 이해할 수 없게 하고, 논리 이상의 통찰로 나아가는 길을 열어준다. 학문 논저를 쓰는 글쓰기 방식을 새롭게 해서 그 원리를 되살리는 커다란 과제가 우리에게 부과되어 있다.

토 론

❑ **문**: 오늘날 학문은 재론의 여지가 없이 확립되어 무엇이든지 정확하게 인식할 수 있다고 여긴다는 것은 구체적으로 무엇을 말하는가?

❑ **답**: 실증주의의 폐단을 지적했다. 실증주의는 완벽한 척도를 가지고 있어 무엇이든지 정확하게 잴 수 있다고 여기는데, 『삼국유사』와 같은 대상을 만나면 무력하다. 입체를 평면으로 재고, 생물을 무생물로 여겨 구성요소를 분석하는 짓이나 한다. 척도가 잘못된 줄 알고, 재는 방법을 바꾸어야 한다.

❑ **문**: 입체를 입체로, 생물을 생물로 이해하려면 어떻게 해야 하는가?

❑ **답**: 자기 자신이 그 대상과 하나가 되는 체험을 해야 한다.

❑ **문**: 그렇게 하는 것도 학문인가? 무수히 많은 체험을 하라는

말인가?

❑ **답**: 대상과 하나가 되는 체험에서 널리 통용되는 깨달음을 얻자는 것이다. 학문을 어떻게 해야 그럴 수 있는지 깊이 연구하고 시험해야 한다. 다음 학기 강의 '표면에서 내면으로'에서 이에 관해 집중적으로 고찰한다.

❑ **문**: 실증주의는 객관적인 엄밀성을 갖춘 장점이 있지 않는가?

❑ **답**: 객관성을 확보하기 위해 주관적 가치는 논외로 해야 한다면서 소박한 수준의 감정적인 민족주의를 신봉한다. 실증주의가 크게 고쳐야 할 낡은 수입품인 줄 모르고 절대적으로 신봉하면서, 저급한 방어책으로 주체성을 지키려고 한다. 이중으로 망조를 보이는 학문을 하니 안이 멍들고, 밖에 내놓을 것이 없다. 새로운 학문을 해야 남들에게 줄 것을 만들어낼 수 있다.

❑ **문**: 학문을 해서 남들에게 도움을 주어야 하는가?

❑ **답**: 받은 것이 많아 신세를 졌으니 갚아야 한다.

❑ **문**: 무엇을 받았단 말인가?

❑ **답**: 오래 전에 신세진 것부터 말해보자. 중국 西安, 옛적의 長安 일대에서 이룩한 문명을 우리 선조들이 열심히 받아들인 덕분에 내가 이 정도라도 똑똑하다. 인도 갠지스 강 유역에서 가져온 문명을 두고도 같은 말을 할 수 있다. 문명을 이룩하려면 많은 자원이 필요해 두 곳 다 삼림이 황폐해졌다. 그 때문에 사막화가 진행되고, 폭염에 시달린다. 우리는 그런 희생을 치르지 않고 문명의 산물을 가져다 쓰면서 더 보태니 얼마나 행복한가. 가해자 일본도 유럽문명을 소개하고 전달하는 데서는 어느 정도 공적이 있다. 유럽문명에

큰 신세를 진 것은 말할 나위도 없다.

혜택을 보는 것으로 만족하지 말고 이제 갚아야 할 때가 되었다. 중국, 인도, 일본, 유럽문명권, 그리고 덤으로 다른 여러 곳에서 필요로 하는 학문 창조물을 만들어내서 널리 나누어주어야 한다. 실증주의와 민족주의를 양면으로 하는 근대학문의 폐단을 넘어서야 그럴 수 있다.

❑ **문**: 근대학문을 계속해서 하면 어떤가? 왜 넘어서야 하는가? 누가 할 일인가?

❑ **답**: 근대학문은 발전이 지나쳐 장점은 사라지고 말폐가 확대되어 망하는 길에 들어섰다. 따라가면서 함께 망하는 것은 어리석다. 나무라고 비판하고 말 수는 없다. 대안이 되는 새로운 학문을 창조하는 데 힘써야 한다. 새로운 학문은 유럽이 아닌 다른 문명권에서 내놓는 것이 마땅한 줄 알고 힘써 노력하자.

❑ **문**: 국사학계는 왜 잠잠한가?

❑ **답**: 국사학계는 실증주의와 민족주의를 양면으로 하는 근대학문에 안주하고 있고, 근대 극복의 다음 시대 학문을 나아가려고 하지 않는다. 잘못을 공격하는 싸움을 계속 걸어도 응답이 없다. 성문을 굳게 닫고 밖으로 나오지 않는 적을 유인하기 위해 가까이 가서 욕설을 퍼부어도 소용이 없는 것과 같다.

❑ **문**: 내부 반란이 일어나지 않는가?

❑ **답**: 반란의 조짐이 계속 나타난다. 그러나 불만을 가지고 반란을 꾀하는 젊은이들은 학문의 길에 들어서지 못하고 장외경기나

한다. 함량 미달의 대중용 출판물로 불만을 터뜨리다가 사라진다. 학자가 되어 한 자리를 얻으려면 얌전해져야 한다. 우선 복종하는 체하다가 거점을 얻고 반란을 꾀하는 것이 마땅한 줄 몰라 실패한다. 도덕적으로 글러먹었다고 나무라는 面從腹背가 사실은 훌륭한 유격전 전술임을 알고 실천하기를 바란다.

❑ **문**: 학문이 작전이고 전투인가?

❑ **답**: 학문을 잘 하려면 천하대세를 알고, 당면작전을 잘 세워 실천해야 한다.

❑ **문**: 발전이 지나쳐 망하는 길에 들어선다는 것이 천하대세에 관한 일반론인가?

❑ **답**: 무엇이든 지나치면 밖에서 밀어닥치는 도전이 없더라도 스스로 망한다. 이것이 변증법에서는 알지 못하는, 생극론의 당연한 이치이다. 로마제국은 너무 강성해서 망했다. 오늘날 중국은 너무 커서, 미국은 너무 강해서 위태롭다. 더 크게 하고, 더 강하게 하는 것을 대책으로 삼아 사태를 악화시킨다. 이에 대한 면밀한 연구를 해야 한다. 너무 큰 쪽이나 너무 강한 쪽과 싸워 이기려고 하는 것은 어리석다. 그런 쪽은 그대로 두고 비교와 예견의 대상으로 삼고, 작고 약한 우리가 지금 무엇을 하고 장차 어떻게 해야 하는지 더욱 힘써 연구해야 한다.

❑ **문**: 망하고 홍하는 생극의 과정을 알지 못해도 그 자체의 진행에는 지장이 없는 것이 아닌가?

❑ **답**: 안다고 해서 대세를 바꿀 수 있는 것은 아니다. 그러나 대세

가 구체화되는 양상, '대세'와 구별되는 '소세'에는 개입해 활동할 여지가 적지 않게 있다. 대세를 알면 당황하지 않고, 소세를 바람직하게 만드는 근거를 얻고 작전을 마련할 수 있다. 알아야 하는 것이 학자의 임무인데, 오래 전에 수입한 낡은 학문에 매달려 엉뚱한 소리나 한다. 역사는 제 길로 가는데, 역사가는 정신을 차리지 못한다. 문학 창작이 보여주는 창조력을 비평에서 알지 못해 잡음이나 일으키고, 문학사가가 뒷정리를 한다면서 환상으로 글을 메운다. 훌륭한 시를 쓴 사람이 자작을 해설할 때에도 그런 잘못이 나타난다. 유럽 문명권이 세계를 지배하면서 발전을 가로막고 인류를 불행하게 하는 피해가 학문에서 가장 심각하다. 맞서 싸워 이기려고 하다가는 힘을 낭비하고 만다. 눈 뜨고 귀가 들리게 하는 대안을 제시하는 것이 더욱 긴요한 과제이다.

❑ 문: 임진왜란은 어떤 전쟁이었는가?

❑ 답: 중국이 지나치게 앞서다가 뒤떨어지고 일본이 너무 뒤떨어져 앞서나가기 시작하는 전환이 한국을 희생자로 한 전쟁에서 나타났다. 중국에서 가져와 더욱 발전시킨 한국의 여러 선진 기술을 기술자를 잡아가면서 약탈하는 가장 후진의 방식으로, 선진이 후진이 되고 후진이 선진이 되는 일반적인 원리를 구현했다. 사태의 추이가 이렇다는 것을 당시 사람들이 처참한 희생을 겪고도 알지 못했다고 나무라지 말아야 한다. 오늘날의 무식을 더욱 염려해야 한다.

❑ 문: 5월 31일 지방선거에서 야당이 압승한 것을 어떻게 생각하는가?

❑ 답: 세계 선거의 역사상 유례가 없는 일이다. 선진국 선거 형태와 달라 잘못되었다고 하고, 시정하기 위해 오랫동안 노력해야 한다고 하는 견해는 부적절하다. 사태 파악과 미래 예견을 위해서 새로운 정치학, 정치학이 아닌 정치학이 필요하다. 지나치다고 할 정도로 쏠린 것이 문제인데, 축구 응원에서도 볼 수 있는 바와 같은 역동적인 활력의 표출로 이해하는 것이 마땅하다. 그 자체만으로는 평가하기 어렵다. 이긴 쪽은 우월감에 도취하고 진 쪽은 패배의식에 사로잡히면, 역동적 활력을 무의미하게 만든다. 이긴 쪽은 뒤집히지 않으려고, 진 쪽은 뒤집기 위해서 심각한 반성을 하면서 다시 태어나 생극의 관계를 새롭게 전개하면 역동적 활력으로 바람직한 역사를 창조한다.

❑ 문: 축구 응원 열기는 어떤가?

❑ 답: 그 열기를 다른 데서도 발현해야 한다. 역동적인 활력이 잘 터져 좋은 결과를 가져와야 한다. 폭발적인 정열을 가지고 하는 학문이 절실하게 필요하다.

제14강 생극론을 다시 말한다

돌아보기

제11강에서 고금 합동작전의 전술을 셋 들었다. 고전의 일부를 가져와 고급합작의 새로운 이론을 조그마하게 만들 수도 있고, 고전 저작 전체의 특성과 가치를 다시 살펴 오늘날의 학문을 새롭게 하는 길을 찾을 수도 있고, 특정 고전의 범위를 넘어서서 여러 원천에서 가져온 유산을 연결시켜 여러 학문 분야에서 함께 소용되는 거대이론을 이룩할 수도 있다고 했다. 그 가운데 셋째 것의 본보기로 生克論을 든다.

생극론에 관한 논의는 이 강의에서 계속 했다. 그 전에 글을 여러 번 써서 그 유래, 내용, 의의 등에 관해 고찰했다. 『한국의 철학사와 문학사』(지식산업사, 1996)의 <생극론의 역사철학 정립을 위한 기본 구상>에서 생극론이 모습을 드러냈다. 몇 가지 중간 과정을 거쳐 『하나이면서 여럿인 동아시아문학』(지식산업사, 1999)의 <동아시아 학문의 전통 계승>, 『소설의 사회사 비교론』 1 (지식산업사, 2001)의 <논의의 시작>에서 재론했다. 『탈춤의 원리 신명풀이』(지식산업사, 2006)에 탈춤이 지닌 생극론의 원리를 찾아내는 작업을 일단 완결했다.

문학사 서술에 생극론을 적용하는 작업도 계속해서 했다. 『세계문학사의 허실』(지식산업사, 1996)에서 『세계문학사의 전개』(지식산업사, 2002)에 이르는 일련의 작업을 생극론으로 전개하고, 생극론이 문학사 이론으로서 어떤 의의를 가지는지 밝혀 논했다. 『철학사와 문학사 둘인가 하나인가』(지식산업사, 2000)도 그 가운데 하나이다. 『한국문학통사』를 다시 고친 제4판(지식산업사, 2005)에서는 생극론에 입각해 서술한다고 명시했다.

생극론이 무엇이며 어떤 의의를 가지는지 말하려면 이런 책을 다 들어야 한다. 번거로움을 줄이고 입문의 통로를 명시하기 위해 그 가운데 몇 가지에서 생극론을 거론한 대목을 가져와 다듬어 내놓는다. 이미 이룬 성과를 말하고 말 수 없어, 새로운 논의를 보탠다.

『하나이면서 여럿인 동아시아문학』에서

오늘날 우리 학문을 걱정하고 잘못을 지적하는 사람들은 많지만, 대책을 찾는 데는 관심이 적다. 자기는 학문을 하지 않고 다른 사람들을 시키는 훈수꾼들이 함부로 설치고 다녀 논의를 혼탁하게 한다. 실질적인 내용이 있는 대안을 학문연구를 통해서 구축해야 학문론을 혁신하는 총괄작업을 성과 있게 할 수 있다.

유럽문명권에서 주도해서 발전시킨 근대학문에 대한 근본적인 재검토를 하고 근대 극복의 새로운 학문을 하기 위해서는, 학문을 다시 시작하는 거점이 필요하다. 국학 또는 한국학의 주체성을 가지는 것만으로 부족하고 동아시아학문의 각성이 요망된다. 세계 학문의 역사를 거시적으로 고찰하면서, 근대 극복의 학문을 유럽문명권이 아닌 다른 문명권에서 주도해서 창조해야 하는 너무나도 당연한 과업 수행을 위해 동아시아는 분발해야 한다.

동아시아에서 학문을 해온 전통을 오늘날의 학문에서 계승하기 위해서는, 무엇을 계승해야 할 것인가 하는 문제를 동아시아학문의 역사 속에서 검토하는 것이 선결과제이다. 문학사 이해의 일반이론으로 마련한 시대구분을 사상사에도 적용하면 필요한 논의를 구체화할 수 있다. 동아시아학문의 두 가지 원천인 유학과 불교가 어떤 관계를 가지고, 오늘날 학문을 위해서 어떤 유산을 남겼던가 하는 문제를 시대 변천과 함께 고찰해야 마땅하다. 중세보편주의의 형성과 극복이 특히 긴요한 연구과제로 등장한다.

동아시아의 학문은 유학에서 시작되었다. 고대유학은 仁義를 존중하는 윤리의식을 가져 경쟁관계에 있던 다른 諸子百家의 사상과는 구별되는 의의를 확보하고, 중세보편주의를 마련할 수 있는 조건을 갖추었다. 중세전기에는 空이라고 한 없음과 色이라고 한 있음의 궁극적인 양상을 따지는 불교가 밖에서 들어와서 사상계의 주도권을 잡았다. 있음이 궁극적인 것이라고 한 힌두교에 맞서서 있음이 없음이라고 한 불교는 동시대 세계 최고 수준의 철학을 마련했다. 그런 철학을 갖추지 못한 유학은 한동안 뒤로 물러나야 하는 것은 당연한 일이었다.

중세후기에는 사정이 달라졌다. 없음과 있음의 문제에 대한 유학의 대응논리를 윤리적인 각성과 함께 마련하자, 儒佛의 우열이 역전되었다. 유학에서 空과 色의 문제를 無極과 太極으로 바꾸어 재론한 것은 불교를 받아들여 극복한 성과이고, 사물의 이치를 따지는 일과 사람의 道理를 구현하는 일을 하나로 하려고 하면서 유학 본래의 노선을 재확인했다. 그 양면을 구비하자 중세보편주의가 완성되었다. 중세후기에는 理學이 두드러진 기여를 해서 정통의 위치를 굳혔으나, 다음 시기인 중세에서 근대로의 이행기에는 氣學 쪽에서 사상의 혁신을 다각도로 추진하면서 중세보편주의를 극복하고자 했다.

유학이 오늘날의 학문을 위해서 지속적인 의의를 가지는 가장 중요한 이유는 學行의 일치를 요구하는 데 있다. 학문하는 사람이 주장하는 바를 자기 행실을 통해서 구현해야 한다는 것은 불변의 원칙이라고 하고 말 것은 아니다. 그 점에 관한 새삼스러운 각성이 지금 당면하고 있는 학문의 위기를 극복하기 위해서 커다란 의의를 가진다. 學과 行은 분리될 수 있다고 하고, 과학의 가치는 윤리 문제와는 무관하다고 하는 유럽문명권의 지론은 근대학문을 발전시키는 데 그 나름대로 상당한 기여를 했으나, 가치관의 혼란을 가져오고, 분열과 투쟁을 격화시켜 세계사의 위기를 초래했으며, 생명의 질서를 유린하고 환경의 파괴를 초래했다. 사람까지 복제하겠다고 하는 데서 위기가 극도에 이르렀다.

그런 잘못을 근본적으로 시정하기 위해서 학문연구와 가치실현을 일치시켜야 한다는 것은 널리 인정되고 있는 주장이다. 그러나 그런 말로 훈계하는 것을 일삼기나 해서는 이루어지는 결과가 없고 반발만 키울 수 있다. 가치를 배제한 학문을 가치를 추구하는 학문으로 바꾸어놓는 방향에서 학문 자체를 실제로 혁신해야 목적을 달성할 수 있다. 그렇게 하기 위해서 새로운 학문론이 필요하다. 학문은 과학이어야 한다는 생각을 버리고, 과학과 통찰을 아우르는 학문을 하는 원리와 방법을 마련해야 뜻을 이룰 수 있다.

理와 氣가 별개라고 하면, 두 가지 어려움이 생긴다. 없음의 총체인 0과 있음의 총체인 1과 있음의 개별양상인 2 가운데, 0과 1은 理이고, 2는 氣라고 하면, 양쪽의 연결이 끊어진다. 理가 무엇인가 하는 물음에 대한 의문을 氣에서 해결할 수는 없어 성현에게서 물어 해결한다면, 성현의 식견을 넘어설 수는 없다. 氣에 대한 탐구는 나날이 새로워지는데 理에 대한 이해는 성현의 가르침에 머무르고 있어야 한다면, 그것은 성현의 뜻을 왜곡해서 성현을 모독하는 처사라고 하지 않을 수 없다. 유학의 정통을 옹호하고 숭상해야 한다는 이유에서 유학을 무력화시켜 동아시아학문이 다시 일어날 수 없게 하는 것은 선조에 대한 최대의 배신이다.

강대세력 때문에 희생된 피해자 쪽에서 사고의 혁신을 이룩해야 차등의 세계상을 대등의 세계상으로 바꾸어놓아 세계사의 난관을 해결할 수 있다는 것은 유럽과 동아시아, 동아시아의 강대세력과 약소민족 사이에서뿐만 아니라, 유학의 주류와 비주류 사이에서도 타당하다. 유학의 비주류였던 氣學이 제공하는 논리를 되살려야, 서로 대등한 세계에서 발전이 순환이고 순환이 발전인 역사를 이룩해 온 과정을 밝히고 그 미래의 전망을 제시할 수 있다. 이미 시도한 그 작업을 더욱 진척시키기 위해서 논의의 심화와 확대가 필요하다.

없음의 총체인 0과 있음의 총체인 1과 있음의 개별양상인 2는 모두 氣의 변이이고, 理는 氣의 원리일 따름이라고 하는 氣學의 지론을 이으면, 그런 난점을 해결할 수 있다. 氣는 하나이면서 여럿이어서, 여럿을 하나로, 하나를 여럿으로 인식할 수 있다. 鄭道傳이 心·身·人·物에 일관된 학문을 해야 한다고 한 말을 되새겨보자. 心은 마음이고, 身은 신체활동이고, 人은 사람들 사이의 관계이고, 物은 물질세계이다. 그 넷을 통괄하는 학문은 理學일 수 없고 氣學이어야 한다. 이학은 철학에 머무를 수 있지만, 기학은 개별학문의 모든 영역을 아우른 총괄론이어서 철학을 넘어서는 철학이다.

理氣이원론과 氣일원론 또는 理學과 氣學 사이의 내부적인 논란에서 이학을 지지하고 기학을 배격하는 것이 그 자체로 잘못이라고 할 수는 없다. 그 둘 가운데 이학이 성현의 가르침을 바르게 이어 정통의 위치를 차지한다는 데 대해서 반론을 제기할 필요가 없다. 오늘날 심각하게 만연되고 있는 윤리적인 타락상을 이학에 입각해서 나무라야 한다는 주장에 동의할 수 있다. 0과 1은 理이고, 2는 氣라고 하는 이학의 지론은 2의 그릇된 상태를 넘어선 궁극적인 원리를 별도로 설정하므로 그럴 수 있다.

그러나 학문하는 목표를 다시 설정하면, 그 둘에 대한 평가가 달라지지 않을 수 없다. 오늘날 동아시아학문은 유럽문명권의 학문과 맞서 있다. 맞서 있는 관계를 바람직하게 해결하기 위해서 어떻게 해야 할 것인가 분명하게 가려 필요한 결단을 내려야 한다. 유럽문명권의 근대학문에 맞서서 동아시아의 중세학문을 그 자체로 옹호하려고 하는가, 아니면 유럽문명권의 근대학문을 넘어선 다음 시대 학문을 창조하고자 하는가를 분별해서 학문하는 목표를 분명하게 해야 한다. 앞의 과업은 이학이 기학보다 더 잘할 수 있다. 뒤의 일은 기학이 이학보다 더 잘 할 수 있다. 그래서 나는 기학의 전통을 이어 생극론을 전개하면서 心·身·人·物을 일관되게 처리하는 학문을 하고자 한다. 0과 1과 2가 모두 氣라고 해야 그런 학문을 할 수 있다.

心·身·人·物에 관한 오늘날의 학문은 별개의 것으로 나누어져 있어, 心은 인문학에서, 人은 사회과학에서, 身과 物은 자연과학에서 다루고 있는 데 대해 이학에서 반론을 제기한다면 인문학에 속한 부분이나 문제 삼고, 사회과학까지는 어느 정도 나아갈 수 있지만, 자연과학에 대해서는 속수무책이다. 그러나 기학에서는 인문학문 · 사회학문 · 자연학문이 하나이면서 여럿이고, 여럿이면서 하나인 학문임을 명시할 수 있다. 인문학문이 선도하는 통찰과 자연학문에서 발전시키는 과학을 하나로 아우를 수 있는 길을 그렇게 해야 마련할 수 있다.

0과 1은 理이고 2는 氣라고 해서 理와 氣 사이에 간격을 두고 理尊氣賤이나 理通氣局을 주장하면, 陰陽의 작용은 미천하고 또한 국한되어 있다. 음양의 작용 가운데서 상생은 바람직하고 상극은 그렇지 못하다는 차등론을 전개하는 것은 사물의 이치나 사회현실의 실상과 거리가 있어 실효가 없는 발언이다. 상극의 관계는 그만두고 상생을 함께 이룩하자고 하면 오늘날 인류를 불행하게 하는 세계사의 난문제가 해결될 수 있는 것은 아니다. 所以然에서 벗어난 所當然을 역설해서 세상을 바꾸어놓을 수는 없다. 그런 잘못을 시정하려면 논의의 방향을 바꾸어, 理學을 버리고 氣學을 택해야 한다.

> 一不得不生二 二自能生克 生則克 克則生 氣之自微至鼓盪 其生克使之也
>
> 하나는 둘을 생하지 않을 수 없고, 둘은 스스로 능히 生克한다. 生하면 克하고, 克하면 生한다. 氣가 미세한 데서 진동하는 데까지 이르는 것은 生克이 그렇게 한다.

徐敬德이 <原理氣>(『花潭集』 2)에서 이렇게 말한 원리를 받아들여, 새로운 학문의 원리로 삼아야 한다. 生이 克이고 克이 生이며, 조화가 갈등이고 갈등이 조화이고, 화해가 투쟁이고 투쟁이 화해라고 하는 생극론에 서면, 중간에 단절된 논의를 하나로 잇고, 이치와 주장을 합치시킬 수 있다. 지금까지 지적한 모든 난관을 해결하는 길이 열린다.

유럽문명권 학문에서 형이상학과 변증법이 양분되어 있고, 유물변증법에 이르러서는 그 간격이 더 커졌다. 그 둘 가운데 변증법 또는 유물변증법이 크게 확대되어 모순을 투쟁으로 해결해야 한다고 주장하는 데 대해서 형이상학의 반론이 설득력을 가지지 못하듯이, 음양의 싸움에 理를 내세워 제동을 걸 수도 없다. 모순이 사물의 본질이라면 화합도 본질이고, 투쟁이 해결책이듯이 화해 또한 해결책이라고 하는 음양생극론은 유물변증법을 모두 포괄해서 그 편향성을 시정해서 넘어설 수 있다.

음양생극론에서 말하는 氣는 心・身・人・物을 관통하고 있어, 유물변증법에서 말하는 물질은 그 가운데 物에 치우쳐 있는 탓에 心 쪽의 정신과 대립되지 않을 수 없는 결함을 시정한다. 유물변증법의 역사철학을 대신하는 음양생극론의 역사철학은 과학과 통찰을 하나로 합치는 작업을 실제로 이룩해서 세계사의 과거・현재・미래를 꿰뚫을 수 있다. 근대를 넘어서서 다음 시대를 창조하는 지침을 제공한다.

그 작업을 온통 맡아 추진할 수 있는 능력이나 시간을 갖추지 못해서, 직접 할 수 있는 일을 스스로 한정하고 있다. 생극론을 적용하고 입증하는 작업을 세계문학사의 역사철학 정립을 통해서 하는 데 노력을 집중하는 것이 그 때문이다. 모든 학문을 총괄해서 철학을 넘어선 철학을 하는 작업의 일단을 힘자라는 데까지 하면서, 그 일반적인 의의에 관해서 분에 넘치는 논의를 엉성하게나마 펴면서 다른 분야에서 다른 분들의 동참을 간절하게 호소한다.

생극론은 어느 누구의 사유재산이 아니고 우리 모두의 공유재산이다. 공유재산인 생극론을 활용해서 다른 분야의 연구를 다각도로 구체화하는 데 많은 사람이 힘을 모으기를 바란다. 학문론 혁신은 학문연구의 실제작업과 함께 이루어져야 한다. 동아시아에서 학문을 해온 전통을 오늘날에 되살려 인문학문·사회학문·자연학문을 근접시키거나 통합하고, 과학과 통찰을 아우르는 새로운 학문을 하는 과업을 어느 특정 분야에서 맡아서 할 수 있는 것은 아니다. 전공과 관점이 서로 다른 사람들이 공동의 문제의식을 가지고 각기 자기 나름대로 연구를 진행하는 구체적인 작업을 하면서 공유재산을 늘여나가야 한다.

『소설의 사회사 비교론』에서

생극론은 동아시아철학의 오랜 원천에서 유래했다. 이른 시기 철학적 저술에서 뚜렷한 논증이나 체계는 없으면서 산견되는 사상이다. 『周易』에서 "一陰一陽謂之道"(한번은 음이고 한번은 양인 것을 일컬어 도라고 한다)(<繫辭傳> 제1장)라고 하고, 『老子』에서 "有無相生"(있고 없음이 상생한다)(제2장), "萬物負陰而包陽 沖氣以爲和"(만물은 음을 품고 양을 껴안아 텅 빈 기로써 화를 이룬다)(제42장)라고 한 것을 그 가운데 특히 주목할 만하다.

위의 두 논거에서, 천지만물은 음과 양으로 이루어져 있고, 음과 양의 관계 외에 도라고 할 무엇이 별도로 인정되지 않는다고 한 것이 첫째 원리이다. 없으므로 있고, 있으므로 없는 상생의 관계가 음과 양에서 구현되어, 음과 양은 있음의 관계를 가지고 서로 싸우면서 없음의 관계를 가지고 서로 화합한다는 것이 둘째 원리이다. 相生과 和만 말하고, 그 반대의 개념은 말하지 않았으나 보충해 넣을 수 있다. 첫째 원리만이면 음양론이고, 둘째 원리까지 갖추면 음양생극론이다. 음양생극론을 생극론이라고 줄여 말할 수 있다.

여러 가닥으로 나누어져 있는 기존의 논의를 아울러 생극론의 기본명제를 정리한 사람은 徐敬德이다. "一不得不生二 二自能生克 生則克 克則生"(하나는 둘을 생하지 않을 수 없고, 둘은 능히 스스로 생극하니, 생하면 극하고, 극하면 생한다)(<原理氣>)이라고 한 것이 그 핵심이다. 여기서는 하나가 둘이고, 둘이 하나라는 명제를 하나인 氣와 둘로 갈라진 음양 사이의 관계로 구체화했다. 음양은 둘이면서 하나여서 상생하고, 하나이면서 둘이어서 상극하는 것이 생극의 이치라고 했다. 서경덕에서 시작된 한국의 기일원론 또는 기철학은 동아시아 공동의 유산인 생극론을 더욱 가다듬고 한층 풍부하게 하는 데 특별한 기여를 하면서 그것을 그릇되게 해석하고 부당하게 적용하는 다른 유파의 잘못을 시정하기 위해 노력했다.

지금에 와서는 생극론의 논쟁 상대는 변증법이다. 유물변증법이 유럽에 머물러 있지 않고 세계에 널리 퍼졌으며, 러시아혁명에 이어서 중국혁명을 이룩했다. 중국혁명의 지도자 毛澤東은 그 원리를 간명하게 풀이해 대중화하는 데 앞섰다. <矛盾論>에서 말하기를, 모순은 처음부터 있었고 중간에 생기지 않았다고 했다. 그러나 모순만 처음부터 있었고 조화는 중간에 생긴 것은 아니다. 처음부터 모순이 조화이고, 조화가 모순이다. 상이한 모순은 상이한 방법으로 해결해야 한다고 하면서 갖가지 모순을 든 데 민족모순은 없다. 계급모순은 상극의 투쟁으로 다루어야 상생에 이를 수 있지만, 민족모순은 상생의 화합으로 다루어야 상극의 투쟁을 전개할 수 있다는 것을 말해야 한다.

유물변증법은 맞으면서 틀렸다. 상극에 관해서 전개한 이론은 맞고, 상생은 부차적인 것으로 돌리거나 제외했기 때문에 틀렸다. 한쪽으로 기울어진 잘못을 바로잡아, 유물변증법을 음양생극론으로 바꾸어놓아야 한다. 음양생극론에서 말하는 음양의 氣는 유물변증법의 기본개념인 물질을 모두 포괄하면서 그 이상의 것이다. 생명을 중심에다 두고 물질과 정신을 포괄한다.

변증법은 선진과 후진의 교호작용을 파악하는 점에서 형식논리보다 앞선다. 그러나 선진과 후진의 교체는 알지 못한다. 그것은 생극론이 할 수 있는 일이다. 상생이 상극이고 상극이 상생이라고 하는 것과 함께 선진이 후진이고 후진이 선진이라고 하는 것이 생극론의 또 하나 기본명제이다. 선진과 후진의 교체는 희망이 아니고, 역사의 실상에 근거를 두고 파악된 사실이다. 고대에서 중세로, 중세에서 근대로 전환할 때 후진이 선진이 되고, 선진이 후진이 되는 변화를 겪었다. 그런 일이 다시 일어날 수 있다고 하는 것이 합당한 사실판단이다.

역사의 전개는 거기서 끝나지 않았다. 선진이 다시 후진이 되는 변화가 뒤따랐다. 아랍인은 중세의 선진이었으므로 근대에는 후진이 되었다. 영국은 근대를 이룩하는 데 앞섰으므로 근대를 극복해야 하는 지금에 와서는 어려움을 겪고 있다. 다음 시대로 나아가는 전환은 근대의 후진이었던 곳에서 선도해 근대의 평가기준에서는 가치를 인정할 수 없는 방법으로 시작하는 것이 당연하다. 역사는 종말에 이르러 다음 시대는 없다고 하는 것은 거짓이다. 과거에도 한 시대의 누구나 지배자는 자기 시대가 역사의 종착점이라고 주장했으나, 그 말대로 되지 않았다. 그렇게 말하는 것 자체가 물러날 때가 되었다는 증거이다.

그렇게 하는 나의 작업은 세계문학사 서술에서 구체화되고 있다. 한국문학에서 시작한 연구를 세계문학으로 확대하고, 한국학문을 세계학문으로 발전시켜, 유럽문명권 중심주의 문학론을 통해 구현된 근대학문을 비판하고 극복한다. 세계사의 전환이 닥쳐왔음을 문학을 통해 입증하고, 유럽문명권이 지나치게 앞서나가다가 자초한 문학의 해체 위기를 극복하는 대안이 제3세계문학에 있어 근대가 종말의 시기가 아님을 입증한다. 제3세계 생극론 소설의 의의를 생극론에 입각한 소설사 이론서를 써서 평가한다.

『한국문학통사』 제4판에서

한문과 국문, 시조와 가사, 상층과 하층 같은 것들은 어떤 작용을 하면서 문학사를 이루어왔는가? 이런 의문에 대한 해답을 개체의 특성을 구체적인 자료를 들어 자세하게 검토하는 실증작업을 하면 얻을 수 있는 것은 아니다. 개체 인식을 축적하면 전체가 해명된다는 귀납법에 기대를 걸지 말자. 개체와 전체의 관계에 관한 어떤 일반적인 이해가 실증이나 귀납 작업의 전제가 되어 있어 드러내놓고 문제 삼아야 한다. 입각점에 대한 검토가 없으면 관측해서 얻은 결과가 모두 빗나갈 수 있다.

개체와 전체의 관계에 관한 일반적인 이해는 몇 가지로 나눌 수 있다. (가) 개체들은 표면화되어 있지 않은 총체의 일부이다. 이것은 한문과 국문, 시조와 가사, 상층과 하층이 모두 어떤 정신 또는 민족 정신을 보여준다는 것을 알아야 한다는 정신사관 또는 민족사관이다. (나) 개체들은 각기 배타적인 독립체를 이룬다. 이것은 한문학과 국문문학, 시조와 가사, 상층문학과 하층문학은 서로 섞지 말고 각기 그것대로 되도록 세분해서 고찰해야 한다는 실증주의이다.

그 둘 가운데 어느 쪽을 택할 것인가 하는 논란이 오래 계속되었다. 실제로 쓴 내용을 보면, (가)는 개체에 투영되어 있는 전체에 관한 일관된 언급의 반복이고, (나)는 각기 독립되어 있는 개체에 관한 정보의 열거여서 전체는 관심 밖으로 밀려나 있다. 그 어느 쪽도 개체들이 어떤 관계를 가지고 전체를 이루는지 밝혀 논하지 못해, 문학사 전개의 다면적이고 역동적인 모습을 보여주는 데 이르지 못한다. 그런 상태에 머무를 수 없어 비약을 시도해야 한다.

(다) 개체들은 대립적인 관계를 가지고 투쟁해 승패를 나눈다. 이것은 한문과 국문, 시조와 가사, 상층과 하층 사이의 투쟁을 밝혀 논하는 것이 문학사 서술의 과제라고 하는 변증법이다. 변증법은 개체들의 투쟁에서 전체가 이루어진다고 해서 전체에 치우친 (가)의 잘못, 개체에 매인 (나)의 잘못을 함께 시정한다. 그렇지만 개체들의 관계가 투쟁이라고 하는 것은 일방적인 진단이다.

(라) 개체들은 대립적이면서 상보적인 관계를 가지고 투쟁하면서 화합하고 화합하면서 투쟁해, 생성이 극복이고 극복이 생성이다. 이것은 한문과 국문, 시조와 가사, 상층과 하층의 대립적이면서 상보적인, 투쟁하면서 화합하고 화합하면서 투쟁하는, 생성이 극복이

고 극복이 생성인 관계를 서로 관련시켜 함께 밝히는 생극론이다. 생극론은 (가)와 (나)의 잘못을 시정한 (다)의 결함인 상극 편향을 바로잡는다.

민족사관·실증주의·변증법에 대해서는 알고 있으나 생극론은 생소하다고 하는 사람들이 많아 토론을 진행하는 데 지장이 있다. 이해를 구하기 위해 최소한 필요한 설명을 이 자리에서 하지 않을 수 없다. 그 연원이나 유래를 밝히는 것은 긴요하지 않고 원문을 인용하면서 전개하는 논의는 난해하다고 할 수 있으나 피하지 않기로 한다.

생극은 철학이기 이전에 역사의 실상이다. 민족사관·실증주의·변증법은 실상과 맞지 않는다는 것을 밝혀 논하려면 생극론의 대안을 제시해야 한다. 문학사에서 그 점을 분명하게 하려고 이 책을 쓴다. 본문 전체가 과연 그런가 하는 의문에 대한 해답이다. 그러나 관점의 타당성에 대해 예비적인 고찰을 하지 않을 수 없어 그 일부를 펼쳐 보인다.

우리 문학사는 구비문학과 한문학이 만나 국문문학을 산출하고 발전시킨 역사라는 점을 검토의 대상으로 삼아보자. 민족사관이나 실증주의뿐만 아니라 변증법도 이 명제에서 말하는 바를 온통 감당하지 못하고 각기 어느 측면을 맡아 해명해줄 수 있을 따름이다. 그 성과를 모두 모아 문학사의 실상을 제대로 밝히는 작업은 생극론이라야 할 수 있다.

구비문학만으로 문학을 이룩하다가 한문학을 받아들인 것은 문학사의 커다란 파란이었다. 그 둘은 이질성이 두드러져 갈등의 관계에 있었다. 둘이 충돌한 결과 구비문학에 대해 한문학의 승리가 관철되었다. 구비문학의 한계를 한문학으로 극복하고 상층이 기록문학을 마련하는 획기적인 전환이 일어났다. 다른 한편으로는 구비문학이 완강하게 지속되고 재창조를 거듭하면서 한문학과 대결했다. 상극과 상생, 상생과 상극이 그렇게 겹치면서 문학사가 전개되었다.

한문학은 설화나 민요 같은 구비문학을 받아들여 작품화하고, 구비문학으로 표현되던 민족의 삶을 맡아 나서서 구비문학에 대한 승리를 관철했다. 건국신화 이래의 설화를 기록하고, 민요를 한시로 옮기는 것이 바로 그런 작업이었다. 승리하기 위해서는 상대방을 받아들여야 했다. 그것이 바로 극복이면서 생성이다. 한문학이 구비문학과 싸워 이긴 것은 극복이고, 한문학과 구비문학의 결합이 한문학 안에서 이루어진 것이 생성이다. 생성을 이루지 않고서는 극복을 관철시킬 수 없다. 극복하고자 하면 생성의 과업을 완수해야 한다. 생극론으로 해명한 문학사는 실천의 지침을 제공할 수 있다.

중세에서 근대로의 이행기에는 한문학이 구비문학을 더욱 적극적으로 받아들여 민족의 문학, 민중의 문학으로 다시 태어나려고 하는 노력을 적극화했다. 민요를 따르는 악부시나 설화를 활용한 야담이 그래서 이루어졌다. 그런 작품에서 한문학은 구비문학과의 결합을 통해서 최상의 생성을 이룩한 것을 이유로 해서, 극복의 대상이 되었다. 같은 시기에 다른 한편에서 판소리나 탈춤을 통해서 구현된 양반풍자는 한문학에 대한 구비문학의 적극적인 반격이다. 한문투의 표현을 가져다가 뒤집어엎기를 즐겨 사용해서 풍자의 효과를 높였다. 생성처럼 보이는 것이 바로 극복의 방법이다.

구비문학과 한문학은 그런 극복의 관계만 가지지 않고, 생성의 관계를 또 한편으로 넓게 펼쳐나갔다. 한자를 이용해서 구비문학의 언어를 표기하고, 한문학의 규범과 구비문학의 표현을 결합해서 기록문학을 만드는 작업이 이루어져, 향가가 태어날 수 있었다. 한자를 이용한 차자표기 대신에 훈민정음으로 국어를 표기하게 된 후에도 한문학에서 가져온 규범과 구비문학의 표현을 결합시켜 국문문학을 생성하는 과정이 계속되었다. 국문문학은 구비문학을 어머니로 하고, 한문학을 아버지로 해서 태어난 자식이라고 할 수 있다. 문학의 특성은 어머니에서 더 많이, 가치 규범은 아버지에게서 더 많이 물려받았다. 상극이 상생이 되는 실상이 그런 것이다.

국문문학 안에서도 구비문학과 한문학이 서로 다투었다. 한편으로는 한문학의 고차원한 규범에 입각해서 구비문학의 저급한 수준을 극복하는 상층 취향의 문학이 이루어지고, 다른 한편에서는 구비문학의 생동하는 발상을 활용해서 한문학의 경직된 사고를 극복하는 민중 취향의 문학이 이루어져, 그 둘이 국문문학 안에서 서로 대립되었다. 평시조와 사설시조의 차이점이나 『구운몽』과 『춘향전』의 대조적인 성격에서, 그런 사실을 분명하게 확인할 수 있다.

그런데 『구운몽』과 『춘향전』에 각기 표면적 주제와 이면적 주제가 마련되어 서로 대립되는 관계에 있다. 표면적 주제는 조화로운 생성을 미화하는 사고방식을 내세우고, 이면적 주제는 갈등을 새롭게 극복하는 것이 마땅하다는 주장을 나타냈다. 애정 성취를 둘러싼 남녀의 경쟁을 여성 주도로 해결하는 것이 마땅하다고 하는 『구운몽』의 이면적 주제는 여성은 정절을 지켜야 한다는 『춘향전』의 표면적 주제보다 더욱 흥미롭고 참신하다. 그래서 생성과 극복이 여러 겹의 표리 관계를 가지고 얽혀 있다. 그런 얽힘의 층위가 많은 작품이 거듭되는 논란을 불러일으키는 문제작이다.

한문학은 구비문학뿐만 아니라, 국문문학과도 대결하는 관계에 있었다. 아버지와 아들 같은 관계라고 규정한 한문학과 국문문학은 문학 발전을 함께 이룩하면서, 대립관계를 가지고 다투었다. 소설을 예로 들어보면, 한문학과 국문문학 사이의 생성과 극복의 관계가 선명하게 드러난다. 상층사회 남성의 글인 한문과 여성의 글인 국문은 상보적인 관계를 가지고 소설 생성에 관여하면서 또한 서로 경쟁했다. 소설 발전이 가속화되면서, 국문소설과 한문소설이 한 작품에서 만나는 생성의 작용보다 서로 다른 작품군을 이루어 다투는 극복의 관계가 더욱 두드러졌다. 생성에서 발전이 이루어지는 단계도 있고, 극복에서 발전이 이루어지는 단계도 있다.

한문소설과 국문소설은 이중으로 서로 상반된 특성을 가지고 대결했다. 한문소설은 당대의 현실을 직접 다루면서, 교술적 설정에서 벗어나지 못하고 단편에 머물렀다. 대장편으로 늘어난 국문소설은 복잡한 사건을 흥미롭게 전개하는 수법을 개발했으면서, 중국의 과거를 무대로 삼아 상층 가문의 번영을 그리면서 가치관의 변화를 막고자 하는 보수적인 일면이 있었다. 진보적인 성향이 발전해서 보수적인 성향을 극복하는 그 내부의 변화가 일어나고, 양쪽의 진보적인 성향을 하나로 합치는 생성의 과정을 거쳐야 근대소설이 창조될 수 있었다. 표현에서는 국문소설에서 개발한 성과로 한문소설의 한계를 극복하고, 사상에서는 한문소설에서 이룩한 바를 들어 국문소설이 미흡한 점을 극복하는 것이 그 구체적인 과제이다.

근대문학에 이르면 구비문학 · 한문학 · 국문문학의 경쟁에서 국문문학이 승리했다. 구비문학과 한문학의 중세적인 성격을 국문문학의 근대적인 성격으로 극복해서 문학사의 커다란 전환을 이룩했다. 그런데 구비문학과 한문학이 끼친 전통을 국문문학에서 받아들여 계승하는 생성의 작업을 충실하게 해야만 극복의 과제가 완수될 수 있다. 지금 생성이 미흡해서 극복이 제대로 이루어지지 못하고 있다.

이제부터 하는 작업은 모두 생극론의 관점에서 이루어지고, 문학사 전개 자체의 생극을 파악하는 것을 목표로 한다. 입각점에 관해 관심을 환기하는 용어 사용은 삼가고 서술 내용 자체가 생극론이게 한다. 생극의 총체는 너무 복잡해 한꺼번에 말하기 어렵다. 이해의 편의를 위해 어느 측면을 들어 논하는 경우가 많다. 죽어야 산다는 것이 생극론의 이치이다. 생극론은 생극론이 아니어야 생극론이다.

다시 펴는 논의

2006년 5월 31일에 서울대학교 개교 60주년 기념 학술회의에서 기조발표를 했다. 6월 2일에는 한국방송학회 제주도 모임에 초청되어 토론과 강연을 했다. 그 두 기회에 생극론에 대한 구체적인 논의가 있어 보고하고, 더 보태서 할 말을 적는다.

서울대학교 학술회의에서는 21세기 한국학을 위한 전망을 말하면서 이 강의를 소중한 자료로 삼았다. 전에 없던 강의를 하면서 새로운 학문을 개척해야 한다고 했다. 민족을 위한 학문에서 인류를 위한 학문으로 나아가야 한다고 했다. 한국학은 한국학이 아니어야 진정한 한국학이라고 했다.

나보다 먼저 발표한 미국인 학자가 한국학은 이제 민족주의에서 벗어나 일상적인 관심사를 다양하게 다루어야 한다고 했다. 민족주의에서 벗어나야 한다는 점에 관해서는 같은 의견이지만, 사명감을 버리자는 것과 더 크게 가지자는 것이 아주 달랐다. 그래서 심각한 토론 거리가 있었다.

인류를 위한 학문으로 나아가려면 근대를 넘어서서 다음 시대를 창조하는 지침을 마련해야 한다. 이 일은 근대를 이룩하는 데 앞선 유럽문명권에서 맡을 수 없고, 근대 동안에 피해자가 되고 뒤떨어져 있는 쪽에서 선도해야 한다. 선진이 후진이 되고, 후진이 선진이 되는 것이 세계사 전개의 당연한 과정이고, 생극론의 원리이다. 과거의 여러 시기에 지배적인 세력은 역사는 자기네의 득세와 더불어 역사는 종말을 고해 새로운 전개는 없을 것이라고 했으나, 모두 허위로 판명되었다. 뒤떨어지고 무력했던 곳에서 새로운 역사를 창조하는 역전이 다시 이루어지는 것이 당연하다.

여기까지는 발표장에서 대강은 말한 내용이다. 미국 학자가 어떤 발표를 할지 모르고 준비한 원고가 들어맞았다. 쟁점이 분명해져, 하고 싶은 말이 많았으나 하지 못했다. 발표 시간이 제한되어 있고, 토론 순서가 마련되어 있지 않아 어쩔 수 없었다. 발표를 한 미국 학자에 대해서 개인적인 불만이 있어 지나친 논박을 한다는 오해를 살 수도 있었다. 생극론에 관한 논의를 발표에 포함시켰지만 제대로 전달되었다고 생각되지 않는다. 제기된 문제점을 생극론으로 처리하면 의도한 바와는 반대로 이해를 방해했을 수 있다. 더 하고 싶은 말을 지금 여기서 글로 적는다.

한국학이 민족주의를 버리고 일상적인 관심사나 다루라는 것은 겉으로 이념 청산을 표방하면서 뒤에다 감추어 둔 이념에 더 심하게 속박하려는 논법이다. 역사는 끝났다는 데 동의하고 주어진 현실을 그대로 받아들여 안주하라는 말이다. 불만이 있어도 어쩔 수 없지 않는가 하고 달래면서 사이좋게 지내자고 한다. 이것은 어느 개인의 지론이 아니다. 널리 유포되어 있는 발상을 깊이 의식하지 않은 채 대변했다.

그럴 수 없다고 생극론이 일깨워준다. 변증법의 관점에서 사태를 파악하고 군사나 정치의 관점에 머무르면, 미국의 지배는 맞설 세력이 없어 지속된다. 소련은 져서 물러나고, 중국은 역부족임을 알고 조심하니 대안이 없다. 마르크스주의가 힘을 잃자 거대이론은 무용하게 된 것 같다. 그러나 생극론은 말한다. 너무 강하면 스스로 망한다. 강한 쪽과 반대가 되는 곳에 치명적인 약점이 있어 자기 분열이 생겨나는 것을 막지 못한다. 가치의 전도, 도덕의 와해, 의식의 파탄이 약점의 증거이다. 학문의 논리에 그 점이 잘 나타난다. 한국학에서도 일상적 관심사나 다루라는 것은 질병을 함께 앓자고 하는 유혹이다.

과거의 강자가 모두 자멸의 길에 들어섰으나 미국은 예외라고 하는 데 현혹되지 말자. 변화를 인정하고 예견하고 준비하자. 지금의 세계질서가 어떻게 붕괴되고, 다음 시대가 어떻게 시작될 것인지 알아차리고 무엇을 어떻게 해야 할 것인지 밝혀 논하는 데 우리가 적극 기여해야 한다. 미국에서 수입한 유럽문명권 학문으로는 사태 파악조차 할 수 없다. 어느 부분에 관한 상투적인 논의나 하고 있어서는 수렁에서 벗어나지 못한다.

선진이 후진이 되고 후진이 선진이 되는 역전이 실제로 가능하다고 하는 분명한 증거는 내가 하는 학문에 있다. 여러 국제 학술회의에 가서 거듭 확인한 사실이 이번에는 미국 학자 발표와 나란히 기조발표를 하면서 다시 분명해졌다. 사태를 부분적으로 파악하는 것과 총체적으로 파악하는 것은, 미래의 전망이 없는 것과 있는 것이 다르다. 거대이론을 상실한 것과 생극론을 갖춘 것은 더 큰 차이점이다.

생극론은 변증법을 넘어서고, 포스트모더니즘의 잘못을 시정한다. 생극론을 더욱 발전시키고 다변화해야 그 큰일을 제대로 할 수 있다. 내 나름대로 힘써 얻은 성과는 앞으로 해야 할 일에 비하면 얼마 되지 않는다. 서론을 조금 펴면서 문학사론에서 각론 일부를 마련하는 데 그쳤다. 사회학문과 인문학문의 여러 분야가 장벽을 허물고 지혜를 합쳐 공동작업을 해야 한다. 수입학과 자립학을 창조학으로 전환하는 한 시대의 노력이 필요하다.

방송학회의 모임에서 국내 학자들끼리 문답을 주고받았다. 내가 신명풀이를 소중하게 여기는 데 대해 토론자 한 분이 반론을 제기했다. 한국인의 정서는 원한이라고 하고, 굿을 하면서 신이 사람에게 내려 신인합일을 이루면서 원한을 푼다고 했다. 좋은 질문 덕분에 더욱 진전된 착상을 얻을 수 있어 고맙다고 했다.

원한을 푸는 것과 신명을 푸는 것은 겹치면서 구별된다. 굿에서는 원한이 두드러지지만, 탈춤에서는 신명이 두드러진다. 굿에서와는 달리, 탈춤에서는 우리 안에 잠재되어 있던 신이 발현되어 신인합일을 이룬다. 민족의 현실이 비관적일 때에는 원한에 마음이 쏠리는 것이 당연했으나 이제 신명풀이를 마음껏 할 때가 되었다. 원한 풀이는 상극을 상생으로 만들고자 하는 소망이라면, 신명풀이는 상생이 상극이고 상극이 상생임을 확인하고 구현하는 행위이다.

韓流는 누구나 가지고 있지만 방송학계에서 특히 중요시하는 것이 당연하다. 방송극이 한류의 주역이 되는 것을 어떻게 이해해야 하는가 하는 의문이 제기되었다. 이에 대해서 대답하면서 전에 하던 논의를 더욱 가다듬고 발전시킬 수 있었다. 말을 다듬으면서 이치를 더욱 분명하게 한다.

연극 이해에는 원리가 있어야 한다. 모든 연극개론에서 말한다. 연극은 갈등으로 이루어져 있다고. 그것은 고대그리스 연극에서 유래한 '카타르시스'의 원리인 상극론이다. 연극은 화합이라고 중세인도 연극에서 가져온 '라사'의 원리인 상생론에서는 말한다. 연극은 갈등이면서 화합이고 화합이면서 갈등이라고 중세에서 근대로의 이행기 한국연극에서 보여주는 '신명풀이'의 원리인 생극론에서 알려준다.

이 셋 가운데 처음 것만 알아 가르치고, 뒤의 둘은 몰라 언급조차 하지 않는 것이 한국 연극학의 실정이다. 방송학은 한 걸음 더 나아가고 있다고 할 수 없다. 이론에서는 갈등만 말하는데 작품에서는 화합을 보여준다. 그래서 이론이 무력하고, 작품 창작을 점검할 수 없다. 교육을 열심히 하면 교육이 헛되다는 것을 한층 분명하게 하는 기이한 사태가 벌어진다.

작품의 실상을 보자. 한국 방송극은 우호적 인물들끼리의 오해가 풀려 화합에 이르는 과정을 보여준다. 적대적 인물들끼리의 갈등을 다루어 파탄에 이르러야 제대로 된 연극이라고 하는 관점에서는 이해하지 못하고 평가할 수 없다. 연극의 원리가 무엇인지도 모르고 만들어낸 등외의 저질품이라고 하게 된다. 선진국의 모범을 언제 본받을까? 오십년이나 백년이 가도 가망이 없을 것 같아 걱정이다. 이렇게 개탄하게 된다.

저질품이 동아시아에서 널리 환영을 받는다. 관객이 모두 저질이기 때문인가? 아니다. 동아시아 사람들 마음속 깊이 간직되어 있는 바람직한 인간관계를 드러내 보여주는 충격을 주기 때문이다. 왜 그런가? 다른 나라 연극은 귀족의 취향을 따르고, 상업주의의 침해를 받아 원래의 순수함을 잃었다. 한국연극은 발전의 계기를 얻지 못하고 민중이 전승하는 민속극 탈춤인 채로 남아 있어, 동아시아 사람들이 자기 발견의 감동을 느낄 수 있게 한다. 후진이 선진이 되는 좋은 본보기이다.

방송극이 우호적 인물들끼리의 오해를 다루는 것은 탈춤의 원리 가운데 한쪽이다. 상극이 상생임을 말하는 데 그치고 상생이 상극임은 말하지 않는다. 라사의 원리와 상통하는 쪽만 재현하고, 다른 쪽은 빼놓았다. 그래서 개인 또는 가족의 범위 안에서 벌어지는 인간관계를 사회나 역사의 문제와 연관시키지 못한다. 노동하고 생산하고 투쟁하는 삶은 보여주지 못한다. 이것은 상당한 결함이다.

상생과 상극을 다 살리는 것은 방송극에서는 당장 기대하기 어렵고, 영화에서 감당해야 할 과제이다. 생극론의 원리를 온전하게 구현한 신명풀이 영화를 만드는 데 힘을 쏟고 슬기를 모아야 한다. 연극론은 영화론으로 이어진다. 방송극과 함께 영화가 한류에서 중요한 구실을 하므로 함께 논해야 한다.

미국의 거대자본이 제작한 할리우드 영화가 세계를 지배하는 것이 인류의 커다란 불행이다. 카타르시스의 원리를 저급하게 구연한 엽기적인 흥행물을 마구 쏟아놓아, 정신문명의 유산을 단일화하고, 불평등을 가중시키면서, 상업주의가 예술을 망치는 폐해를 극대화한다. 우리가 나서서 분투해야 할 사태이다. 카타르시스 영화, 라사 영화와 선의의 경쟁을 하면서 신명풀이 영화가 자라나 인류를 행복하게 하는 데 기여해야 한다.

피상적으로 간추리면 지금까지 세계사의 전환, 한국인의 심성, 방송극의 문제점을 말했다. 차원과 국면이 달라 서로 연결되지 않는 논의이다. 그러나 모두 생극론으로 연결되어 있다. 생극론은 큰 것과 작은 것을 대등하게 보며, 외면과 내면을 연결시키고, 현상과 당위를 함께 논의하는 이론이고 방법이다. 커다란 투쟁을 다양하고 풍부한 착상을 갖추어 전개하도록 한다.

다음 시대로 나아가면서

지금 우리가 하는 학문의 경쟁상대는 유럽문명권이다. 그 쪽 주도로 이룩해 세계를 뒤흔든 근대학문을 넘어서서 다음 시대로 나아가는 학문을 해야 하기 때문이다. 독자적인 역량이 있어야 그럴 수 있다. 동아시아 학문의 정수를 이어받아 획기적으로 발전시켜야 한다. 동아시아 학문은 동아시아의 공유재산이다.

문명권의 중심부 중국은 공유재산 형성을 주도해 얻은 성과를 나누어주다가 대단치 않게 여기고 돌보지 않게 되었다. 청나라 때 일탈의 조짐을 보여 과거 공부를 하지 않으면 학업을 중단했다. 사회주의를 하면서 소중한 전통을 매도하다가 뒤늦게 되찾으려고 한다. 문명권의 주변부 일본은 과거제가 실시되지 않은 곳이다. 동아시아 공동작업에 열의를 가지지 않고 독자적인 문화를 가꾸는 데 힘쓰다가, 脫亞入歐를 표방해 아시아를 벗어나 유럽이 되고자 했다.

문명권의 중간부를 이룬 월남과 한국은 문명의 유산을 민족의 역량으로 해서 주권을 수호하고 침략을 물리쳤다. 한국은 동아시아 학문의 정수를 힘써 이어받는 것을 보람과 자위책으로 삼았다. 과거보기를 거부하면서 이치의 근본을 스스로 추구한 재야 선비들의 노력이 소중한 업적을 남겨 오늘날의 학문에서 비약적인 발전이 가능하게 한다.

유럽문명권 학문의 위세에 중국이 과거에 위대한 나라였다는 자부심으로 맞설 수 없다. 일본에서 하는 고유문화 자랑은 비판의 논리가 될 수 없으며, 보편적인 의의를 가진 대안을 만들어내는 것과는 더욱 거리가 멀다. 월남은 침략을 물리친 경험을 학문에서 살리지 못하고 있다. 한국 또한 아직 많은 어려움을 겪고 있으나 다른 데서 하지 못하는 일까지 맡아야 한다. 문명권 중심부와 주변부가 서로 다른 길로 나아가는 것을 중간부에서 통합하고 조절하는 작업을 새롭게 진행해 획기적인 성과를 얻어야 한다.

이웃 나라들을 배제하고 혼자 앞서 나가자는 것은 아니다. 이른 시기 중국에서 이룩한 유산을 힘써 잇고, 근대일본의 유럽문명권 공부에서 도움을 받아야 한다. 월남인이 프랑스와, 다시 미국과 과감하게 맞선 긴장을 되새기고 용기를 얻자. 새로운 학문을 시작하는 전반적인 구상을 커다랗게 마련하면서, 동아시아 각국이 지닌 능력과 장기를 한 데 합치자.

다음 시대 학문을 이룩하는 구상을 크게 마련하는 데 생극론이 긴요한 구실을 한다. 생극론의 원천은 중국에서 마련했다. 생극론이 거대이론에 치우쳐 정밀한 논증을 소홀하지 않도록 하려면 일본 학풍에서 도움을 얻어야 한다. 동아시아학문이 세계학문이게 하는 작업을 동아시아 학자들이 함께 해야 한다. 유럽문명권의 몰락을 바라는 것은 아니다. 어느 쪽이든지 독선을 버리고, 여러 문명권이 함께 노력해 상극을 상생으로 삼고자 하는 바람을 실현해야 한다.

그것이 근대를 넘어선 다음 시대의 바람직한 모습이다.

토 론

❑ **문**: 생극론은 아직 널리 인식되지 않고 있다. 생극론에 대한 이해와 연구를 확대하려면 어떻게 해야 할 것인가?

❑ **답**: 여야나 노사가 상생의 관계를 가져야 한다는 말은 많이 해서 유행어가 되었다. 생극의 양면 가운데 상생만 소중하게 여기고 상극은 돌보지 않는 편향성이 문제이다. 상극이 없으면 상생도 없다. 여당 내부에서 또는 노동자들끼리 상생의 관계를 가져야 한다고 하지는 않는다. 바로 이 점을 깨우치면 유행이 내실을 갖출 수 있다. 생극론이 사회 공유의 인식일 수 있게 된다.

상생이 상극이고 상극이 상생이라는 이치를 계속 일깨워주면서, 실제 상황에서 다시 제기되는 많은 문제에 관해 여러 학문에서 광범위한 연구를 하자고 열심히 권유한다. 생극론의 일반적 원리는 조상 전래의 공유재산이고 내가 지적 소유권을 가진 사유재산이 아니라고 되풀이해서 강조한다. 조동일이 미워 동참하지 않겠다고 하는 말이 나오지 못하게 해야 하기 때문이다.

❑ **문**: 생극론을 포함한 유학사상은 중국사상이 아닌가? 일본에서는 일찍부터 고유사상을 발전시켰는데, 우리는 중국사상에 매달려 있다가 실학을 하면서 비로소 고유사상으로 관심을 돌렸다고 생각한다.

❑ **답**: 공유재산과 사유재산이라는 용어를 써서 문제를 검토해보자. 중세문명은 공유재산을 근거로 성립된 것이 모든 문명권의 공통

점이다. 유학사상은 동아시아 문명에서 기본이 되는 공유재산이다. 실학이라도 공유재산의 새로운 활용이다. 실학은 氣철학과 함께 발전하고 둘이 겹치기도 했다. 기철학 또한 공유재산을 발전시킨 성과이다. 공유재산을 독자적으로 활용하고 발전시킨 성과는 사유재산의 성격도 지닌다.

일본은 동아시아문명의 공유재산보다 자기네 고유문화를 더욱 중요시해서 사유재산 늘이기에 힘썼다. 그래서 중세를 벗어나 근대를 이룩하는 데 동아시아 다른 나라들보다 앞설 수 있었다고 하겠으나, 유럽의 근대학문을 추종하는 데 머물렀다. 공유재산을 배제한 사유재산은 철학을 갖추지 못한 탓에 수준이 낮아 일시적인 관심을 끄는 데 그치고 보편적 이치 논란에 참여하지 못한다. 성공사례라고 생각되던 것이 실패사례로 판명되었다.

우리는 오랫동안 동아시아 문명의 공유재산을 적극 활용하고 발전시키면서 잘 지내온 것이 일본과 달랐다. 그런데 근대가 되자 일본의 경우를 오판의 근거로 삼아 공유재산은 있을 수 없다고 여겨 우리가 힘써 발전시킨 성과까지 모두 중국의 사유재산이라고 규정해 넘겨주고 자진해서 일시에 가난뱅이가 되었다. 유럽 각국은 공유재산의 적극적 활용을 사유재산으로 삼아 부자 노릇을 하는 것과 많이 다르다.

고유문화로는 유럽문명권과 경쟁할 수 없어 추종자가 되고 만다는 교훈을 일본의 실패에서 얻어야 한다. 동아시아 공유재산을 적극 되찾아 새롭게 활용해야 유럽과 우선 대등해지고 장차 앞서 나가는 학문을 할 수 있다. 선수 교체를 해서 우리가 선두에 서서, 동아시아 학문을 다시 빛내면서 다음 시대를 이룩하는 지침을 마련해야 할 때가 되었다. 공유재산으로 사유재산을 만들고, 사유재산이 공유재산이게 해야 한다. 동아시아문명의 값진 유산을 민족문화의 활력을 가지고 적극적으로 재창조해 인류를 위해 봉사해야 한다.

❑ 문: 동학은 어떻게 평가하는가? 소중한 사유재산이 아닌가?

❑ 답: 공유재산을 활용해서 만든 사유재산이다. 개벽이 이루어지는 다음 시대에는 빈천한 사람이 주인이 되고, 우리 조선이 중심에 선다고 한 것은 사유재산의 가치를 발현하는 놀라운 발언인데, 공유재산 활용이 미흡해 철학을 제대로 갖추지 못했다. 최제우가 동학을 일으킬 때 다른 한편에서 최한기는 氣철학을 키웠다. 기철학은 공유재산의 정수를 최대한 활용한 장점이 있어 동학의 결함을 보충할 수 있고, 오늘날 학문이 분발할 수 있게 하는 직접적인 원천이 된다.

❑ 문: 동아시아란 유럽 사람들이 자기네 관점에서 붙인 이름이 아닌가?

❑ 답: 근동이니 원동이니 하는 것은 그 쪽의 관점에서 붙인 이름이다. 원근과 동서는 다르다. 근동을 서아시아, 원동을 동아시아라고 하는 것은 정상을 되찾은 명칭이다.

❑ 문: 변증법이 없어도 생극론이 있었는가?

❑ 답: "있었다"는 "생겨났다"이기도 하고, "나타났다"이기도 하다. 변증법과 무관하게 생극론은 생겨났다. 생겨난 지 오래 되어 잠재적인 영향력을 행사하던 생극론이 변증법과 맞서야 하는 상황이 조성되자 전면에 "나타났다". 상생이 상극이고 상극이 상생인

것은 너무나도 당연한데 변증법과의 논쟁에서 새삼스러운 의미를 가졌다. 변증법 덕분에 생극론이 다시 태어나 논의를 분명하고 풍부하게 해야 했다.

❑ 문: 변증법과 생극론의 관계도 생극론으로 파악해야 하는가?

❑ 답: 변증법과의 상극을 상생으로 만드는 것이 생극론의 지혜이다. 변증법 쪽은 그렇지 못해 패배를 자초한다. 이런 사태를 변증법에서는 이해하지 못한다.

❑ 문: 상생이 상극이고 상극이 상생이라고 옛 사람들이 밝혀 논했는가?

❑ 답: 밝혀 논하지 않았다. 그럴 필요가 없었기 때문이다. ☯ 이 도형에 할 말이 다 있다. 음양이 하나는 올라가고 하나는 내려가면서 서로 반대가 되는 운동을 하고 있어 상생이기도 하고 상극이기도 하다. 그것이 당연하다고 여겨 새삼스러운 논의가 필요하지 않았다. 변증법에서는 딴 소리를 하므로 상생이 상극이고 상극이 상생이라고 새삼스럽게 밝혀 논해야 한다.

❑ 문: 강한 것은 강하기 때문에 망한다는 것이 희망적인 관측이 아닌가? 예외는 없는가?

❑ 답: 불교에서 生者必滅이라고 했다. 그대로 있어도 멸망하는데 더 강해지려고 무리하게 굴다가 멸망을 앞당긴다. 멸망하면 생성하는 것이 있다. 이 두 사항을 밝혀 논하는 작업은 생극론이 맡는다. 멸망과 생성이 언제 어떻게 이루어지는지 근거 있게 밝혀내고 세부

적인 사항까지 설명하는 것은 힘든 일이므로 열심히 연구해야 한다.

❑ 문: 한글 창제 이후에도 양반은 한문을 썼다. 문자 생활의 계급적 성격은 변증법으로 설명해야 하지 않는가?

❑ 답: 訓民正音이라는 이름으로 上意下達을 표방하고, 序에서 어리석은 백성이 이르고자 할 바를 나타내는 글자를 만들었다고 한 데서는 下意上達을 말했다. 실제 상황에서 그 둘이 여러 방식으로 얽혀 밀고 당겼다. 그 양상은 변증법으로 파악하기에 너무 복잡해 생극론이 맡아야 한다.

❑ 문: 계급모순과 민족모순은 해결 방법이 다르다고 한 것을 납득할 수 없다.

❑ 답: 계급모순은 상극을 거쳐 상생에 이르러, 민족모순은 상생을 거쳐 상극에 이르러 해결해야 한다고 했다. 계급모순은 소수의 가해자가 다수의 피해자를 괴롭혀 생기므로 다수의 피해자가 들고 일어나 싸우면 승리한다. 싸워서 이긴 다음에 화해하는 것이 정석이다. 요즈음은 싸움이 격화되지 않게 하는 방안이 널리 시행된다.

민족모순은 다수의 가해자가 소수의 피해자를 괴롭혀 생겨나므로, 소수의 피해자가 들고 일어나 싸워 승리할 수 없다. 처절한 희생을 되풀이하고 마니 안타깝다. 서로 다른 민족이 대등한 위치에서 화합해야 한다고 주장해 내외의 동조자를 널리 확보하는 것을 힘으로 삼아 싸움을 진행해야 한다.

계급모순의 진단과 해결에는 이론과 경험이 축적되어 있다. 의견차가 많이 줄어들고 합의가 도출되고 있다. 민족모순은 그렇지 못하다. 계급모순 치료법으로 민족모순에 손대다가 사태를 악화시키기나 한다. 근대학문의 한계를 넘어선 새로운 학문을 요구한다.

❑ 문: 계급모순 해결에서는 의견차가 많이 줄어들고 합의가 도출되고 있다는 것은 무슨 말인가? 스웨덴을 두고 말하는가?

❑ 답: 스웨덴뿐만 아니라 중국에서도 시장경제를 발전시키고 사회복지를 확대해야 한다고 한다. 상극의 관계를 가지는 그 둘이 상생의 관계를 가지게 하는 것은 여전히 어렵다. 기대하는 성과에 이르지 못하고 파탄을 보이는 것이 예사이지만, 기본 방향에서는 합의가 도출되었다.

그런데 민족모순은 연구가 불충분하고 해결의 경험이 축적되지 않아, 도처에서 피를 흘리게 만든다. 식민지 통치의 후유증이 청산되지 않은 상황인데, 이주 노동자가 늘어나 새로운 갈등이 조성된다. 민족모순은 계급모순과 겹친 부분이 있다는 이유를 들어 계급모순의 하나로 보고 다루는 것은 잘못이다. 존재보다는 의식이 더 큰 문제이다. 종교, 언어, 역사의식 등을 개별적으로 연구해서는 의식의 총체를 해명할 수 없다. 존재에 관한 학문에서 의식에 관한 학문으로, 개별적인 연구에서 총체적인 연구로 방향을 돌려야 한다.

저자 조 동 일

1939년 8월 9일생. 경북 영양군 출신.

1962년 서울대학교 불어불문학과를, 1966년 동 대학 국어국문학과를 졸업했다. 1976년 동 대학원 국어국문학과에서 문학박사 학위를 얻었다. 계명대학교, 영남대학교, 한국정신문화연구원, 서울대학교 교수를 역임하고, 2004년 9월부터 계명대학교 석좌교수로 재직 중이다.

주요저서로 『서사민요연구』, 『한국문학통사』(전6권), 『한국문학과 세계문학』, 『우리 학문의 길』, 『인문학문의 사명』 등이 있다.

홈페이지 : http://chodongil.x-y.net

세계 · 지방화시대의 한국학 4

고금학문 합동작전

인쇄 | 2006년 8월 25일
발행 | 2006년 8월 30일

저 자 | 조동일
펴낸이 | 이진우
펴낸곳 | 계명대학교출판부
대구 달서구 신당동 1000번지
전화 053-580-6233
팩스 053-583-5213
등록 | 1970. 9. 1. (신고번호 제347-1998-1호)

ISBN 89-7585-367-5 03910

값 18,000원